AF628626

WETTKAMPF DER SYSTEME

DIE GETEILTE NATION
Deutsch-deutsche Geschichte 1945–1990

Herausgegeben von
Stefan Creuzberger, Dominik Geppert und Dierk Hoffmann

Band 5

Jutta Braun

WETTKAMPF DER SYSTEME

Sport im geteilten Deutschland

BeBra Verlag

Umschlagabbildung vorn (VI. Turn- und Sportfest der DDR in Leipzig, Zentralstadion, 1977): © ullstein bild / Christian Bach

Umschlagabbildung hinten (Fechtkampf zwischen Udo Wagner, DDR, (l.) und Ulrich Schreck, BRD, (r.) bei den Olympischen Spielen in Seoul 1988): © ullstein bild / Schlage

MIX
Papier | Fördert gute Waldnutzung
FSC® C014496

Bibliografische Information der Deutschen Nationalbibliothek
Die Deutsche Nationalbibliothek verzeichnet diese Publikation in der Deutschen Nationalbibliografie; detaillierte bibliografische Daten sind im Internet über http://dnb.d-nb.de abrufbar.

Alle Rechte vorbehalten.
Dieses Werk, einschließlich aller seiner Teile, ist urheberrechtlich geschützt. Jede Verwertung außerhalb der engen Grenzen des Urheberrechtsgesetzes ist ohne Zustimmung des Verlages unzulässig und strafbar. Das gilt insbesondere für Vervielfältigungen, Übersetzungen, Mikroverfilmungen, Verfilmungen und die Einspeicherung und Verarbeitung auf DVDs, CD-ROMs, CDs, Videos, in weiteren elektronischen Systemen sowie für Internet-Plattformen.

© 2024 BeBra Verlag GmbH
Asternplatz 3, 12203 Berlin
post@bebraverlag.de
Lektorat: Matthias Zimmermann, Berlin
Umschlag: fernkopie, Berlin
Satz: typegerecht berlin
Schriften: Minion Pro, Helvetica Neue
Druck und Bindung: GGP Media GmbH, Pößneck
ISBN 978-3-89809-210-4

www.bebraverlag.de

INHALT

1 EINLEITUNG

Berlin im Sommer 1986: Die ehemaligen Olympiateilnehmer waren hocherfreut, dass anlässlich der Jubiläumsfeier ihrer großen Leistungen gedacht werden sollte. Allen waren die aufsehenerregenden Tage der Wettkämpfe noch im Gedächtnis, der unbändige Jubel und die Begeisterung der Zuschauer auf den Rängen. Die Olympioniken, die sich am 5. August 1986 im Berliner Olympiastadion versammelten, waren bewegt und gerührt im Gedenken an die Spiele von Berlin 1936 – an das »Völkerfest unter dem Hakenkreuz«.

Die Olympischen Sommerspiele 1936 sind heute einer der bekanntesten Erinnerungsorte an den Nationalsozialismus und stehen zugleich als Synonym für eine politische Instrumentalisierung des Sports.[1] Das monumentale Ereignis wurde in den 1980er Jahren vom organisierten Sport noch mit einer Unbefangenheit betrachtet, die aus heutiger Sicht befremdlich erscheint – wobei sich auch damals bereits kritische Stimmen erhoben. Eingeladen vom Nationalen Olympischen Komitee (NOK) für Deutschland ergingen sich die Gäste der Feierlichkeit, so der Sporthistoriker Hajo Bernett, in »euphorischen Reden und unreflektierten Interviews« sowie im »Zauber des schönen Scheins, wie ihn der Riefenstahl-Film konserviert hatte«.[2] Schon zum 25. Jahrestag hatte es Überlegungen für eine Feier gegeben. Wie sehr diese Idee allerdings bereits damals aus der Zeit gefallen war, wurde durch nichts besser als durch das deutschlandpolitische Tagesgeschehen demonstriert: Denn statt in Erinnerungen an ein Sportfest unter den Vorzeichen deutschen Großmachtstrebens zu schwelgen, blickten in ebendiesem August 1961 die Deutschen entsetzt auf den Bau der Berliner Mauer, der die schmerzhafte Teilung des Landes ebenso sichtbar wie dauerhaft besiegelte.[3]

Beide deutschen Staaten waren in bewusster Abgrenzung vom Nationalsozialismus gegründet worden. Und auch die Gestaltung ihrer Sportsysteme folgte dem Anspruch, strukturell und ideell einen radikalen Bruch mit den »nationalsozialistischen Leibesübungen« zu vollziehen. Die Wege, die man hierbei einschlug, hätten freilich unterschiedlicher nicht sein können. Während der Realsozialismus einen zentral gelenkten Staatssport errichtete, kehrte die bundesdeutsche Demokratie bald zum bürgerlichen Vereinswesen als autonomer Basis des Sports zurück. Diese Grundsatzentscheidungen hatten gravierende Auswirkungen auf die Art und Weise, wie Sport und Gesellschaft in Ost und West in den nächsten 40 Jahren miteinander verflochten werden sollten.

Der populäre Siegeszug des Sports kann zweifellos zu den Signaturen des 20. Jahrhunderts[4] gerechnet werden. Trotz der »Eigenweltlichkeit«[5] des Sports gibt es eine beträchtliche Anzahl von politischen und gesellschaftlichen Interessen, die sich im Laufe seiner Geschichte an dessen Präsenz und Ausübung angelagert haben:[6] Gesundheitsförderung, soziale Distinktion, elitäres Vergnügen und Massen-Unterhaltung, Selbstverwirklichung und Selbstoptimierung, körperliche und politische Erziehung, Gemeinschaftsbildung, ideologisches Bekenntnis, Regionalstolz, nationale Wehrhaftmachung, gesellschaftliche Inklusion, »Schule der Demokratie« – die Liste ist lang und wird beständig länger. Entsprechend der vielfältigen sozialen Funktionen des Sports hat sich mittlerweile eine breite Forschungslandschaft aufgefächert, die sich dem Sporttreiben als Teil einer politischen Historie, einer Sozialgeschichte oder einer Kultur- und Körpergeschichte annimmt.[7]

All diese Zuschreibungen werden auch im vorliegenden Band zur Sprache kommen, allerdings in ihrer Ausrichtung auf einen grundlegenden Fluchtpunkt, der die Sportsysteme beider Staaten nachhaltig prägte: den Wettbewerb darum, das »bessere Deutschland« zu repräsentieren. Diese Rivalität war einerseits eingebettet in die globale Konfrontation der beiden Supermächte und ihrer Hemisphären, die den Weltsport im Kalten Krieg prägte. Eine besondere Brisanz und Verbissenheit erhielt die deutsch-deutsche Konkurrenz jedoch von Beginn an aufgrund der Konstellation der nationalen und weltanschaulichen Spaltung. Es wird zu zeigen sein, dass dieser Gegensatz nicht nur den Verlauf und die Resonanz von Sportereignissen beeinflusste, sondern auch das persönliche Schicksal zahlreicher Athletinnen und Athleten maßgeblich mitbestimmte. Hierbei ist neben der Arena des offiziellen Kräftemessens auch stets ein Schattenbereich präsent, der zu den umstrittensten, weil gravierendsten Regelverletzungen gehört: die Anwendung unerlaubter Mittel der Leistungssteigerung – kurz Doping – in Ost und West. Als einer der wenigen Bereiche, die nach 1989/90 bei der Aufarbeitung der SED-Diktatur als »Geschichte vor Gericht«[8] landeten, zeugt die bis heute heftig geführte öffentliche Auseinandersetzung darüber von der hochpolitischen Relevanz, die Sport in der Nachkriegsordnung nach 1945 besaß und die in Deutungskämpfen über den Zustand der inneren Einheit Deutschlands aktualisiert wird.[9] Die Frage, wer als Dopingopfer gelten kann oder nicht, ist einer der Triggerpunkte[10] der historischen Debatten um die DDR-Vergangenheit, auch und gerade im Vergleich mit den Beteiligten von Dopingvergehen in der Bundesrepublik.[11]

Eine zusätzliche Politisierung erfuhr der Sport stets dadurch, dass Spitzenathleten aufgrund ihrer gesellschaftlichen Vorbildrolle in West wie Ost eng mit dem Staatswesen identifiziert wurden: sei es nun Fritz Walter, der mit dem »Wunder von Bern« 1954 für ein neues Selbstbewusstsein der bundesdeutschen Nachkriegsgesellschaft stand, oder Friedensfahrer Gustav Adolf »Täve« Schur, der von der DDR zur Inkarnation eines sozialistischen Vorzeigeidols aufgebaut wurde. Athleten spielten nach dem Ende des Zweiten Weltkriegs schon deshalb eine besondere Rolle, da sich im Angesicht deutscher Massenverbrechen weder im Realsozialismus noch in Westdeutschland Kriegshelden als neue Identifikationssymbole eigneten. Stattdessen konnten kämpferische Individuen im Hochleistungssport als unverfängliche Projektionsfläche für die Gemeinschaftsbildung »in postheroischen Zeiten« dienen.[12]

Eine gesellschaftsgeschichtliche Dimension besitzt Sport zudem überall auf der Welt durch die Zuschauer und Zuschauerinnen, die Fans und ihre Kultur. Politik, Medien und Wirtschaft interessieren

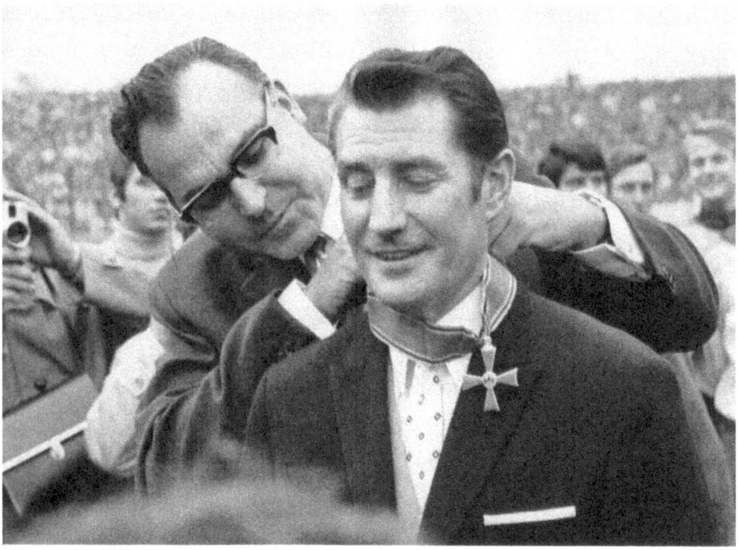

Der rheinland-pfälzische Ministerpräsident Helmut Kohl ehrte Fritz Walter zu dessen 50. Geburtstag mit dem Bundesverdienstkreuz, Oktober 1970.

sich in der Regel für den Sport, »weil sie sich für das Publikum des Sports interessieren«[13]. Auch die Bundesregierung und das Politbüro der Sozialistischen Einheitspartei Deutschlands (SED) kalkulierten – wenn auch mit unterschiedlicher Vehemenz – eine öffentliche Wirkung des Spitzensports zu staatlichen Prestigezwecken ein. Doch bereitete gerade der SED die subversive Seite der Fankultur einiges Kopfzerbrechen, da sich hier nicht nur parteikritische Stimmen artikulierten, sondern die Sportbegeisterung auch eine Brücke deutsch-deutscher Verständigung war. Dies galt von den späten 1940er bis in die 1980er Jahre – noch zu einer Zeit also, als die »Mauer-Generation«, die nun die Stadionränge bevölkerte, nach dem Willen der SED eigentlich keine innerdeutschen Bezugspunkte mehr hätte haben dürfen, sie aber umso selbstverständlicher auslebte. Zudem registrierten Ordnungshüter hüben wie drüben Gewalt und »Kriminalität« unter Fans – wenngleich sie mitunter höchst unterschiedliche Erklärungsansätze verfolgten, was als deviant zu gelten und wie man es zu bekämpfen hatte.[14]

Sport ist ein Gesellschaftsbereich, der täglich und unablässig Daten, Wissen und Erinnerungen erzeugt, die in die Annalen der Sportgeschichte und das Gedächtnis von Familien, Gemeinden, Regionen oder Nationen eingehen. Doch ist ihm auch bescheinigt worden, ein »nachholender Sektor«[15] zu sein, dessen Fähigkeit zur Selbstreflexion lange gering ausgeprägt blieb. Das gilt vor allem für seine Verstrickung in die beiden deutschen Diktaturen im 20. Jahrhundert. Das gilt allerdings auch für Schattenbereiche wie Korruption und Kriminalität.[16] Historische Wissenslücken wurden dadurch begünstigt, dass die deutsche Zeitgeschichtsschreibung sich mit dem Themenfeld Sport lange Zeit schwertat, selbst kaum Studien hervorbrachte und die Pionierwerke der in der Sportwissenschaft verorteten Sporthistorie unzureichend rezipierte.[17] Als sich Berlin wenige Jahre nach der deutschen Einheit erneut um Olympische Spiele bewarb und diese im NS-kontaminierten Berliner Olympiastadion ausgetragen werden sollten, erhoben sich nicht ohne Grund mahnende Stimmen, wie derlei Geschichtsvergessenheit international aufgenommen werden würde.[18]

Eine gewisse Ignoranz setzt sich bis heute fort. So ist zu Recht beklagt worden, dass Standardwerke zur Geschichte der Bundespublik und der DDR keine Kapitel zum Sport enthielten.[19] Diese Diagnose könnte man umstandslos auf die letzten 30 Jahre der historischen Transformationsforschung übertragen, die allein in Sammelbänden zuweilen den Sport einschließt – in den großen Gesamtdarstellungen hingegen bleibt dieser Gesellschaftsbereich in der Regel ausgeklammert.[20] Das ist umso erstaunlicher, als es sich bei der Sporteinheit um einen bemerkenswerten Sonderfall des Umbruchs handelte – einen »Vereinigungsgewinn«, der über Nacht das Potenzial ostdeutscher »Goldkinder« dem vereinten Team zuführte. Zudem schickte sich die Bundesrepublik an, von der »Diktatur zu lernen«, indem sie organisatorische Bausteine des DDR-Sports zu adaptieren suchte.[21] Spät erst realisierten viele Verantwortliche, dass der Sport auch vom Erbe 40 Jahre unterschiedlicher Mentalitätsgeschichte geprägt war, die bis heute die Sportlandschaft und das Vereinswesen in Ost und West beeinflusst – das immense West-Ost-Gefälle in der Vereinsorganisation gibt hiervon ein eindrucksvolles Zeugnis.[22]

Die Aufarbeitung der SED-Diktatur erwies sich einerseits als heikel, weil belastete Personen im vereinten Sport erneut Ämter und Positionen einnahmen. Erschwert wurde die Diskussion zudem dadurch, dass der Spitzensport als eines der wenigen Felder, auf denen die DDR die Bundesrepublik zu übertrumpfen wusste, bald retrospektiv mit einer verklärenden Ostalgie aufgeladen wurde, die bis heute anhält.[23]

Dass Sport und Politik nichts miteinander zu tun hätten, war eine lange aufrechterhaltene Fiktion – immer dann vorgebracht von Regierungen oder Sportverbänden, wenn es galt, Bedenken gegen diktatorische und autoritäre Regime als Ausrichter internationaler Sportgroßereignisse beiseite zu wischen. Im Jahr 2022 – mit der Verhängung des Sportbanns gegen Russland – ist diese Abwehrhaltung, wenigstens kurzzeitig, ins Wanken geraten. Wie stark tatsächlich sportliches und politisches Geschehen in der Zeit des Kalten Krieges miteinander verwoben blieben, zeigt dieser Band anhand der Sportbeziehungen zwischen beiden deutschen Staaten in einer konfliktgeschichtlichen Perspektivierung.

Der bis heute fortdauernde Streit um die Bewertung der Erfolge des DDR-Sports spiegelt in gewisser Hinsicht die Kontroverse um die sportliche Jubiläumsfeier für die Spiele von 1936. Denn es gibt eine bohrende Frage, die den Sport in seinem Lauf durch die Epochen verfolgt: Wie weit können und dürfen sportliche Spitzenleistungen und die Erinnerung hieran abgelöst werden von den gesellschaftlichen Bedingungen ihrer Produktion, von ihrer ideologischen Überformung und ihrer politischen Wirkung?

2 VEREINSSPORT UND STAATSSPORT

Vereine werden zuweilen als die »DNA« einer Gesellschaft bezeichnet.[1] In der Tat sind sie Träger eines kulturellen Erbgutes, das Gemeinwesen von Generation zu Generation weitergeben, auch über politische Systembrüche hinweg.[2] Vor allem aber lässt sich am Vereinswesen untrüglich die Verfasstheit eines Staates und seiner Gesellschaft ablesen, insbesondere mit Blick darauf, welche Personen und Bevölkerungsgruppen in das politisch-soziale Leben einbezogen oder ausgeschlossen werden. So überformte der Nationalsozialismus die Vereine mit verschiedenen Neuerungen – vom »Arierparagrafen« bis zum »Führerprinzip« –, die darauf abzielten, ihre Sozialstruktur zu verändern: Jüdische Mitglieder, selbst ehemalige Olympiasieger, wurden ausgeschlossen oder zum »freiwilligen Austritt« genötigt. Einige Verbände und Vereine mussten hierzu gar nicht gedrängt werden, sondern betrieben in einem Wettlauf um die Anbiederung an die neuen Machtverhältnisse ihre »Selbstgleichschaltung«.[3] Im »Dritten Reich« ließen sich Sport- und Turnvereine zudem in vielfältiger Weise in die nationalsozialistische Propaganda einspannen. Während diese Einpassung in das Regime für den Fußballsport vergleichsweise gut erforscht ist, weist die Geschichte der Turn- und Sportvereine innerhalb der »Volksgemeinschaft« noch erhebliche Forschungslücken auf.[4]

Neubeginn nach 1945

Als mit dem Ende des Zweiten Weltkriegs und dem Beginn der Besatzungsherrschaft in Deutschland die Auflösung aller nationalsozialistischer Vereinigungen verfügt wurde, fielen hierunter auch die Sportvereine. Mit der Wiederzulassung des bürgerlichen Vereinswesens knüpften in den westlichen Besatzungszonen die Vereine bald wieder an ihre alten Traditionen an, nun ohne die nationalsozialistisch geprägten Vorgaben – inwieweit hingegen personelle NS-Belastungen in den Vorständen vorhanden blieben, war eine Frage, die meist nicht gestellt wurde.

Die neue Verfassung, die sich der Sport auf Verbandsebene gab, signalisierte allerdings eine strukturelle Abgrenzung nicht nur von der NS-Zeit, sondern auch von den Weimarer Jahren, als dieser entlang konfessioneller und politischer Orientierungen in verschiedene Verbände fraktioniert war: Hierzu gehörten die evangelisch geprägte Deutsche Christliche Sportbewegung Eichenkreuz, die katholische Deutsche Jugendkraft und der jüdische Sportverband Maccabi, aber auch der Arbeitersport und die Arbeiterturnbewegung, die sämtlich von den Nationalsozialisten zerschlagen wurden. Nach 1945 war es das Ziel des sich neu formierenden westdeutschen Sports, ein vom Staat unabhängiger Bereich der Gesellschaft zu sein und keine zentrale Steuerung durch eine Partei – wie einst durch die Nationalsozialistische Deutsche Arbeiterpartei (NSDAP) – zuzulassen. Mit dem Anspruch, »unpolitisch zu sein«, betonte der Deutsche Sportbund (DSB) vor allem seine parteipolitische und religiöse Neutralität. Der Weg zu dieser neuen »Einheit« wurde in langen Debatten gebahnt, in denen sich ehemalige »bürgerliche« und Arbeitersportler sowie konfessionelle Vertreter auf eine gemeinsame Dachorganisation verständigten – und auch die traditionelle, typisch deutsche Scheidung in Turner und Sportler galt es durch den gemeinsamen Dachverband zu überbrücken.[5] Vertreter von 23 Fachverbänden und 13 regionalen Bünden beschlossen schließlich am 10. Dezember 1950 die Gründung des DSB in Hannover.

Mit dieser »unpolitischen« Haltung grenzte sich der bundesdeutsche Sport allerdings auch vom Sportsystem der DDR ab, das von Beginn an dem Willen der SED unterworfen war. Für die Neuordnung des Sports im Osten war das Jahr 1948 weichenstellend – wie auch für den Umbau der gesamten Gesellschaft in Richtung »Volksdemokratie«.[6] Während die SED in eine »Partei neuen Typs« umgewandelt wurde, erfolgten mit der Bildung der Deutschen Wirtschaftskommission – dem Nukleus einer künftigen Regierung – der Beginn der Planwirtschaft und die Transformation von Gewerkschaften und Verbänden in staatlich gelenkte Massenorganisationen. Am 1. Oktober 1948 entstand der vom Freien Deutschen Gewerkschaftsbund (FDGB) und der Freien Deutschen Jugend (FDJ) getragene »Deutsche Sportausschuss«, der fortan eine Monopolstellung reklamierte – ein organisiertes Sporttreiben jenseits dieser Struktur war nicht gestattet. Vor allem aber traten nun an die Stelle von Vereinen »staatlich organisierte Körperschaften«[7], die sogenannten Sportgemeinschaften. Die politische Angleichung galt nicht allein im Sport, auch »Vereinigungen« in anderen gesellschaftlichen Bereichen hatten den Richtlinien der sozialistischen Gesellschaft zu entsprechen. Nicht nur Fußballvereine, auch Kleingärtner und Taubenzüchter, Traditions- und Kulturclubs erhielten eine neue organisatorische Grundlage, die sie unter offizielle und potenziell auch informelle staatliche Kontrolle stellte.[8] Dies war gleichbedeutend mit einer Aushöhlung der Möglichkeit eines freien Zusammenschlusses und einer inhaltlichen Autonomie seiner Mitglieder. Der emanzipative Impuls des deutschen Vereinswesens wurde damit zugunsten einer staatlichen Lenkung im Osten radikal abgeknickt. Der Betriebssport wurde im Jahr 1949 zur neuen Basis des »Massen- und Volkssports« in der DDR erklärt.[9]

Das Ende des bürgerlichen Vereinswesens markierte einen tiefen gesellschaftspolitischen Einschnitt, da hiermit ein wesentliches Strukturmerkmal zivilbürgerlicher Gesellschaft entfiel.[10] Dieser SED-geführte Kulturkampf gegen das Bürgertum in der DDR wurde an mehreren gesellschaftlichen Fronten ausgetragen, wobei der kirchliche Bereich ebenso massiv betroffen war wie das Bildungswesen, die Wirtschaft – und eben der Sport.[11] Die in der DDR forcierte Entbürgerlichung ist von der zeithistorischen Forschung etwa für akademische Zirkel und wirtschaftliche Interessenvertretungen untersucht worden, während der Sport, trotz seiner gesellschaftlichen Relevanz, noch weitgehend außerhalb des Blickfelds blieb.[12]

Sport- und Turnvereine waren in Deutschland wie in Europa traditionell nicht allein Träger der Organisation von Leibesübungen und sportlichen Wettbewerben. Vielmehr wirkten sie als Anker des sozialen Lebens, etwa als Hort des »konservativen Milieus«[13] oder als Freiraum zur Entfaltung der Arbeiterkultur.[14] Das Vereinsleben reichte bis in die Familien als kleinste gesellschaftliche Einheit hinein, sodass die Zugehörigkeit und das Bekenntnis zu einem Sportverein häufig eine »Generationen übergreifende Orientierung und Sinnstiftung«[15] boten. Zudem bildeten Sportvereine und ihre Erfolge ein wichtiges Referenzsystem für die Repräsentation lokaler Identität und die Artikulation von Regionalstolz.[16] Dass die von der SED neu propagierte Organisationseinheit der Betriebssportgemeinschaften (BSG) mithin nicht auf uneingeschränkte Begeisterung stoßen würde, war absehbar.

Dabei reichten die Wurzeln des Betriebssports in Deutschland bis in die Kaiserzeit zurück.[17] Der Sammelbegriff Betriebssport vereint hierbei durchaus disparate Phänomene wie Fabrikturnen, Werks- oder Firmensport, Betriebs- und Behördensport.[18] Die Organisationsinitiative in diesem Feld lag hierbei zuweilen auf Unternehmer-, aber auch auf Arbeitnehmerseite, mit jeweils unterschiedlichen Intentionen und stark differierenden Rahmenbedingungen. Der Nationalsozialismus hatte über sportliche Organisationen der NS-Gemeinschaft »Kraft durch Freude« in der »Deutschen Arbeitsfront« den Betriebssport stark ausgebaut, um ihn zur ideologischen Mobilisierung und »Wehrhaftmachung« der Bevölkerung einzusetzen.

Einen regelrechten Boom erlebte der Betriebssport jedoch erst nach 1945 – und dies sowohl in den demokratisch-kapitalistischen wie in den staatssozialistisch geprägten Gesellschaften.[19] Während der Betriebssport immer nur ein Segment innerhalb der bundesdeutschen Sportlandschaft blieb, bildete er seit 1949 eine wesentliche Grundlage des Sporttreibens in der DDR.[20] In einer Parallele zur NS-Zeit waren nun jedoch nicht mehr die Arbeiter oder Firmeneigner die treibende Kraft, sondern der Staat und die Partei agierten als Organisatoren dieses bald flächendeckend eingeführten Strukturelements.

Allerdings wäre es irreführend, die Anbindung des Sports an Trägerbetriebe als ein Konzept einzuordnen, das die DDR aus der Zeit des Nationalsozialismus übernommen habe.[21] Denn tatsächlich gehorchten die Sowjetische Besatzungszone und später der junge SED-Staat mit der Einführung des Betriebssports – wie in zahlreichen anderen Gesellschaftsbereichen auch – einem oktroyierten Sowjetisierungsschub, modellhaft stand hierbei die »Körperkultur« in der Sowjetunion (SU) Pate.[22] Zudem erfolgte wie im Sowjetreich eine Gliederung der Sportorganisationen nach Industriezweigen, markiert durch Bezeichnungen wie »Traktor«, »Chemie« oder »Aufbau«. Zu einem der zentralen Komplexe der DDR-Forschung gehörte stets die Frage, inwieweit sowjetische Strukturen vom SED-Staat imitiert oder zumindest abgewandelt übernommen wurden.[23] Für den Sport ist dies, trotz der tiefgreifenden organisatorischen und kulturellen Eingriffe nach sowjetischem Muster, nie systematisch untersucht worden. In ideologischer Hinsicht verkörperte der Betriebssport allemal eine weltanschaulich passförmige Nähe zum Werksalltag im »Arbeiter- und Bauernstaat«.

Sportler, die in der DDR alte Vereinstraditionen pflegen wollten, sahen sich hingegen häufig über Nacht als »Feinde der neuen demokratischen Ordnung« diffamiert. Hierbei wurde nicht nur die »Bürgerlichkeit« des überkommenen Sports kritisiert, sondern auch der Gedanke eines »unpolitischen« Sporttreibens. So hielt ein Protokoll des Politbüros der SED bereits im Jahr 1949 fest: »Das Niveau der politischen Aufklärungsarbeit unter den Sportlern ist äußerst niedrig, ja, es gibt nicht wenige Beispiele, in denen verantwortliche Funktionäre der Partei nicht nur vor der reaktionären Argumentation vom unpolitischen Sport oder Sport ohne Politik zurückweichen, sondern sich selbst als Verfechter dieser reaktionären Thesen aufwerfen.«[24]

Verpönt waren das Sporttreiben der alten Vereine sowie alle damit einhergehenden Rituale, Traditionen und Erinnerungen – das gesamte Feld der überkommenen, fußballtypischen Memorialkultur. Die Vereinstraditionen des deutschen Sports erwiesen sich jedoch als

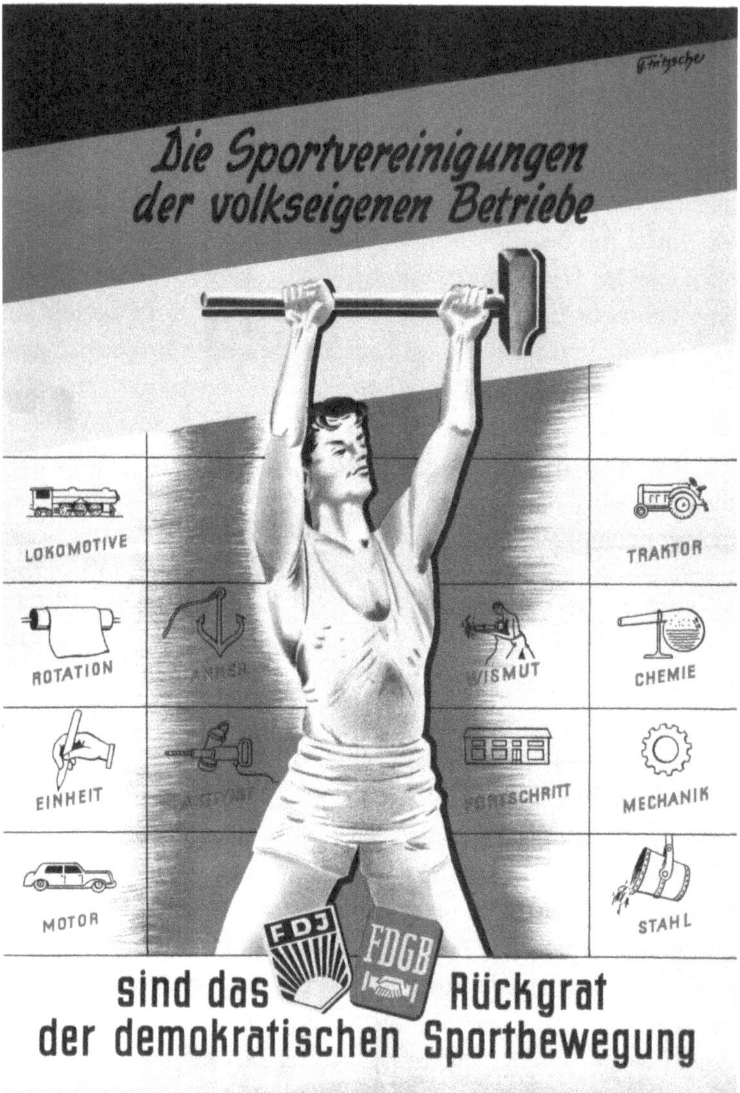

Wie in der Sowjetunion wurde der Sport in der DDR seit 1950 in 18 industriell gegliederte Sportvereinigungen eingeteilt.

überaus zählebig. Im Jahr 1954 erhob eine Untersuchungskommission des Zentralkomitees (ZK) der SED den Vorwurf, dass die »demokratische Sportbewegung« immer noch Residuen der alten Bürgerlichkeit im Sporttreiben wie im gesellschaftlichen Leben toleriere. Im Visier stand konkret die Traditionspflege des ersten deutschen Fußballmeisters, des VfB Leipzig.[25] Eine ähnliche Attacke erlebten die Anhänger des Dresdner SC (DSC), allerdings mit ungleich gravierenderen Konsequenzen. Denn die DDR überzog in ihrer Frühphase tatsächliche oder vermeintliche Gegner des Systems vehement mit dem Instrument der politischen Justiz: Hierzu gehörten Angehörige bürgerlicher Parteien, kirchliche Vertreter sowie »Großkapitalisten« und »Großbauern« – und schließlich auch die »bürgerlichen Nur-Sportler«.[26] So wurden zwei leitende Funktionäre der Sportgemeinschaft (SG) Dresden-Friedrichstadt, des Nachfolgers des Dresdner SCs im sozialistischen Gewand, im Dezember 1958 zu je fünfeinhalb Jahren Zuchthaus verurteilt. Die Begründung lautete: illegale Vorbereitung zur Durchführung eines Stiftungsfestes des verbotenen Dresdner Sportclubs.[27] Die früheren leitenden Funktionäre hätten »unter der Maske von Biedermännern Wühl- und Zersetzungsarbeit« geleistet mit dem Ziel, »den DSC wieder aufzubauen«. Als die Absichten dieser »Clique« zu offensichtlich geworden seien, habe man die Auflösung der SG Dresden-Friedrichstadt beschließen müssen. Die Spieler sollten sich künftig der Mannschaft der VVB Tabak Dresden anschließen. Als Konsequenz flohen mehrere Spieler, darunter der spätere Bundestrainer Helmut Schön, in den Westen.

Die Propaganda richtete sich nicht nur gegen das »Alte«, sondern explizit auch gegen den westlichen Sport und seine Organisationsformen. Diese Abwehrhaltung sollte jedoch in den kommenden Jahren für den SED-Sport immer schwieriger werden, vor allem in der populärsten Sportart der Deutschen hüben wie drüben, dem Fußball. Denn – im Unterschied zur olympischen Ebene – sollte der DDR-Fußball vom Glanz der DFB-Elf und der Bundesliga bald überstrahlt werden. Gleichzeitig drohte der Leistungssport der DDR sich immer weiter von der Bevölkerung zu entfernen. Mit der Gründung von Sportclubs (SC) im Jahr 1954 als Zentren der »Leistungssportproduktion« für alle Sportarten wurde endgültig das gesamte organische Gefüge aus Mannschaft und ehrenamtlichen Mitgliedern über Bord geworfen – als abgeschottete Elite gingen die Spitzen-Athleten fortan ihrem Training nach. Dies hatte für die gesellschaftliche Verankerung gravierende Konsequenzen. In einer internen Alarmmeldung bezeichnete der Fußballverband der DDR im Jahr 1964 die »Abkapselung von der Masse der Fußballanhänger in den Städten« als entscheidendes Defizit der Mannschaften. Vor allem sah man die fehlende Einbettung des Fußballs in sein soziales und gesellschaftliches Umfeld als Kardinalfehler an: »Mit der Bildung der Clubs im Jahre 1954 hat man einen großen, entscheidenden Faktor nicht beachtet: Man hat die Mitarbeit hunderttausender, ehrenamtlicher Kader und passiver Mitglieder in den Gemeinschaften negiert und durch einen Beschluss einfach von der Mitarbeit ausgeschlossen.«[28]

Ein Dauerkonflikt zwischen Fußballanhängern und der Sportpolitik war zudem der Dirigismus, mit dem die SED immer wieder nach Gutdünken Spieler oder ganze Mannschaften auf der Landkarte hin- und herschob. So war die Empörung in der BSG Chemie Leipzig 1952 groß, als sieben Fußballer mithilfe von Lockungen und Drohungen zur »KVP (Kasernierte Volkspolizei) Vorwärts Leipzig« versetzt wurden. »Delegierung« hieß das offiziell, »Spielerziehung« nannte es der Volksmund. Als das Team erfolglos blieb, wurde es per Order im nächsten Jahr komplett nach Berlin geschickt: neuer Name »Vorwärts Berlin«, neues Stadion. Solche unfreiwilligen Verpflanzungen von Mannschaften ereigneten sich immer wieder: So musste die BSG Empor Lauter aus dem Erzgebirge 1954 ihre Heimat verlassen, da im Norden der Republik ein neuer, leistungsstarker Sportclub entstehen sollte – fortan traten die »importierten« Sachsen als SC Empor Rostock an der Ostsee an. Der ASK (Armeesportklub) Vorwärts Berlin wiederum erlebte 1971 seine »Zwangsumsiedlung« in das brandenburgische Frankfurt/Oder.

Im Jahr 1965/66, als die DDR noch einmal per Order zehn Fußballclubs neu- beziehungsweise umgründete, ist allerdings eine partielle Orientierung am Vorkriegs-Modell erkennbar: Denn plötzlich tauchten klassische Kürzel wie »FC« wieder in den Clubnamen auf.

So gliederte sich aus dem SC Motor Jena der FC Carl Zeiss Jena aus. Auch andere Industrie-Signa verschwanden aus dem Fußball-Oberhaus, sodass der SC Empor Rostock fortan als Hansa Rostock antrat. Es war ein ambivalenter Neubeginn: Einerseits erfolgte eine strengere Lenkung und größere Privilegierung der Fußballclubs, mit den Bezeichnungen suchte man zugleich der prosperierenden Fußballkultur in der Bundesliga eine ebenbürtige Attraktion entgegenzusetzen. Hans-Georg Moldenhauer, nach 1989/90 erster frei gewählter Fußballverbandspräsident, heute im Präsidium des DFB, damals Torwart bei Magdeburg, erinnert sich, wie groß die Freude bei den Spielern war, »als wir hörten, dass der 1. FC Magdeburg entsteht: weil das ja ein Synonym für Westclubs war, wie FC Kaiserslautern. Und wir haben uns natürlich riesig gefreut, dass man wegkommt von Turbine, Stahl, Empor.«[29] Diese Reformen zeigen mithin auch, wie stark das Sporttreiben im geteilten Deutschland aufeinander bezogen blieb. Trotz aller staatlich angeordneten Strukturwechsel hielt sich der Begriff des »Vereins«, egal ob für eine BSG oder einen Club, im Sprachgebrauch bis zum Ende der DDR.

Orientierte sich die DDR bei den Fußballnamen Mitte der 1960er Jahre wieder an westlichen Vorbildern, so gilt für die Gestaltung des Leistungssportsystems grundsätzlich das Gegenteil: Seit die DDR sich zusehends als der effizientere olympische Akteur erwies, suchte die Bundesrepublik, erfolgreiche Innovationen des Staatssports in modifizierter Form zu adaptieren. Uta Andrea Balbier ist diesen Strukturanpassungen bis in das Jahr 1972 nachgegangen: Sie zeigt, wie etwa die Spartakiaden des Ostens – Wettkämpfe für Kinder und Jugendliche im Breitensport, die zugleich der Talentsichtung dienten – im Westen durch die Einführung von »Jugend trainiert für Olympia« nachgeahmt wurden.[30] Auch die Akademisierung der Sportwissenschaft und der Trainingslehre stellte eine Reaktion auf die gründliche »wissenschaftlich-methodische« Herangehensweise der DDR dar. Der Sport wurde »im deutsch-deutschen Dauerkonflikt als vermeintlich wirksame Waffe« auch akademisch in Stellung gebracht.[31]

Ein wichtiger Faktor war darüber hinaus die Militarisierung der Sportförderung. Ein sowjetisches Implantat im DDR-Sport stellten die Sportorganisationen der »Sicherheitsorgane« und der Armee dar, die gleichzeitig in vielen Sportarten als besondere Leistungsträger galten. In ihrer Struktur ahmte die ostdeutsche Organisation das sowjetische Vorbild der »Sportgesellschaft Dinamo« nach, die am 18. April 1923 im Moskauer Hauptquartier der sowjetischen Geheimpolizei Tscheka ins Leben gerufen worden war. Anfangs zur Hebung der körperlichen Fitness unter den Angehörigen des Sicherheitsdienstes gedacht, entwickelte sich Dinamo bald zu einem wichtigen Faktor im sowjetischen Leistungssport, der flächendeckend Clubs und Dependancen unterhielt und mit seinem Ehrenvorsitzenden Feliks Dzerszyńksi demonstrativ die exklusive Bindung an den Geheimdienst unterstrich.

Zur Nähe zur Macht trat bald der Wille zum Sieg: Als im Jahr 1939 der Georgier Lawrentij P. Berija die Führung der sowjetischen Geheimpolizei übernahm, versah er Dinamo mit dem Anspruch, eine dominierende Rolle im Sportgeschehen der UdSSR einzunehmen.[32] In ähnlich selbstbewusster Manier gestaltete sich von Beginn an die Gründung der Sportvereinigung »Dynamo« in der DDR: Von Erich Mielke bereits seit 1952 informell vorbereitet, trat sie erstmals im März 1953 mit einem Gründungsausruf an die Öffentlichkeit. Noch bevor Mielke 1957 zum Minister für Staatssicherheit aufstieg, übte er damit seit 1953 die Funktion des Vorsitzenden der Sportvereinigung »Dynamo« aus – zwei Ämter, die er unangefochten bis zum Niedergang der DDR 1989 behalten sollte. Dynamo war mit 278.000 Mitgliedern und 380 Sportgemeinschaften die stärkste Sportvereinigung der DDR, ihren Etat finanzierte vorwiegend das Ministerium für Staatssicherheit. Der Fußballclub »BFC Dynamo« in Ost-Berlin galt als das besondere Prunkstück dieses Mielke-Imperiums im Sport.

Auch die Armeesportvereinigung »Vorwärts« (ASV) war dem sowjetischen Vorbild nachempfunden, in allen Staaten des Ostblocks existierten Sportvereinigungen der Streitkräfte. Der Name »Vorwärts« verwies allerdings auf die Tradition des deutschen Arbeitersports. Die Sportgemeinschaften wurden an den Militärstandorten gegründet, standen jedoch auch Zivilisten offen.[33] Dynamo und ASV gehörten zu den erfolgreichsten Medaillenlieferanten der DDR. In

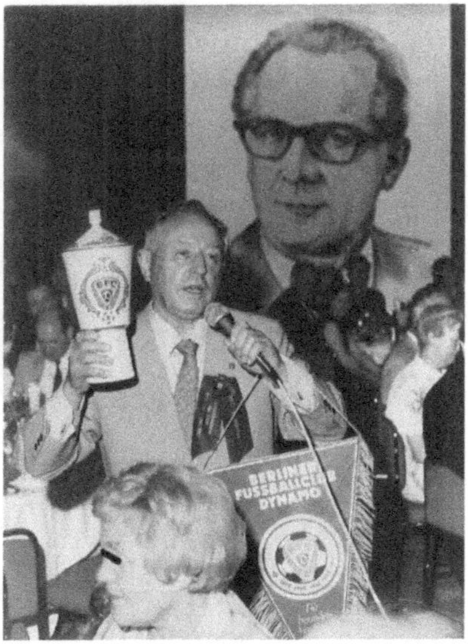

Ansprache des Ehrenvorsitzenden Erich Mielke bei der Meisterschaftsfeier des BFC Dynamo. Zwischen 1979 und 1988 gewann der BFC zehnmal die Meisterschaft.

der Regel waren sehr erfolgreiche Sportler nur formal Angehörige der Armee, der Polizei oder in anderen staatlichen Sektoren beruflich tätig – um sich tatsächlich ganztägig dem Training zu widmen. Damit bediente die DDR die Fiktion, dass es sich bei den Athleten um »Amateure« handelte, und entsprach so offiziell dem Reglement des Internationalen Olympischen Komitees (IOC).

Als Reaktion auf die sportliche Mobilmachung des Ostens stieg in der Bundesrepublik die Bundeswehr zum »größten Spitzensportförderer« auf – im Jahr 2020 konnte das 50-jährige Jubiläum dieses Engagements begangen werden. Im Mai 1968 beschloss der Bundestag, Fördergruppen bei der Bundeswehr einzurichten, woraufhin im Verantwortungsbereich des Bundesministeriums der Verteidigung die ersten Sportlehrkompanien entstanden. Ein explizites Ziel war hierbei die »Chancengleichheit der deutschen Sportlerinnen und Sportler gegenüber der internationalen Konkurrenz« herzustellen, womit man klar den Ostblock mit seinem »Staatsamateurismus« und dem starken Sektor im Militärsport vor Augen hatte. Die Sportfördergruppen wurden im Einzugsbereich von Leistungszentren und Olympia-

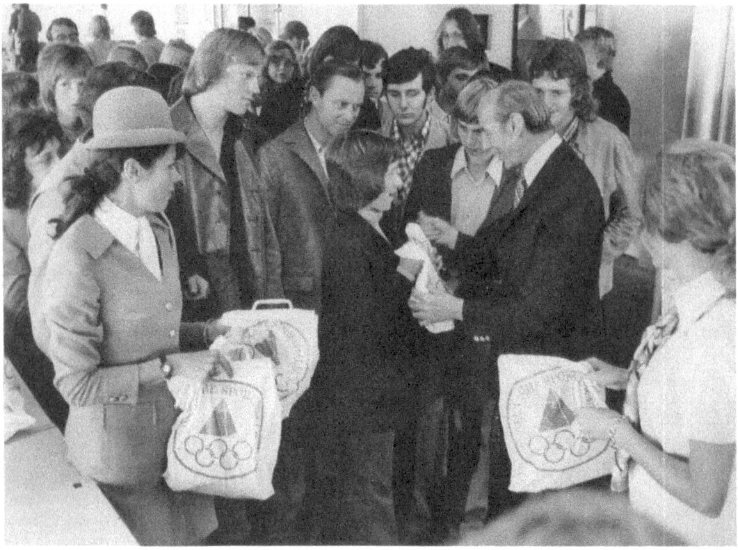

Der Vorsitzende der Deutschen Sporthilfe, Josef Neckermann, mit Teilnehmern von »Jugend trainiert für Olympia« auf dem Flughafen in Frankfurt am Main, September 1973.

stützpunkten angesiedelt und integrierten Kaderathleten der Spitzenverbände des DSB, die einen entsprechenden Antrag gestellt hatten. Neben der Bundeswehr waren – ebenso wie in der DDR – Polizei und Zoll als Träger vorgesehen. Die ersten Sportlehrkompanien wurden in Sonthofen und Warendorf eingerichtet, sodass 1972 in München bereits 25 männliche Sportsoldaten an den Start gingen. Von 1992 bis 2022 wurden immer noch 46 Prozent der Medaillen der deutschen Olympiamannschaften von Bundeswehrangehörigen erzielt.[34]

Doch gab es Elemente des DDR-Spitzensports, die der Westen nicht imitieren konnte: So blieben die Mechanismen der Kinder- und Jugendsportschulen, die offenkundig als Kaderschmieden des »Sportwunderlandes« fungierten, für die bundesdeutschen Beobachter ein Geheimnis, da die DDR diese Einrichtungen konsequent abzuschotten wusste.[35] Nicht kopieren konnte man auch das System der »Einheitlichen Sichtung und Auswahl« – ein republikweites Vermessen und Wiegen der Schulkinder mit dem Ziel, die Eignung des Nachwuchses für bestimmte Sportarten zu prognostizieren und damit frühzeitig zu verhindern, dass auch nur eine Sportbegabung in der kleinen DDR durch das Netz der Talentspäher rutschte. In der Bundesrepublik hingegen besaß der Sport keine solchen direkten Zugriffsmöglichkeiten auf das Bildungswesen. Auch die Konsequenz, mit der die Leistungssportlandschaft der DDR 1969 in zwei Teile geteilt wurde, war nur in einem Staatssport denkbar. Denn mit Blick auf die Olympischen Spiele 1972 wurden fortan primär »medaillenintensive« Sportarten gefördert, andere hingegen benachteiligt, von Ressourcen abgeschnitten und behindert. Im Eishockey wurden etwa nahezu alle Oberligateams aufgelöst, Spieler mussten bei internationalen Turnieren am Tor vorbeischießen, um sich nicht für Olympia zu qualifizieren, da die SED den teuren Sport nicht mehr fördern wollte. Allein Erich Mielke setzte durch, dass zwei Teams seiner Sportvereinigung Dynamo aus Weißwasser und Berlin fortan in der »kleinsten Liga der Welt« weiterhin gegeneinander antreten durften.[36]

Vor allem aber gab es für eine der wichtigsten Strukturentscheidungen kein Pendant in der Bundesrepublik: die überproportionale Förderung des Spitzensports, die sich maßgeblich in einem immensen Personalaufwand widerspiegelte. So bezifferte Hans Joachim Teichler die Beschäftigtenzahl für die 1980er Jahre auf 21.000 Hauptamtliche, davon 10.000 Trainer. Bei der SG Dynamo Potsdam waren mehr Trainer angestellt als 1998 im gesamten Bereich des Deutschen Ruderverbandes. Diese Dimensionen veranschaulichen, dass es sich bei den Clubs in der DDR »um Leistungssporteinrichtungen handelte, die – trotz Namensgleichheit – nicht mit den Clubs auf der traditionellen Vereinsbasis des deutschen Sports gleichgesetzt werden dürfen«.[37] Die Hundertschaften von fest angestellten Funktionären, Trainern, Physiotherapeuten und Sportärzten repräsentierten eine Sportmacht, mit der nicht nur die Bundesrepublik, sondern auch zahlreiche andere Sportnationen nicht konkurrieren konnten.

Das Ergebnis sprach für sich: Seit 1968 gelang es der DDR, die Bundesrepublik bei jedem olympischen Kräftemessen im Medaillenranking hinter sich zu lassen. Sie gehörte seit 1972 stets zu den drei erfolgreichsten olympischen Teams und konnte 1976 die USA, 1984 dann sogar die Sowjetunion übertrumpfen. Die Nostalgie, die bis heute mit dem DDR-Sport verbunden ist, gründet in dieser in der Tat beeindruckenden und im internationalen Vergleich auch einzigartigen Erfolgsgeschichte der DDR.

3 KALTER KRIEG IM FLUTLICHT: INNERDEUTSCHE SPORTBEZIEHUNGEN

Die deutsch-deutsche Konkurrenz im Sport war eingebettet in die Konfrontation der Hegemonialmächte, insbesondere auf der olympischen Ebene. Doch war es durchaus keine Selbstverständlichkeit, dass sich die beiden Supermächte des Ost-West-Konflikts auch hier begegnen würden. Zwar gehörten zu den Gründungsmitgliedern des Internationalen Olympischen Komitees sowohl ein US-amerikanischer wie ein russischer Vertreter,[1] doch zeigte die Sowjetunion zunächst kein Interesse, sich in diesem Gremium zu engagieren. Vielmehr wurde, in scharfer Abgrenzung von bürgerlichen sportlichen Traditionen, das Konzept einer »Fiskultura« als kollektiver Massenkultur anstelle eines konkurrenzorientierten Individualsports propagiert. Immerhin unternahm Mitte der 1930er Jahre die Sowjetführung mit dem Appell, die bisherigen Rekorde zu überholen, eine Annäherung an das westliche Sportprinzip und bemühte sich um Aufnahme in internationale Föderationen. Doch war dieser Vorstoß letztlich zum Scheitern verurteilt, da die Xenophobie des »Großen Terrors« seit 1935 nicht nur internationale Kontakte erschwerte, sondern auch zahlreiche Sportler und Funktionäre das Leben kostete.[2] Nach dem Zweiten Weltkrieg suchte Moskau konsequent Anschluss an den internationalen Weltsport. Allerdings war auch das IOC nicht frei von Bedenken: Besonders hinsichtlich des geforderten Amateur-Status der Athleten war den Verantwortlichen in Lausanne klar, dass die Sowjetunion diesen Standard nicht erfüllte, sondern im Gegenteil ihre Sportler von der Arbeit befreite und Gratifikationen und Privilegien bereitstellte – ein Muster, das sich später auch in der DDR wiederholen sollte, sodass im Westen der spöttische Begriff des »Staatsamateurs« geprägt wurde.[3] Neben der Amateurfrage zeichnete sich bald eine weitere Schwierigkeit im Umgang mit der Sowjetunion und ihren Satellitenstaaten ab.[4] Denn dem IOC war durchaus bewusst, dass ein sowjetisches NOK eine staatliche Organisation sein und damit dem olympischen Ideal der Regierungsunabhängigkeit eklatant widersprechen würde. Darüber hinaus war es für den »Männerorden« ohnehin ein mentaler Schritt über den Rubikon, eine Mitgliedschaft von Kommunisten im aristokratisch-bürgerlichen Elite-Club zu akzeptieren.

Trotz all dieser Bedenken überwog schließlich der Wunsch nach einer »Einheit im Weltsport«. immerhin ging es bei der Grundsatzentscheidung für oder gegen eine Einbindung der Sowjetunion auch um Macht und Einfluss des IOC: Als das sowjetische NOK schließlich im April 1951 seine Gründung nach Lausanne telegrafierte und um Aufnahme bat, akzeptierte das Internationale Komitee die damit einhergehende Versicherung, dass Moskau sämtliche olympischen Regularien einhalte: Bei den Sommerspielen in Helsinki 1952 sollte die Sportmacht Sowjetunion schließlich ihren ersten Auftritt wagen, unter immensem Druck, denn Stalin hatte intern wiederholt den ersten Rang in der Medaillenbilanz zur Bedingung einer Teilnahme gemacht. Es ist bezeichnend sowohl für das Selbstverständnis wie für den Systemcharakter der SU, dass diese glaubte, den grandiosen zweiten Platz, den das sowjetische Team in Finnland errang, gegenüber der heimischen Öffentlichkeit als Sieg ausgeben zu müssen, und auch intern in Parteikreisen mithilfe eines speziell erdachten Punktesystems als Gleichstand mit den USA schönredete.[5] Grund für dieses Täuschungsmanöver war die hohe politische Sinnzuschreibung, die mit dem Eintritt von Stalins Imperium in die olympische Bewegung einherging und nun im Dienst der Expansion der kommunistischen Idee stand.[6]

Am 21. April 1951 hatte sich in Moskau das sowjetische NOK konstituiert und nur einen Tag später fand im Ost-Berliner Roten Rathaus die feierliche Gründungszeremonie für das NOK der DDR statt. Diese schnelle Aufeinanderfolge war ein Vorbote der kommenden, überaus engen Bindung des Handelns der ostdeutschen Olympia-Vertretung an die Vorgaben aus Moskau. Bereits seit dem 24.

Für die Sportler und Sportlerinnen der gesamtdeutschen Mannschaft war das Miteinander nicht einfach. Diese bundesdeutsche Karikatur sah vor allem Walter Ulbricht als Hindernis auf dem gemeinsamen Weg.

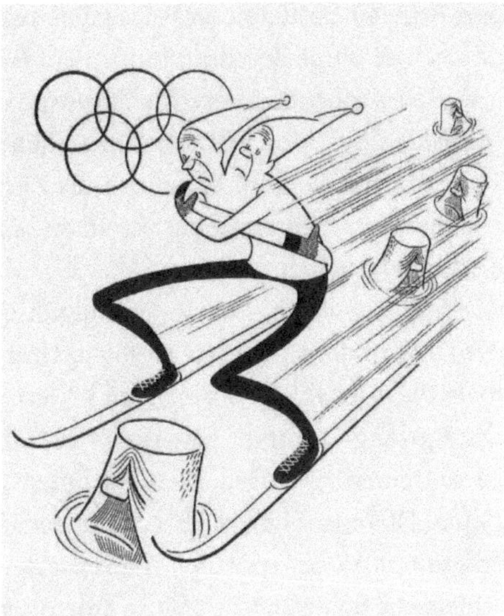

September 1949 existierte ein NOK der Bundesrepublik – das fortan im Rahmen des Bonner Alleinvertretungsanspruchs alles daransetzte, SED-Funktionäre und DDR-Sportler von der olympischen Bühne fernzuhalten. Eine Zeitlang gelang dies. So gab NOK-Präsident Karl Ritter von Halt am 25. Mai 1951 die berüchtigte Rückmeldung an Bundeskanzler Konrad Adenauer, dass er die Gespräche über eine gesamtdeutsche Mannschaft, die vom IOC gewünscht wurde, mit den ostdeutschen Vertretern so geführt habe, »dass sie ergebnislos verlaufen mussten«[7]. Im Jahr 1955 allerdings, als das NOK der DDR seine provisorische Anerkennung erreichte, setzte IOC-Präsident Avery Brundage seine Idee eines gesamtdeutsch beschickten Teams durch. Doch entfaltete das Ideal eines friedensstiftenden olympischen Geistes im deutschen Fall wenig Wirkung,[8] vielmehr war die Geschichte der gesamtdeutschen Mannschaften in den Jahren 1956, 1960 und 1964 umrankt von Kleinkriegen. Eifersüchtige Querelen entbrannten um die Gestaltung der Flagge, die Bekleidung, die Orte und das Verfahren für die deutsch-deutschen Qualifizierungskämpfe, schließlich um den »Chef de Mission«. Vor allem für die Athletinnen und Athleten gestaltete sich das gemeinsame Antreten als schwierig, da wechselseitige Beschimpfungen der Funktionäre als »Marionette« oder »Menschenhändler« die Atmosphäre vergifteten, die Abgrenzungsideologie der SED den zwischenmenschlichen Umgang im Team erschwerte und schließlich die Zäsur des Mauerbaus 1961 das gesamte Unternehmen einer vereinten Mannschaft ohnehin anachronistisch erscheinen ließ.[9]

Und so wurden – nach der endgültigen Anerkennung des NOK der DDR im Jahr 1965 – seit 1968 in Grenoble und Mexico-City erstmals die Medaillen von Ost und West getrennt abgerechnet. Der DDR gelang es fortan, eine beeindruckende olympische Geschichte zu schreiben: 572 Medaillen, darunter 203 goldene, konnte sie erzielen. Diese Erfolgsserie bescherte der DDR ein hohes Maß an Anerkennung in der sportlich interessierten Weltöffentlichkeit, sodass athletische Spitzenleistungen zu einem zentralen Faktor ihrer Außenpolitik wurden. Manfred Ewald, seit 1957 Präsident der staatlichen Massenorganisation des Sports, des Deutschen Turn- und Sportbundes (DTSB) und seit 1973 Chef des NOK, hielt sämtliche Fäden in der Hand. Er konnte regelmäßig seine Wunschvorstellungen hinsichtlich staatlicher Förderung nahezu ohne Abstriche in den entscheidenden Gremien der Partei durchsetzen.[10] Die Bundesrepublik blickte neidvoll auf diesen Siegeszug, denn auch hier galt der Spitzensport längst als ein Medium staatlicher Repräsentation.

Zudem hatte der bundesdeutsche Sport ebenso wie die Politik hier noch eine andere Ebene im Blick: Sport, so schien es zumindest, konnte dabei behilflich sein, den Schatten der NS-Vergangenheit abzustreifen. Das hatte zumindest der Gewinn der Fußballweltmeisterschaft 1954 in Bern nahegelegt, der dem Team von Sepp Herberger große internationale Sympathien beschert hatte und auch deshalb in den Status eines »Wunders« erhoben worden war. Die Tatsache, dass noch das 50-jährige Jubiläum des ersten deutschen Weltmeistertitels einen nachhaltigen fußballhistorischen Erinnerungsboom auslöste, bestärkt die These, dass es sich bei diesem Sportereignis um einen der Gründungsmythen der Bundesrepublik handelt, der bis heute seine Wirkung entfaltet.[11] Insbesondere die ehemaligen »Achsenmächte«

des Zweiten Weltkriegs Italien, Japan und Deutschland suchten mit der Ausrichtung der Olympischen Spiele von Rom 1960, Tokio 1964 und München 1972 eine freundlich-sympathische Repräsentation ihrer Länder zu erreichen, die die »faschistische« Vergangenheit vergessen lassen sollte.[12] Dementsprechend hatten Bundesregierung und bundesdeutscher Sport Olympia 1972 in München als Chance begriffen, der Welt ein »modernes Deutschland« zu zeigen. Die feinsinnig orchestrierten Bemühungen hierzu – von der Farbgebung der Spiele, der Architektur, den gestalterisch wegweisenden Piktogrammen von Otl Aicher, einem Schwager der Geschwister Scholl, bis hin zum defensiven Sicherheitskonzept – sind mittlerweile gründlich erforscht.[13] Und tatsächlich beeindruckte es internationale Besucher, wie weltoffen und im wahrsten Sinne des Worts spielerisch die Anmutung der Wettkämpfe und ihres Umfeldes wirkte. Das Propaganda-Feuer der DDR hingegen, das die »heiteren Spiele« mit einem wüsten Nazi-Vergleich überzog (»2 x 36 = 72«![14]), erschien von vornherein abstrus. Doch nicht nur in Kampagnen nach außen, auch in der internen Kommunikation blieb der Sportapparat der DDR im eisernen Bellizismus[15] seiner Ideologie gefangen. Unverhohlen argumentierte die SED-Führung mit Blick auf die Olympiavorbereitung für München: »Die Klassenauseinandersetzung auf sportlichem Gebiet hat ein solches Ausmaß erreicht, dass prinzipiell kein Unterschied zur militärischen Ebene besteht. So wie der Soldat der DDR, der an der Staatsgrenze seinem imperialistischen Feind in der NATO-Bundeswehr gegenübersteht, so muss der DDR-Sportler in dem Sportler der BRD seinen politischen Gegner sehen. Unser Kampf ist so hart, dass er mit voller Abgrenzung, mit Hass gegen den Imperialismus und seine Abgesandten, auch gegen die Sportler der BRD, geführt werden muss.«[16] Zugleich fürchtete die SED jedoch die Anziehungskraft des Westens: So »reisten im Tross der DDR-Mannschaft auch diverse MfS-Experten nach München« mit dem Auftrag, konspirativ eine Wohnung für die »isolierte Unterbringung« einer Person sowie eine Transportkiste bereitzustellen. Die Vorsichtsmaßnahme galt einem möglichen Fluchtversuch innerhalb der eigenen Olympiamannschaft, um im Ernstfall den Flüchtling festsetzen und unbemerkt in die DDR zurückschaffen zu können.[17] Doch blieb der bizarre Plan unausgeführt. Froh und erleichtert war hierüber vor allem Erich Mielke selbst, der das Ausbleiben einer »Republikflucht« in einer internen Dynamo-Versammlung als einen »großen Sieg« bezeichnete, denn »nicht ein Sportler ist in München geblieben – ich weiß, wie man eingewirkt hat auf unsere Sportler. Das ist eine mehrfache Goldmedaille. Nur ein Tourist ist drüben geblieben. Ein Tourist ist geblieben, kein Sportler.«[18]

Im Jahr 1987 schienen die eingespielten Mechanismen der Konfrontation jedoch grundlegend infrage gestellt zu werden. Ursache war die politische Annäherung beider deutscher Staaten im Rahmen des Besuchs von Erich Honecker in der Bundesrepublik und des gemeinsam von SED und SPD verfassten Papiers »Der Streit der Ideologien und die gemeinsame Sicherheit«. Innerhalb der SED waren diese Kontakte strittig, da sie zu internen Debatten führten. Insbesondere die Parteibasis, so der Historiker Detlef Nakath, »begann selbstbewusster Fragen zu diskutieren, die zuvor vom Politbüro als ausschließliche Angelegenheit der Parteiführung reklamiert worden waren. Insofern hatten die Verhandlungen einen von der Sozialdemokratie offenbar gewünschten Nebeneffekt: Die politische Erosion innerhalb der SED schritt voran.«[19]

Im Leistungssport, der bislang streng auf Abgrenzung, sogar »Hass« gegenüber dem sportlichen Gegner aus der Bundesrepublik gebürstet worden war, machte sich Ratlosigkeit breit. Am 15. September 1987 übersandte Rudi Hellmann, Leiter der Abteilung Sport beim ZK der SED, an Egon Krenz eine »Information über Stimmungen, Meinungen und Fragen« in den Partei- und Arbeitskollektiven des Bundesvorstandes des DTSB und des Staatssekretariats für Körperkultur und Sport zum Honecker-Besuch und zum SED/SPD-Papier. In den politischen Gesprächen gebe es »Probleme beim Erschließen des gesamten Materials«. Diskutiert wurde insbesondere, welche Konsequenzen aus der Formulierung »statt Propagierung pauschaler Feindbilder und der Weckung von Bedrohungsängsten« für die Schulung im Leistungssport abzuleiten seien. Besonders diejenigen, »die jahrelang als ein wichtiges Anliegen der politisch-ideologischen Arbeit mit den Sportlern die Herausbildung klarer Feindbilder angesehen« hätten, äußerten nun »Zweifel und Unklarheiten« im Hinblick auf ihre künftigen Aufgaben.[20] Es stelle sich die Frage, ob aus der postulierten besonderen Verantwortung der Deutschen für die Sicherung des Friedens sich nicht auch Sportbeziehungen von »besonderer Art« ergäben. »Sehr breit diskutiert« wurde die Relevanz des »Feindbildes«, das »in der Erziehung vor allem unserer Leistungssportler eine wesentliche Rolle einnimmt. Wie stellen wir uns und unsere Sportler künftig darauf ein, und welche Argumente haben wir, wenn vom Abbau des Feindbildes gesprochen wird?« Fragwürdig erschien plötzlich auch die »Abgrenzungsproblematik«. Da der Austausch zwischen Ost und West gefördert werden solle, »wie hat sich dann der einzelne Sportler im Kontakt und Dialog zu verhalten?«. Denn den hatte es ja bislang gar nicht geben dürfen.[21] Weltanschauliche Konstanten und jahrzehntelang eingeübte Praktiken drohten ins Rutschen zu geraten. Der angekündigte Abbau der Feindbilder schien den Kern der ideologischen Grundlagen zur Makulatur werden zu lassen.

Doch sollten sich bald die Prämissen der Arbeit für die Sportfunktionäre wieder stabilisieren. Wie tief der Wille zur Abgrenzung auch beim NOK der DDR saß, wurde im Januar 1988 in der Bundesrepublik öffentlich bekannt.[22] In einer von zwei Professoren der Deutschen Hochschule für Körperkultur und Sport verfassten, pseudowissenschaftlichen Anweisung für das Verhalten der DDR-Sportler bei den Olympischen Winterspielen vom 13. bis 28. Februar 1988 im kanadischen Calgary wurden die martialischen Drohkulissen des Kalten Krieges erneut aufgebaut. Die vertrauliche Handreichung an Funktionäre und Trainer forderte als Stimulans ausdrücklich »die Festigung und Aktualisierung prinzipieller Feindbilder«.

Das Papier verdeutlicht, zu welch innerdeutschem Ressentiment die DDR-Sportführung ihre Athleten nach wie vor aufzuhetzen suchte – ein dunkles Gegenbild zur stilisierten Fassade der offiziellen Olympianation DDR, die sich angeblich unermüdlich für den völkerverbindenden Sport einsetzte.[23] Die DDR-Ideologen unterstellten ihrem sportlichen Gegenüber nicht nur unlautere Kampfmethoden, sondern auch gezielte Provokationen und einen gefährlichen Charakter: »Die DDR-Leistungssportler sehen sich Gegnern gegenüber, deren Gesamtverhalten und Wertvorstellungen nicht mit der Elle des sozialistischen Leistungssports zu messen sind. Sie gehorchen den Zwängen ihrer profihaften Vorbereitung. Ihre Persönlichkeit ist vom Sinn und Geist des Imperialismus geprägt, und bei aller Spielbreite ihrer politisch-moralischen Auffassungen ist für sie typisch, dass sie nicht manipuliertes Objekt dieser Prozesse sind, sondern sich dazu auch subjektiv bekennen.«[24] Als der Text durch einen Artikel des Nachrichtenmagazins *Der Spiegel* in der Bundesrepublik bekannt wurde, kam es zum sportpolitischen Skandal. NOK-Chef Manfred Ewald versuchte vergeblich, anlässlich der Vorstellung der DDR-Olympiamannschaft Ende Januar 1988 im Rahmen einer Pressekonferenz den Inhalt als »provokatorische Erfindung« herunterzuspielen.[25] Die Sportführung hatte sich endgültig im eigenen Propagandadickicht verfangen: Sie fütterte die Athleten mit politischen Floskeln und Unwahrheiten, nur um dies kurz darauf öffentlich zu leugnen.

Ernste Spiele – Innerdeutscher Sportverkehr

Während die Athletinnen und Athleten beider deutscher Staaten zwangsläufig bei Olympia, Welt- und Europameisterschaften sowie anderen Turnieren als unmittelbare Gegner oder Konkurrenten aufeinandertrafen, blieb der bilaterale Freundschafts-Spielverkehr ein Zankapfel. Nur für eine kurze Phase, als die DDR in den 1950er Jahren mit ihrer »Deutsche an einen Tisch«-Kampagne ein vermeintliches Angebot zur Wiedervereinigung unterstreichen wollte, forcierte die SED solche deutsch-deutschen Begegnungen. Hierbei kam es der Partei weniger auf das Spielergebnis denn auf die Möglichkeit an, im Umfeld der Wettkämpfe Sportler und Publikum politisch zu beeinflussen.[26]

Der Sport ebenso wie die Politik der Bundesrepublik wehrten sich gegen den kommunistischen Politrummel: So brach der DSB im

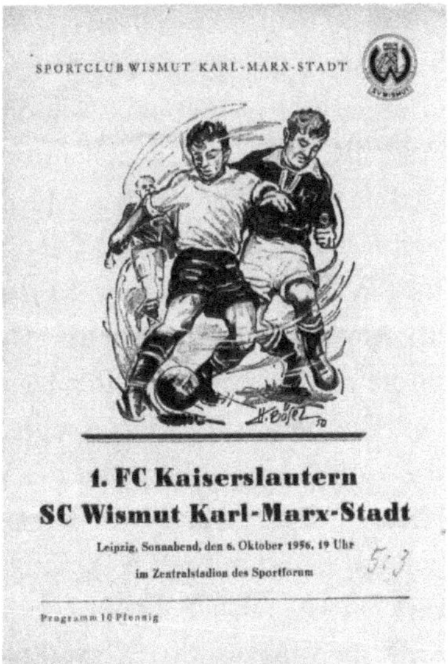

Das Spiel Wismut gegen Kaiserslautern am 6. Oktober 1956 wurde zum deutsch-deutschen Volksfest im Leipziger Zentralstadion.

Herbst 1952 wegen dieses »Missbrauchs« den Sportverkehr kurzzeitig ab und nahm ihn erst wieder auf, als die DDR auf die weitere Politisierung vertraglich verzichtete – was freilich ein Lippenbekenntnis blieb.[27] Doch musste die SED-Sportführung nach einer Weile erkennen, dass ihre Strategie der agitatorischen Unterwanderung von Sportveranstaltungen ohnehin nicht funktionierte. Grund war die schlichte Tatsache, dass sich Sportanhänger in Ost und West primär für das Geschehen im Stadion und nicht für politische Spruchbänder interessierten – eine Haltung, die von der SED erfolglos als »Nur-Sportlertum« herabgewürdigt wurde. Für die ostdeutschen Ideologen kam erschwerend hinzu, dass der bundesdeutsche Fußball auch Anhänger in der DDR fand. Eine erste Lektion in dieser Hinsicht hatte die SED schon bei dem überraschenden Gewinn der WM 1954 durch Sepp Herbergers Team lernen müssen – nicht nur westdeutsche, auch ostdeutsche Fußballfreunde feierten öffentlich den unerwarteten Sieg.[28] Ein Freundschaftsspiel demonstrierte dann zwei Jahre später die ungebrochene Sympathie jenseits politischer Demarkationen: »Fußballgroßkampf« – so kündigte die DDR-Presse eine Begegnung zwischen dem 1. FC Kaiserslautern und dem SC Wismut Karl-Marx-Stadt am 6. Oktober 1956 an.[29] Am Vorabend des Jahrestages der Gründung der DDR am 7. Oktober 1949 sollte mit dem attraktiven Fußballereignis dieses Jubiläum im neu erbauten Leipziger Zentralstadion gewürdigt werden. Mit den beiden Clubs trafen die unbestrittenen Fußball-Titanen Ost- und Westdeutschlands aufeinander. Im Pfälzer Team reisten mit Fritz und Ottmar Walter, Werner Liebrich, Werner Kohlmeyer und Horst Eckel fünf »Helden von Bern« in die Messestadt. Auch der DDR-Meister bot fünf Nationalspieler auf. Die überwältigende Nachfrage von 400.000 Karten überstieg das vorhandene Kontingent bei Weitem. Das 3:1 in der 32. Minute blieb unvergesslich, als der damals bereits 36-jährige Fritz Walter im Fall das Leder mit der rechten Hacke traf und so ein »Jahrhunderttor« fiel. Die DDR-Fußballfreunde zeigten nach dem Geschmack der SED allerdings etwas zu viel Begeisterung für den »Klassenfeind«. Auch die Wismuter Spieler waren betrübt: »Es war für uns wie bei einem schweren Auswärtsspiel«[30], erklärten die enttäuschten Kicker. Als DSB-Präsident Willi Daume zum Jahreswechsel 1957 ein »Jahr des gesamtdeutschen Sportverkehrs« ankündigte, zog der SED-Staat die Notbremse.

Die Sportführung der DDR warnte nun öffentlich vor einem »Missbrauch des gesamtdeutschen Sportverkehrs« durch die Bonner Regierung – angeblich wollte der bundesdeutsche Kapitalismus mithilfe des Sports den sozialistischen Aufbau untergraben.[31] Der »Fußballgroßkampf« von Leipzig wurde somit zu einem der letzten Höhepunkte deutsch-deutschen Fußballs, bevor sich die SED aus dem gemeinsamen Spielverkehr immer weiter zurückzog. Am Tag des Mauerbaus in Berlin beendete eine symbolische Handlung endgültig den gesamtdeutschen Fußballenthusiasmus: DDR-Verbandstrainer Fritz Belger ging mit der Waffe in der Hand auf Wacht für den Arbeiter- und Bauern-Staat: »Ich habe den Trainingsanzug mit der verpflichtenden Uniform der Kampfgruppe vertauscht«, erklärte er, »den Lederball mit der Maschinenpistole, weil es jetzt darauf ankommt, unsere Grenze zu schützen.«[32] Aus dem deutsch-deutschen Spiel um Angriff und Verteidigung war Ernst geworden.

Sportkalender

Als Reaktion auf den 13. August 1961 erließ die bundesdeutsche Sportführung den hochumstrittenen »Abbruchsbeschluss« von Düsseldorf, der weitere Sportkontakte unterband. Gedacht als Protest gegen die Grenzmaßnahmen der DDR, stellten Sportler und auch Medien in der Bundesrepublik infrage, ob eine formelle Beendigung der deutsch-deutschen Sportbeziehungen mittelfristig nicht eher dem Anliegen der gesamtdeutschen Gemeinsamkeit abträglich sein würde. Tatsächlich schrumpfte das Volumen der Treffen auf ein Minimum, eine Eiszeit im deutsch-deutschen Sport begann, die erst zu Beginn der 1970er Jahre im Zuge der Entspannungspolitik der Regierung von Willy Brandt (SPD) wieder aufzutauen schien.

So hatte das Zusatzprotokoll des Grundlagenvertrages vom 21. Dezember 1972 eine künftige Zusammenarbeit auch im Sport festgelegt.[33] Sechs Tage nach der Eröffnung Ständiger Vertretungen in Bonn und Ost-Berlin unterzeichneten die Präsidenten des Deutschen Sportbundes und des Deutschen Turn- und Sportbundes der DDR am 8. Mai 1974 in Ost-Berlin das »Protokoll über die Regelung der Sportbeziehungen zwischen dem DSB und dem DTSB«. Künftig sollten die wechselseitigen Sportkontakte ein Jahr vorab in gemeinsam ausgehandelten Jahresplänen, den sogenannten Sportkalendern, fixiert werden. Von Beginn an krankte das Verfahren freilich an den unterschiedlichen, sogar konträren Absichten, die Bundesrepublik und DDR in ihrer Sportpolitik gegenüber dem Nachbarn verfolgten: Während dem DSB an einem möglichst regen zwischenmenschlichen Austausch gelegen war, um das Anliegen der deutschen Einheit zu unterstreichen, suchte die DDR, die Kontaktmöglichkeiten so restriktiv wie möglich zu handhaben.[34]

Die Grundpositionen der beiden Seiten waren bereits am Umfang ihrer jährlichen Wettkampfvorschläge ablesbar: Für das Sportjahr 1982 machte der DSB etwa 249 Offerten, der DTSB 58 Angebote – eine Diskrepanz, die den gesamten Kalenderzeitraum prägte. Während der Westen bat, auch kleine Vereine zuzulassen, insistierte die DDR auf Veranstaltungen im Spitzensport, vorzugsweise in Sportarten, in denen sie reüssierte. Denn auf diese Weise konnte die DDR nicht nur als Sieger vom Platz gehen, sondern die Wettkämpfe mit bereits sicherheitspolitisch durchleuchteten Reisekadern beschicken. Basketball, Tennis und Behindertensport hatten kaum Chancen, hingegen dominierten Handball, Volleyball und Wintersportarten. Die Anzahl der Treffen verdoppelte sich zwar von 1974 bis 1983 von 40 auf knapp 80 Begegnungen und erreichte 1987 mehr als 100 Termine – doch war diese Bilanz immer noch kümmerlich im Vergleich zum regen Sportverkehr der 1950er Jahre, der 1956 und 1957 mehr als 5.000 Treffen umfasst hatte. Zudem war die Statistik dadurch verfälscht, dass sämtliche internationalen Turniere unter Beteiligung beider deutscher Staaten eingerechnet wurden – also gar kein Ergebnis der Kalenderverhandlungen waren. Tatsächlich kamen als rein bilateral vereinbarte Termine nicht mehr als 20 Begegnungen im Jahr zustande. Die bundesdeutsche Publizistik kritisierte die Sportkalender entsprechend als »Dekoration« und »Alibi-Papiere«, die einen Verhandlungserfolg suggerierten, den es gar nicht gab.[35]

Zugleich hatte die Sportführung der DDR mit der Kalendergestaltung ein probates Instrument sportpolitischer Erpressung in der Hand: Denn da ihr selbst nicht an der Aufrechterhaltung oder gar Erweiterung der deutsch-deutschen Spiele gelegen war, nutzte sie die Absage von Wettkämpfen oder die Drohung hiermit, um eigene sportpolitische Ziele durchzusetzen oder die Bundesdeutschen im Konfliktfall »abzustrafen«. So hatte die politische Großwetterlage umgehende Konsequenzen für den Kalenderumfang: Die DDR revanchierte sich für den westdeutschen Boykott der Olympischen Spiele in Moskau 1980, indem 16 Termine gestrichen wurden. Im Zuge von Honeckers Staatsbesuch in der Bundesrepublik 1987 wurde als »Belohnung« die Rekordmarke von 119 Treffen genehmigt. Insgesamt galt dem DSB der Kalendersport als »eine Bilanz des Mangels und des Mißvergnügens«[36].

Im Szenario der DDR-Propaganda war der Westen als »Feind allgegenwärtig wie der Teufel im mittelalterlichen Weltbild«[37]. Entsprechend strikt verlief die Schulung sogar im Vorfeld der Kalender-Begegnungen, niedergelegt etwa in der »Konzeption für die Vorbereitung des SC Traktor Schwerin auf einen Vergleichskampf mit der Damenmannschaft Volleyball des USC Medico Münster im November 1978«[38]. Traktor Schwerin wurde nicht nur auf das sportliche Ziel eingeschworen, den Kampf mit 3:1 zu gewinnen, sondern auch auf eine weltanschauliche Konfrontation. Die Spielerinnen waren gehalten, sich über folgende »Bedingungen« im Klaren zu sein: die »verschiedenen politischen und gesellschaftlichen Hauptrichtungen der BRD«, »die Rolle der DKP unter den Bedingungen der scheinbaren Legalität und des Radikalenerlasses« sowie »die Aufgaben des DSB zur Manipulierung weiter Teile der BRD-Bevölkerung zur Sicherung der monopolistischen Revanchepolitik der BRD«. Zudem hatten die Funktionäre mit namentlich genannten Spielerinnen an der »Stabilisierung des politischen Kerns«[39] im Team zu arbeiten. Derlei ideologisches Training durchliefen sämtliche DDR-Mannschaften – auch vor reinen Freundschaftsspielen in der Provinz.

Nicht nur die Ostdeutschen verfassten anschließend Berichte über den Verlauf der Begegnungen, sondern auch die Bundesdeutschen, die Eindrücke der Betreuer und Trainer gingen an die Ständige Vertretung und die Ministerien für Inneres (BMI) und für innerdeutsche Beziehungen (BMB) sowie das Kanzleramt. Die westdeutschen Vereinsmitglieder beklagten bei Treffen in der DDR vor allem das Abschirmen der eigenen Spieler gegenüber der Bevölkerung, bei Wettkämpfen in der Bundesrepublik die Aufpasserfunktion der mitgereisten DDR-Funktionäre, die durch Verbote eines Trikottauschs oder einer »bunten« Sitzreihe beim Abschlussbankett jegliche Annäherung zwischen ost- und westdeutschen Sportlern zu verhindern suchten. So war der Besuch der TSG Wismar Anfang 1985 beim FC Schüttorf 09 zwar »herzlich«, jedoch immer wieder gestört durch einen nach Auskunft der ostdeutschen Spieler aus Berlin eingeschleusten Delegationsleiter, aus Sicht der Schüttorfer »ein überaus nervöser, sich am Protokoll festhaltender Oberfunktionär, der nach unserer Meinung bei derartigen Veranstaltungen nichts zu suchen hat«.[40] Dennoch gelang es immer wieder, sich zum gemeinsamen Bier einzufinden – der Kalte Krieg der Sportpolitik verfing nicht an der sportlichen Basis in Ost und West.

Eine besondere Protokollfrage zeichnete sich beim Spiel von Hertha BSC gegen Dynamo Dresden 1978 ab.[41] Denn Hertha BSC hatte die Gewohnheit, Teddybären als Symbol West-Berlins in die Zuschauermenge zu werfen. Eine solche Werbung für die »Frontstadt«, den »Stachel im Fleisch der DDR«, durften die Dresdner nicht zulassen und signalisierten dies in Vorgesprächen, sodass Hertha offiziell auf den Bärenwurf verzichtete. Doch bereitete man sich an der Elbe dennoch auf den Ernstfall vor: »Falls sie trotzdem mit Berliner Bären auflaufen, wird dagegen an Ort und Stelle nichts unternommen, sondern [dies] in den Verhandlungen mit dem DSB ausgewertet.«[42] Das bedeutete so viel wie: Streichung von Kalenderbegegnungen als Sanktion. Schließlich fanden die Berliner »Problembären« doch noch Abnehmer: Trainer Kuno Klötzer verteilte sie aus dem Kofferraum des nach Spielschluss von Dresdner Fans umringten Mannschaftsbusses.[43]

Eine Klippe für die Sportkontakte stellten immer wieder die sogenannten Bezeichnungsfragen dar, auf die DDR-Teams bei der Beschriftung in Hallen, auf Plakaten und Eintrittskarten in der Bundesrepublik zu achten hatten. Nachdem am 27. September 1974 die Verfassung der DDR geändert und das »Zwei-Nationen-Konzept« zementiert worden war, setzte eine Welle von Umbenennungen ein, die vielerorts die Bezeichnung »deutsch« oder »Deutschland« tilgten. Im Sportprotokoll war bereits der bisherige Begriff des »innerdeutschen« Sportverkehrs durch »deutsch-deutsch« als gängige Formel ersetzt worden. Die DDR bestand darauf, bei bilateralen Begegnungen die Wendung »internationaler Vergleich« zu benutzen. Das harmlos klingende »Freundschaftsspiel« war hingegen politisch nicht akzeptabel, da es zu viel Nähe zum Gegner suggerierte. So mussten 1978 Plakate in Münster nach Intervention der entsprechend instruierten Volleyballspielerinnen aus Schwerin von »Freundschaftsspiel« in »Internationaler Wettkampf im Volleyball der Damen« abgeändert werden.[44] In mehreren anderen Fällen, etwa bei einem Handballspiel zwischen ASK Vorwärts Frankfurt/Oder und TUSEM Essen, drohten die DDR-Gäste mit Ausfall der Veranstaltung, wenn bereits gedruckte Programmhefte mit dem Begriff »innerdeutsch« verteilt würden.[45]

Die bundesdeutsche Seite gab hier stets nach und stoppte die Verbreitung. Zwar versuchte das BMB, den Deutschen Sportbund Ende 1984 stärker dahingehend in die Verantwortung zu nehmen, künftig keine Konzessionen mehr in der Sprachregelung zu machen, auch auf die Gefahr hin, dass ein Wettkampf platzte. Doch wurde diese Empfehlung niemals systematisch kontrolliert, sodass sich der Kleinkrieg um die »Bezeichnungsfragen« bis zum Ende des zweistaatlichen Sportverkehrs fortsetzte.

Sportstadt Berlin im Kalten Krieg

Der Ruf der »Sportstadt Berlin«[46] war ein Gesamtberliner Erbe. Nach der politischen Teilung 1945 wirkte sich der politische Charakter der Stadthälften auch auf das jeweilige Sporttreiben aus. Während die »Inselstadt West-Berlin« möglichst zahlreiche nationale und internationale Veranstaltungen ausrichten wollte, um ihre Überlebensfähigkeit gegenüber den Abschnürungsversuchen des Ostblocks zu demonstrieren, suchte Ost-Berlin sich als »Hauptstadt der DDR« angemessen sportlich zu repräsentieren. So entwickelte sich schon früh im Bereich der Sportveranstaltungen eine blühende Parallelkultur: Da der Westen mit den AVUS-Rennen einen Standortvorteil im Automobilsport besaß, wurde im Jahr 1952 nördlich von Berlin im Brandenburgischen zwischen Bernau und Schwanebeck ein Teil des Autobahnrings unter dem Namen »Bernauer Schleife« in Betrieb genommen. Diese erreichte jedoch nicht die Attraktivität des West-Berliner Pendants und wurde 1973 eingestellt. Anders sah es im Rudersport aus: Die 1952 gegründete »Große Grünauer« führte lokale Ruder-Traditionen fort, wohingegen die jährliche West-Berliner Sommerregatta in Gatow keinen vergleichbaren nationalen und internationalen Stellenwert erhielt. Aus geografischen Gründen erbte Ost-Berlin den ältesten deutschen Rad-Klassiker »Rund um Berlin«, während man in West-Berlin ab 1954 unter dem Schlagwort »Rund in Berlin« in die Pedale trat. Beide Rennen fanden im September mit internationaler Besetzung statt.[47] Im Mai machten sich die Amateuretappenfahrten »Internationale Friedensfahrt Warschau – Berlin – Prag« für Ost-Berlin und die »Tour de Berlin« für den Westteil der Stadt gegenseitig die Welt-Elite abspenstig. Als die Friedensfahrt 1959 erstmals in der Hauptstadt der DDR begann, wählten die verantwortlichen DDR-Funktionäre für den offiziellen Start keinen geringeren Ort als das Brandenburger Tor. Ost-Berlin galt wegen seiner deutschlandpolitischen Symbolwirkung als unverzichtbarer Etappenort, von 1952 bis 1989 war es die einzige Stadt, die jedes Jahr zu den Stationen der Drei-Länder-Fahrt gehörte.[48] Weitere Doubletten im Veranstaltungswesen boten die Neujahrsturniere im Handball in Ost und West sowie das Sechs-Tage-Rennen im Sportpalast beziehungsweise der Deutschlandhalle und die »Winterbahn« in der Werner-Seelenbinder-Halle.

Die Konkurrenzkultur kulminierte 1987 – denn die Jubiläumsfeier zu 750-Jahre Berlin wurde in Ost und West getrennt mit vielen Attraktionen gefeiert. Dem West-Berliner Regierenden Bürgermeister Eberhard Diepgen (CDU) war der Coup gelungen, für drei Millionen D-Mark Lizenzgebühr den Prolog der Tour de France für Juli 1987 auf den Kurfürstendamm zu holen. Sportchef Manfred Ewald schäumte angesichts dieses Versuchs »gewisser reaktionärer westlicher Kreise«, durch »große Manifestationen in West-Berlin den Wert der 750-Jahr-Feier in Berlin als Hauptstadt der DDR herabzumindern«.[49] In kurzfristig anberaumten Gesprächen gelang es Ewald zu erreichen, dass in diesem Jahr auch die Friedensfahrt in Ost-Berlin ihren Anfang nehmen sollte, obgleich als Startort eigentlich Warschau an der Reihe war. Die Polen gaben nach, und die Bahn war frei für das Rennen um die Publikumsgunst: 50.000 Bürger standen an der Karl-Marx-Allee Spalier, 140 Fernsehstationen berichteten aus West-Berlin.

Für die Inselstadt wirkte sich trotz solcher Aktivitäten in allen Dekaden fatal aus, dass sie vom direkten sportlichen Umland abgeschnitten war. Zur Unterstützung errichtete der DSB die »Sportluftbrücke«, die ab 1953 Grenzkontrollen vereinfachte und vom Ministerium für Gesamtdeutsche Fragen mit 50.000 DM jährlich bezuschusst wurde. Zudem lockten die Traditionsvereine im Fußball in den 1950er Jahren Zuschauer aus dem Osten an: So wurden von den

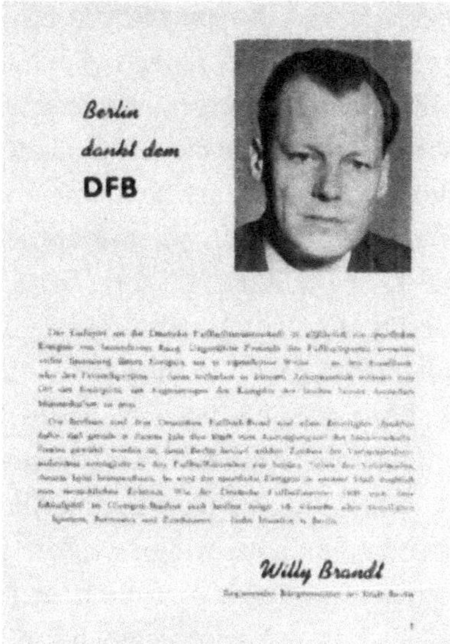
Berlin
dankt dem
DFB

Willy Brandt

Der Regierende Bürgermeister Willy Brandt dankte Ende der 1950er Jahre dem DFB, dass er mit dem Endspiel um die Deutsche Meisterschaft den »Inselsport« West-Berlins aufwertete.

Vereinen und vom Berliner Fußball-Verband (VBB) an sogenannten »Ostkassen« enorme Kartenkontingente zum Vorzugspreis für DDR-Bürger (z. B. 1:1,5) bereitgestellt.[50] Ein Drittel der Zuschauer, die in den 1950er Jahren das direkt an der Sektorengrenze gelegene Stadion »Plumpe« von Hertha BSC besuchten, kam aus dem Ostteil der Stadt oder aus dem Umland. Das machte sich auch am 13. August 1961 bemerkbar, einem Punktspieltag, als drei im Ostsektor beheimatete Spieler von Hertha BSC und vor allem zahlreiche Vereinsanhänger sich vergeblich auf den Weg zur Grenzübergangsstelle Bornholmer Straße machten. Das Spiel gegen Wacker 04 in Reinickendorf wurde zwar angepfiffen, doch für die dezimierte Hertha reichte es nur zu einem 0:0.[51]

Der Ost-Berliner Fußball übte hingegen anfangs wenig Anziehungskraft aus. Die populären Traditionsvereine Motor Oberschöneweide (ehemals Union Ob.) und Einheit Pankow (ehemals VfB) waren in der DDR-Oberliga bald nicht mehr konkurrenzfähig. Um Ost-Berlin mit einem schlagkräftigen Hauptstadt-Team zu versehen, griff die Sportpolitik zu einem Instrument, das aus der Sowjetunion bekannt war: Die sportliche Logik wurde kurzerhand außer Kraft gesetzt und die BSG Einheit Pankow trotz schwacher Performanz mit einer Nichtabstiegsgarantie versehen, um das Team des »Regierungsviertels« zu stabilisieren.[52] Zudem wurden neue Fußballtraditionen aus der Retorte erschaffen, um ein Gegengewicht zu West-Berlin zu etablieren: Zwei talentierte Mannschaften der Deutschen Hochschule für Körperkultur und Sport (DHfK) erlebten eine Verpflanzung nach Berlin, um von Dynamo und dem ASK Vorwärts Berlin übernommen zu werden. Im Jahr 1953 wurde zudem der DDR-Meister der Volkspolizei Dresden nach Berlin delegiert, wo er in der Fußballsektion des neu gründeten SC Dynamo Berlin aufging.[53]

Auch für den West-Berliner Fußball gab es Privilegien, die den Regeln des Sports widersprachen: In der 1963 gegründeten Fußball-Bundesliga wurde dem Berliner Meister ein Platz zugesichert, obgleich andere Regionalverbände erheblich stärkere Vereine besaßen. Doch konnte sich Hertha BSC in den nächsten beiden Jahren nur knapp vor dem Abstieg retten. Schließlich wurde der Verein in den Bundesligaskandal verwickelt, als er verdeckte Prämien zahlte, um gute Spieler aus dem Bundesgebiet zu gewinnen. Nachdem Hertha BSC aus der Bundesliga ausgeschlossen worden war, rückte Tasmania 90 auf gleichem Weg ohne sportliche Qualifikation nach und scheiterte ebenfalls.[54]

Bis zum Mauerfall 1989 erlebte West-Berlin zudem zahlreiche symbolische Kämpfe in den internationalen Sportbeziehungen. Der Konflikt um die Zugehörigkeit West-Berlins zur Bundesrepublik und damit seines Sports zum Vertretungsbereich des DSB und NOK blockierte oder erschwerte wiederholt die Durchführbarkeit sowohl innerdeutscher wie internationaler Wettkämpfe.

So vergab der DFB vor Einführung der Bundesliga mehrfach das Finalspiel um die Deutsche Meisterschaft nach West-Berlin, um seine Solidarität mit der Inselstadt zu demonstrieren. Das Olympiastadion geriet in dieser Zeit zu einem Symbolort für die Entschlossenheit der West-Berliner, den Widrigkeiten der Teilung zu trotzen und sich auch durch wiederholte Boykottversuche des Ostblocks nicht entmutigen zu lassen. Doch setzten sich die Schikanen fort: Moskau musste zwar im Jahr 1965 die Haltung des IOC in der Berlin-Frage akzeptieren, die besagte, dass hinsichtlich des olympischen Status West-Berlin in der Anerkennung der Bundesrepublik inbegriffen sei.[55] Doch entbrannte der Streit erneut im Vorfeld der Verhandlungen zum deutsch-deutschen Sportprotokoll des Jahres 1974. Erst, als sich beide Seiten einig waren, dass West-Berlin vom DSB mitvertreten werde, konnte der Kalendersport aufgenommen werden.

Trotz dieser Vereinbarungen folgten weitere praktische und symbolische Versuche der kommunistischen Staaten, die Inselstadt von der Bundesrepublik zu isolieren. Das Instrumentarium war hierbei breit gefächert: Diskriminierung West-Berliner Sportler im Reiseverfahren, bürokratische Hürden, die einen Sonderstatus der Stadt demonstrieren sollten, vor allem aber immer wieder Boykotte und mit fadenscheinigen Begründungen versehene Absagen von geplanten Sportwettkämpfen. Auch durch das Viermächteabkommen des Jahres 1971 änderte sich die Situation nicht zum Besseren: Der Landessportbund West-Berlin führte vielmehr bis 1989 eine interne Liste, in der er die sportpolitischen Nadelstiche gegen West-Berlin für jedes Jahr säuberlich registrierte.[56] Im populären Fußball fuhren die Warschauer-Pakt-Staaten einen besonders scharfen Blockadekurs. So versuchten sie bereits 1971, West-Berlin als Austragungsort der WM 1974 zu torpedieren. DFB-Chef Hermann Neuberger, damals Chef im Organisationskomitee des Fußball-Weltverbandes FIFA, gelang es mit viel Mühe, die Inselstadt als Spielort doch noch durchzusetzen.[57] Die Ironie des Losentscheides wollte es, dass schließlich ausgerechnet die DDR in der verhassten »politischen Einheit« zum Spiel gegen Chile antreten sollte – und es zähneknirschend auch tat.

Zu einem beispiellosen sportpolitischen Skandal kam es allerdings 1985, als sich die Solidarität des DFB mit dem leidgeprüften Inselsport zu lockern schien.[58] Bei der Bewerbung um die Fußball-EM 1988 hatte Hermann Neuberger West-Berlin als Spielort übergangen. Dies war eine vorauseilende Rücksichtnahme gegenüber den Vertretern Osteuropas in der UEFA, da Neuberger andernfalls eine Ablehnung der Gesamtbewerbung fürchtete. Der Berliner Senat, der Landessportbund und Teile der Öffentlichkeit reagierten empört, zudem erfolgte harte Kritik durch die Bundesregierung. Innenminister Friedrich Zimmermann (CSU) verwies auf die Weltmeisterschaft 1974 als Präzedenzfall für eine Beteiligung West-Berlins, was damals gegolten habe, müsse auch für die EM 1988 durchsetzbar sein. Doch hatte DFB-Präsident Neuberger seinerzeit die erheblichen Widerstände aus dem Ostblock mithilfe der südamerikanischen und asiatischen Vertreter austarieren können.[59] Innerhalb der UEFA hingegen bot das Ost-West-Kräfteverhältnis ungleich ungünstigere Voraussetzungen für das westdeutsche Berlin-Anliegen.

Aufseiten der Bundesregierung blieb es allerdings nicht bei offiziellen Aufforderungen an den Sport, vielmehr übersandte die Regierung Kohl eine eigene diplomatische Note an die UEFA. Die zentrale Aussage der Demarche lautete: »Die Regierung der Bundesrepublik Deutschland würde es sehr bedauern, wenn die Durchführung der Fußball-Europameisterschaft 1988 in der Bundesrepublik Deutschland ohne den Spielort Berlin (West) vorgesehen würde. Sie würde in einem solchen Falle die Vergabe der Fußball-EM 1988 an den DFB nicht für wünschenswert halten.«[60]

Die diplomatische Offensive rief nun ihrerseits einen klaren Konter des Deutschen Sportbundes hervor, der im Rahmen einer Sitzung des Sportausschusses des Deutschen Bundestages gegen diesen »massiven Eingriff« in die Kompetenzen eines Sportverbandes protestierte. Zum »Umgang zwischen Sport und Staat« stelle sich die Frage, ob das Aide-Memoire ein neues Autonomie-Verständnis der Bundesregierung gegenüber dem Deutschen Sportbund und seinen Mitgliedsorganisationen einleite. Neuberger warnte zudem, dass sich die Intervention der Kohl-Regierung eher kontraproduktiv auswirken werde: »Delegierte europäischer Fußballverbände, die nicht bereit sind, Befehle ihrer eigenen Regierung entgegenzunehmen, werden ihre Entscheidungen erst recht nicht nach den Vorstellungen und Weisungen anderer Regierungen ausrichten.«[61] Diese Einschätzung sollte sich als zutreffend herausstellen. Der DFB erhielt schließlich den Zuschlag zur Ausrichtung der EM 1988 – ohne West-Berlin.

Kurz nach dem Skandal um die Europameisterschaft wurde West-Berlin allerdings dauerhaft das Endspiel des DFB-Pokals zuerkannt;

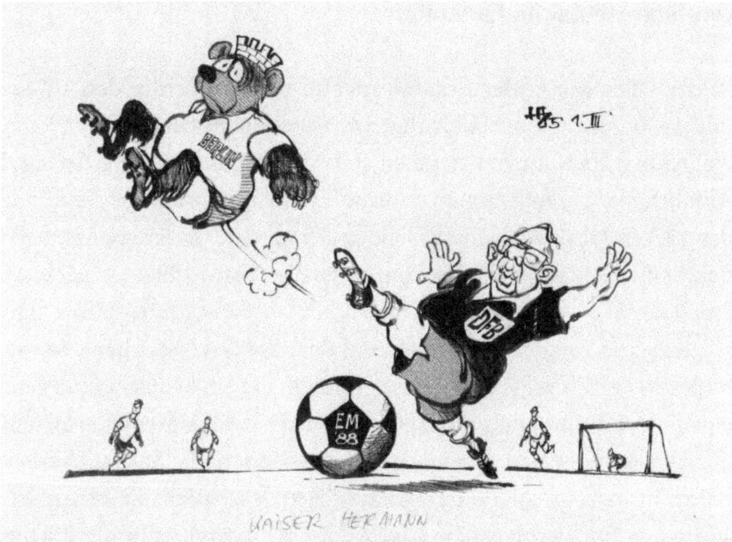

»Kaiser Hermann«: Diese Karikatur von Horst Haitzinger illustrierte, wie sich West-Berlin Anfang der 1980er Jahre vom DFB bei der Bewerbung um die EM missachtet fühlte.

bis heute ist nicht einwandfrei geklärt, ob dies als sportpolitische »Wiedergutmachung« gedacht war. 1985 fand das erste Finale im Olympiastadion jedenfalls ohne Hermann Neuberger statt, da der Stadionchef angesichts der verletzten Berliner Volksseele nicht für seine Sicherheit garantieren wollte. Diese beträchtliche Aufwertung des lokalen Sports sollte seine Entstehungsbedingungen – die Konfrontation des Kalten Krieges – für lange Zeit überdauern: Bis heute profitiert die Stadt von dem jährlich wiederkehrenden Großereignis. Die Ankündigung: »Wir fahren nach Berlin« – Parole aller Pokal-Schlachtenbummler – hatte in den Jahren vor dem Mauerfall allerdings noch einen deutlich politischen Zwischenton, der heute fehlt und kaum noch in Erinnerung ist.

Deutsch-deutsche Fankultur

In der DDR wie in der Bundesrepublik häuften sich in den 1970er und 1980er Jahren Vorfälle mit gewaltbereiten, marodierenden Fans. Aggressive Handlungen weiteten sich vom Stadion auf die An- und Abfahrt, in Fußgängerzonen und auf Eisenbahnfahrten aus. Seit Ende der 1970er Jahre wurden auf beiden Seiten der Mauer ebenfalls zunehmend rechtsextreme Vorkommnisse im Fan-Milieu verzeichnet. Doch der SED-Staat verfolgte rechtsradikale Gewalttaten nur inkonsequent und versuchte, sie aufgrund des »antifaschistischen« Selbstbildes zu verschweigen. Stattdessen prägte die Staatsmacht eine ganz eigene Definition eines devianten, »negativ-dekadenten« Verhaltens aus, die es anderswo nirgends gab: Insbesondere die Staatssicherheit nahm bevorzugt solche Fußballanhänger ins Visier, die erkennbar Vorlieben für westdeutsche Clubs oder gar Kontakte in die dortige Fanszene besaßen. Denn die Bundesliga war für DDR-Fans eine zwar unerreichbar ferne, doch sportlich hochrespektierte, wenn nicht gar bewunderte Parallelwelt neben der Oberliga. Ausgerechnet die »Mauer-Generation«[62] der Fußballfans der 1970er und 1980er Jahre, die keine Erinnerung mehr an ein ungeteiltes Land hatte, prägte häufig eine doppelte deutsche Fußball-Leidenschaft aus, bei der es kein Problem war, neben seinem regionalen DDR-Club zugleich einem Bundesligaverein anzuhängen. Die zahlreichen Repressionsmaßnahmen, mit denen SED und Stasi diese Fans auf den parteikonformen Weg zurückzuführen suchten, sind ebenso ausführlich beschrieben worden wie die listigen und einfallsreichen Methoden der Fußballfreunde, diese ideologische »Mauer zu umspielen«.[63] So pflegte auch der Autor Christoph Dieckmann, Fan des FC Carl Zeiss Jena, eine heimliche Präferenz: »Mein Bundesligaverein war Karlsruhe – eine Liebe, die nicht glücklich macht.«[64] Doch während es hier nur die mangelnde Performanz des Bundesligisten war, die zu Betrübnis führte, hatten andere DDR-Fans durchaus ernste Repressionen zu befürchten, sobald sie ihre Unterstützung für einen Bundesliga-Verein oder die DFB-Elf offen bekundeten: Mit Argwohn wurde alles registriert, was eine deutsch-deutsche Sympathie erkennen ließ. Das enorme

Ausmaß der Fanbeobachtung demonstriert ein dem Politbüro vorgelegter Bericht über die »Überprüfung von DDR-Bürgern«, die zu einem Länderspiel zwischen der polnischen und westdeutschen Nationalmannschaft am 10. Oktober 1971 nach Warschau gereist waren. Selbstgefertigte Spruchbänder mit Inhalten wie »Chemnitz grüßt die deutsche Nationalelf und den Kaiser Franz« ließen der Staatssicherheit die Haare zu Berge stehen. Die große Zahl der nach Polen gereisten DDR-Bürger, es waren um die 1.300 Zuschauer aus allen DDR-Bezirken, löste eine republikweite Überprüfungsaktion mit unangenehmen Sanktionen vor allem für die Parteimitglieder unter ihnen aus. Auch in den folgenden Jahren wiederholten sich ähnliche Szenen: So etwa, wenn DDR-Fans Transparente mit deutsch-deutschen Grüßen hochhielten, wie im September 1979 bei der UEFA-Cup-Begegnung von Bohemians Prag gegen den FC Bayern München, mit Zeilen wie »Zwota im Vogtland grüßt den FC Bayern«, oder im März 1980 beim UEFA-Cup-Spiel Zbrojokva Brno gegen Eintracht Frankfurt die Losung »Wismut grüßt Eintracht«. Es handelte sich sämtlich um keine aggressiven Parolen, dennoch wurden die Banner eingezogen. Besonders harsch griffen Einsatzkräfte im März 1981 anlässlich der Begegnung zwischen Banik Ostrava und dem FC Bayern München ein. Bereits bei der Ausreise wurden Transparente einkassiert und ihren Besitzern die Weiterfahrt verweigert.[65] Dennoch warteten Tausende DDR-Bürger vor dem Mannschaftshotel, um einen Blick oder ein Autogramm zu erhaschen. Helmut Klopfleisch, der zur treuen Anhängerschar von Bayern gehörte, war bei den Spielern mittlerweile persönlich bekannt. Karl-Heinz Rummenigge wollte ihm ein Trikot für seinen Sohn mit auf den Weg geben, doch Klopfleisch lehnte ab, da er wusste, dass die Stasi ihn beobachtete. Bayern-Präsident Fritz Scherer ließ es sich allerdings wenige Monate später nicht nehmen, ihm das Jersey persönlich in Ost-Berlin vorbeizubringen.[66]

Zu einem Höhepunkt der Überwachungsmaßnahmen geriet das Spiel des BFC Dynamo gegen den HSV im Europa-Cup der Landesmeister im September 1982 im Friedrich-Ludwig-Jahn-Sportpark. Hier wollte der SED-Staat es erst gar nicht auf Szenen deutsch-deutscher Verbrüderung ankommen lassen, vor allem nicht in einem

Stadion, das direkt an der Grenze gelegen und für westliche Fernsehkameras einsehbar war. Warum also unberechenbare Anhänger von Horst Hrubesch oder Felix Magath ins Stadion lassen, wenn es genug fußballinteressierte Angehörige der Staatssicherheit gab? Nur 2.000 – politisch vorher ausgewählte – BFC-Fans erhielten daher Karten, die übrigen Plätze auf den Tribünen wurden von Stasi-Mitarbeitern, Volkspolizisten und Funktionären eingenommen. So stellte der BFC Dynamo schließlich dem Geheimdienst eine Rechnung über 9.927 Eintrittskarten in Höhe von 61.000 Mark.[67] Ein geheimer Sitzplan aus den Beständen des Stasi-Unterlagenarchivs offenbart die Sitzverteilung: Nur eine kleine Schar von 300 »Touristen« aus Hamburg erhielt Zutritt, platziert möglichst weit entfernt von den Dynamo-Fans. »DTSB«, »FDJ« und immer wieder »SED« und »MfS« markieren die Platzverteilung auf den übrigen Rängen. Mit diesem Sicherheitskordon konnte das MfS wirksam verhindern, dass es zu Kontakten zwischen Ost- und West-Fans kam. DDR-Bürger, die den HSV-Mannschaftsbus erreichen wollten, wurden gewaltsam zurückgetrieben. Der Gesamteindruck erinnerte Beobachter an die Maßnahmen beim abgeschirmten Besuch von Bundeskanzler Helmut Schmidt ein Jahr zuvor in Güstrow – bei seinem hauseigenen Club wollte Erich Mielke offenbar nicht das geringste Risiko eingehen.[68]

Einen Spezialfall stellten die Beziehungen zwischen Hertha- und Union-Anhängern im geteilten Berlin dar.[69] »In der Wuhlheide heißt es in Sprechchören immer wieder: Ha-Ho-He, Hertha BSC!« titelte die Tageszeitung *BZ* am 29. Oktober 1986. Auch im Hertha-Fanblock waren in dieser Zeit stets Union-Fahnen zu sehen, Hertha-Fans reisten zu Hunderten zu Spielen des 1. FC Union nach Köpenick und brachten Souvenirs und Bundesliga-Kalender mit.[70] Aus diesen Jahren sind zahlreiche Devotionalien erhalten geblieben, die den Einfallsreichtum und auch den subversiven Geist dieser Fankultur spiegeln: Der Hertha-Fanclub-Chef besang eine Schallplatte für seine »Freunde hinter Stacheldraht«, Aufnäher bildeten die Grenze ab oder zitierten das Parteiemblem mit dem Handschlag von Wilhelm Pieck und Otto Grotewohl, ersetzt jedoch durch den Schriftzug »Hertha und Union«. Es waren bewusste Provokationen, zumal das Bonmot

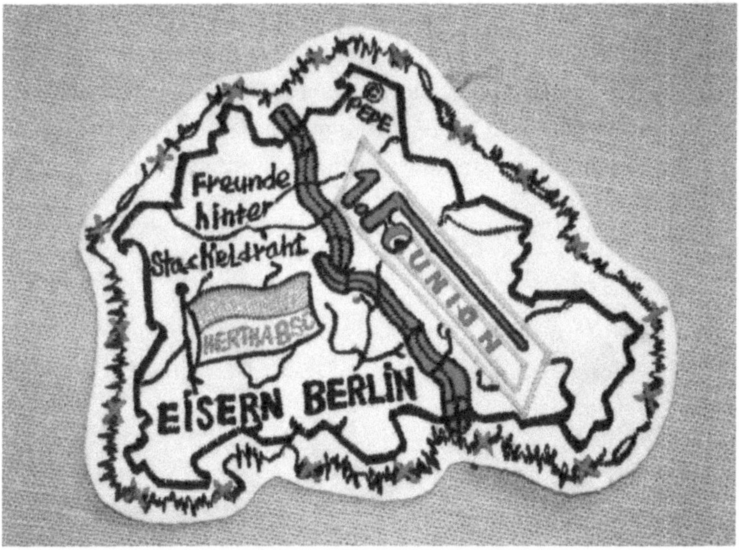

Mit provokanten Fan-Devotionalien feierten die Fans von Hertha und Union in den 1970er und 1980er Jahren ihre deutsch-deutsche Fanfreundschaft.

der Satirezeitschrift *Eulenspiegel* kursierte: »Nicht jeder Unioner ist ein Staatsfeind, aber jeder Staatsfeind ein Unioner«. Gerald Karpa, Vereinschronist von Union, hält derlei Zuschreibungen zu Recht für übertrieben. Der 1. FC Union sei schließlich nicht »in der Küche von Bärbel Bohley« gegründet worden, sondern eine von Funktionären geführte sozialistische Sportorganisation gewesen. Doch ist zugleich den Stasi-Unterlagen zu entnehmen, dass die Anhängerschar sehr eng beobachtet wurde und insbesondere Verbindungen zu Oppositionskreisen und dem regimekritischen Pfarrer Rainer Eppelmann registriert wurden. Zudem wussten Unioner in ihren Schlachtgesängen deutsch-deutsche Sympathie mit Provokationen gegenüber dem Staat zu verbinden: »30 m im Quadrat, Minenfeld und Stacheldraht, Dann wißt ihr, wo ich wohne, ich wohn in der Zone. Wir halten zusammen wie der Wind und das Meer, die blauweiße Hertha und der FCU. Es gibt nur zwei Mannschaften an der Spree, Union und Hertha BSC.«[71] Nach dem Mauerfall feierten Hertha- und Union-Anhänger noch einmal ein ausgelassenes Wiedersehen bei einem spontan angesetzten Freundschaftsspiel im Januar 1990 im Berliner Olympiastadion, das Hertha mit 2:1 gewann. Diese Verbundenheit verflüchtigte sich jedoch rasch in den kommenden Jahren. Mit dem Ende der Teilung Berlins begann die sportliche Normalität einer robusten lokalen Rivalität.

4 BOYKOTTE, SANKTIONSREGIME UND STELLVERTRETERKRIEGE

Er war ein brillanter Fechter, bei Olympia 1976 hatte er Gold erkämpft und wollte nur eins: seinen Titel verteidigen. Doch der westdeutsche Boykott der Olympischen Spiele in Moskau 1980 machte dies unmöglich. Diese Erfahrung bestärkte ihn als Athletensprecher des bundesdeutschen Teams, das zu Hause bleiben musste, sich auch in Zukunft gegen Sportboykotte einzusetzen. Hierzu ist er seit 2013 in perfekter Position: Der ehemalige Florettfechter Thomas Bach streitet heute als IOC-Präsident auch für das Recht von Autokraten und Diktaturen, die Spiele für die »Jugend der Welt« ausrichten zu können.[1] »Sport and Politics don't mix«: Diese in verschiedenen Varianten wiederholte Behauptung[2] wird seit mehr als einem Jahrhundert vom Internationalen Olympischen Komitee, von Sportverbänden und Regierungen immer wieder aufs Neue und zumeist wider besseres Wissen vorgebracht. Dabei bot gerade der internationale Sport ein Paradebeispiel dafür, wie sich die Nachkriegsordnung nach 1945 auch über die Performanz und Netzwerke internationaler Organisationen und Verbände globalisierte und hierbei zugleich machtpolitische Konflikte ausgetragen wurden.[3] Als Nichtregierungsorganisationen (NGO) koordinieren internationale Sportverbände ihre Aktivitäten jenseits nationalstaatlicher Aktionsräume, sie sind damit ein wirkungsmächtiger Teil der »NGOisierung der Weltpolitik«.[4] Gleichzeitig standen und stehen sie – insbesondere hinsichtlich der Vergabe von Großereignissen an umstrittene Austragungsorte – immer wieder aufs Neue am Pranger transnationaler Menschen- und Bürgerrechtskampagnen. Sportereignisse werden so zur unfreiwilligen Abspielfläche für erbitterte Dispute um den Wertekanon in den internationalen Beziehungen. Insbesondere Sportboykotte erlebten im Kalten Krieg einen dramatischen Höhepunkt, haben jedoch bis in die Gegenwart nicht an Relevanz und Brisanz verloren. Anders als die Geschichte der Wirtschaftssanktionen sind sie jedoch bislang nicht in einer Gesamtschau analytisch erfasst worden.[5] Deshalb soll hier eine kurze Typisierung der wichtigsten Erscheinungsweisen von Boykotten und Sanktionsregimen im Sport erfolgen, bevor die Schlüsselrolle untersucht wird, die den beiden deutschen Staaten in der Hochphase der sportpolitischen Schaukämpfe in den 1980er Jahren zukam. [6]

Von Berlin 1936 bis Montreal 1976

Sportboykotte werden aus ähnlichen Gründen verhängt, die das Gros der internationalen Wirtschaftssanktionen heraufbeschwören: Kritik an autoritären oder diktatorischen Regimen, Bürger- und Menschenrechtsverletzungen oder aber militärische Aggressionen. Will man einige grundlegende Muster in den Aushandlungsprozessen um Sportboykotte und Sanktionen in diesem Feld erkennen, ist es hilfreich, auf die Mutter aller sportlichen Boykottbewegungen, nämlich die Proteste gegen die Teilnahme an den Olympischen Spielen von 1936 in Berlin zu blicken.

Bereits hier fehlte es nicht an einem Merkmal heutiger vergleichbarer Diskussionen, nämlich einer breiten Koalition aus Medien und Intellektuellen, die sich pro-Boykott äußerten: So appellierte der exilierte Schriftsteller Heinrich Mann in einer lodernden Ansprache: »Eine Frage, warum soll die Olympiade eigentlich immer noch in Berlin sein?« Es werde »von der Weltöffentlichkeit gegen das bessere Gewissen gehandelt. Zum Beispiel weiß sie, was der Nazistaat ist, und geht dennoch zur Olympiade.« Seine Schlussfolgerung: »Da in Berlin das Schlechte herrscht, so geht nicht hin!«[7] Vor allem in Nordamerika und Großbritannien demonstrierten Gewerkschaften und Sozialisten gegen Olympia unter dem Hakenkreuz. Die Empörung richtete sich auch gegen spezifische Formen der Camouflage, mit denen auch spätere umstrittene Austragungsorte die Weltmeinung zu beschwichtigen suchen sollten: Im NS-Staat handelte es sich hierbei um das

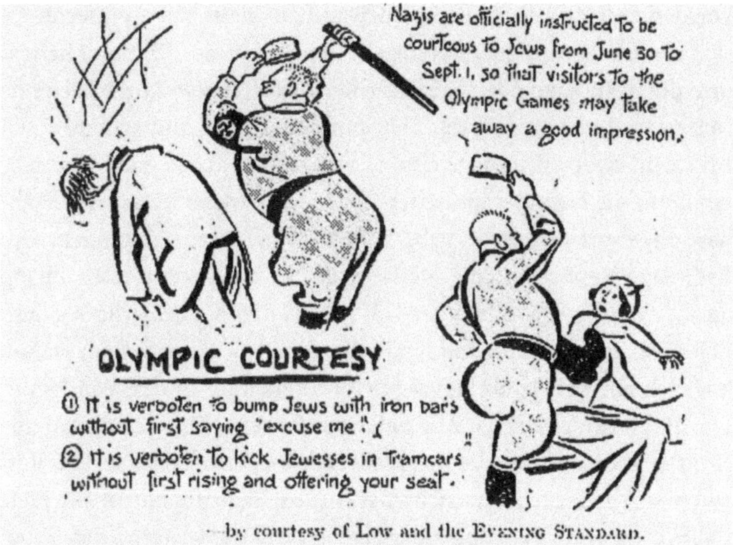

Eine britische Zeitung karikiert die Strategie des NS-Regimes, während der Olympischen Spiele den Antisemitismus zu verschleiern.

temporäre Abhängen antisemitischer Propaganda sowie das »Trainieren olympischer Höflichkeit«, wie sie etwa im Londoner *Evening Standard* als leicht durchschaubare Charade karikiert wurden.

Das IOC demonstrierte erstmals 1936 seinen unbeugsamen Willen, mit einem verbrecherischen Regime zu paktieren, um die Durchführung der Spiele abzusichern. Durchschlagenden Erfolg hatte hierbei vor allem die gemeinsam von NS-Deutschland und IOC-Führung entworfene Strategie, sogenannte »Alibi-Juden« für das deutsche Team zu nominieren. Die emigrierte Fechterin und »Halbjüdin« Helene Mayer, zurückgeholt aus dem US-Exil, gewann Silber und entbot auf dem Siegpodest den Hitlergruß – was der Schriftsteller Victor Klemperer in seinem Tagebuch mit den Worten kommentierte, er sei sich nicht sicher, »wo die größere Schamlosigkeit liegt, in ihrem Auftreten als Deutsche des Dritten Reichs oder darin, daß ihre Leistung für das Dritte Reich in Anspruch genommen wird«[8]. Die ebenfalls nominierte jüdische Hochspringerin Gretel Bergmann wurde kurz vor den Spielen unter einem Vorwand aus dem Team entfernt, als sich die US-Mannschaft bereits auf dem Schiff nach Europa befand und die Abhaltung der Spiele gesichert war.[9] Als zweite flankierende Maßnahme unternahm der US-Sportfunktionär und spätere IOC-Präsident Avery Brundage eine »Fact-Finding Tour« nach Deutschland, um die Lage des jüdischen Sports zu eruieren. Das vorhersehbare Ergebnis lautete, es gebe nahezu keine Beanstandungen. Der Brundage-Report bot die Steilvorlage für eine, wenn auch knapp ausfallende Entscheidung der US-Sportverbände, in Berlin schließlich doch anzutreten – damit gab die damals wichtigste Sportnation zugleich ein weltweites Signal für die Teilnahme an den Wettkämpfen im »Dritten Reich«. Mit den Spielen von 1936 war damit eine Konstellation erprobt, die sich mehrfach wiederholen sollte: Das IOC stellte sich an die Seite umstrittener Austragungsorte und missachtete dabei wiederholt Prinzipien der eigenen Charta, wie etwa das Gebot der Anti-Diskriminierung.

Zumeist war es Kritik am Gastgeberort oder dem politischen Gebaren der dortigen Regierung, die Boykottversuche evozierte. Doch gab es auch andere politische Gemengelagen: Nichts hatten sich etwa die Australier und der Gast-Ort Melbourne 1956 zuschulden kommen lassen. Doch trafen die Sommerspiele, die erstmals in der südlichen Hemisphäre und deshalb im November abgehalten wurden, mit zwei politischen Brennpunkten zusammen: Aufgrund der Suezkrise verzichteten Ägypten, der Irak, Kambodscha und der Libanon auf eine Teilnahme. Zudem blieben aus Protest gegen die Niederschlagung des ungarischen Volksaufstands durch die Sowjetunion schließlich Spanien, die Niederlande und die Schweiz den Wettkämpfen fern. Aufmerksamkeit auf die gewaltsamen Ereignisse in Ungarn lenkte damals jedoch weniger der Boykott selbst, sondern ein sportliches Aufeinandertreffen der Ungarn mit einem Team der kommunistischen Hegemonialmacht. Bei einem legendären Wasserballmatch zwischen Ungarn und der Sowjetunion brach sich die Brutalität ungehemmt Bahn. Ungarn gewann 4:0 – ein Symbol des Widerstands gegen die Besatzer.[10] Sportliche Stellvertreterkriege, das unterstreicht diese Episode, fanden in der Phase des Kalten Krieges also nicht nur als »East Plays West« statt.[11] Vielmehr spiegelte sich der Widerspruchsgeist gegen die Arroganz der Macht Moskaus in jenen Jahren in verschiedenen Begegnungen zwischen der UdSSR und Teams ihrer Satellitenstaaten. Als 1968 die Olympischen Sommerspiele in Mexiko aufgrund der klimatischen Bedingungen im Oktober und damit zwei Monate nach der gewaltsamen Unterdrückung des Prager Frühlings stattfanden, waren sowjetische Athleten Anfeindungen im olympischen Dorf ausgesetzt.[12] Auch sowjetisch-tschechoslowakische Länderspiele standen im Zeichen des Konflikts, hier waren es gleichermaßen die Zuschauer, die mit emotionalen Reaktionen die Stimmung zusätzlich politisch aufluden.[13] Die Spiele von Mexiko 1968 erregten zudem Aufmerksamkeit aufgrund einiger politischer Bekundungen von Sportlern aus Ost wie West. So wandte sich die tschechoslowakische Turnerin Věra Čáslavská als Silbermedaillengewinnerin auf dem Siegpodest demonstrativ ab, als die sowjetische Hymne erklang.[14] Die Afroamerikaner Tommie Smith und John Carlos erhoben bei der Siegerehrung die Faust zum »Black-Power-Gruß« in Solidarität mit der US-Bürgerrechtsbewegung.[15] Čáslavskás Geste blieb folgenlos, die Amerikaner wurden von IOC und heimischen Sportverbänden für die unerlaubte politische Demonstration hingegen mit der Entfernung aus der Mannschaft bestraft.

Im Unterschied zum Boykott von einzelnen Olympischen Spielen oder anderen Wettkämpfen ist ein langfristiger Sportbann zu sehen, der über ein einzelnes Land gelegt wird – wie über Russland im Jahr 2022. Ein solches Modell, mithin der Ausschluss eines Staates von verschiedenen Wettbewerbs- und Sportarten über etliche Jahre oder sogar Dekaden hinweg, wurde mit dem Sportbann gegen Südafrika praktiziert. Lange Zeit hatte das IOC die dortige »Rassentrennung« nicht kritisiert. »Präsident Avery Brundage, dem häufig Rassismus und Antisemitismus vorgeworfen wurden, begnügte sich mehrere Jahre mit der Versicherung weißer sudafrikanischer Sportfunktionäre, schwarze Sportlerinnen und Sportler seien nicht leistungsstark genug, um in die Nationalmannschaft aufgenommen zu werden und seien daher auch nicht bei Olympischen Spielen vertreten.«[16]

Als im Gefolge einer Resolution des UN-Weltsicherheitsrats gegen die Apartheid im Jahr 1960 Südafrika erstmals von den Spielen in Tokio 1964 ausgeschlossen blieb, arbeitete das IOC sogleich an einer Imagereparatur für Pretoria. Man unternahm das, was schon 1936 gut geklappt hatte: Das Komitee entsandte 1967 eine Untersuchungskommission nach Südafrika – die Leitung dieser erneuten »Fact-Finding-Tour« hatte wiederum IOC-Präsident Avery Brundage inne, der voll des Lobs ob der fortschreitenden ethnischen Integration des Sports im Land zurückkehrte. Erst aufgrund flammender Proteste zahlreicher afrikanischer Staaten wurde eine Einladung nach Mexiko 1968 abgewendet und Südafrika 1970 aus der Olympischen Bewegung ausgeschlossen.[17] Im Jahr 1972 entschied sich das IOC, ebenfalls nach Boykottdrohungen afrikanischer Staaten, der ehemaligen Kronkolonie Rhodesien vier Tage vor Beginn der Spiele in München die Teilnahme zu verweigern. Die pathetische Forderung von Avery Brundage, »die Spiele müssten weitergehen«, erhoben nach der Ermordung von Mitgliedern des israelischen Teams in München 1972, wurde zeitgenössisch als heroischer Stoizismus gegenüber terroristischer Bedrohung interpretiert. Allerdings relativierte sich diese Bewertung, als Brundage erklärte, dass es »zwei Angriffe auf die Spiele« in München gegeben habe, und er hierbei das Attentat auf die israelische Mannschaft mit dem durch afrikanische Staaten erzwungenen Ausschluss des rhodesischen Teams gleichsetzte.[18] »The Games must go on« stellte offensichtlich ein Mantra dar, das die olympische Politik gegen jegliche Irritationen abzuschotten suchte.

Vom Kampf gegen die Apartheid waren vier Jahre später auch die Spiele in Montreal geprägt: Da Neuseeland, das den Sportbann gegen Südafrika gebrochen hatte, in Kanada starten durfte, boykottierten 20 afrikanische und asiatische Länder den Wettbewerb. Diese Haltung war bestärkt worden durch die brutale Niederschlagung des Aufstands in Soweto mit mehr als 300 Toten. Die Vereinigten Staaten hingegen kritisierten diesen Boykott – als unzulässige Vermischung von Sport und Politik.[19]

Doch waren es gerade die USA, die vier Jahre später Sport und Weltgeschehen in engsten Zusammenhang bringen sollten. Als Reaktion auf den Einmarsch sowjetischer Truppen in Afghanistan im Jahr 1979 forderte Präsident Jimmy Carter einen Boykott der bevorstehenden Olympischen Spiele 1980 in Moskau. Die Energie, die die US-Regierung in den folgenden Monaten entfaltete, um ihre Verbündeten und blockfreie Staaten auf Linie zu bringen, entsprach der Strategie des Weißen Hauses in jenen Jahren, Sanktionsregime verstärkt als Mittel einer »erweiterten Außenpolitik« einzusetzen.[20] Sogar der Olympiasieger von Rom 1960 Muhammed Ali ließ sich von Präsident Carter auf offizielle diplomatische Reise nach Afrika entsenden, um für eine Unterstützung des Olympischen Boykotts 1980 zu werben.[21] Die Mission wurde weitgehend ein Fehlschlag und Anlass einer Diskussion über die Versäumnisse der US-Politik gegenüber dem afrikanischen Kontinent, insbesondere die mangelnde Unterstützung für den Kampf gegen Apartheid. Doch wurde der Streit um Moskau 1980 vor allem entlang der Koordinaten des Kalten Krieges verhandelt, und hierbei kam der Bundesrepublik eine – weder von Sport noch Politik geschätzte – Schlüsselrolle zu.

Deutsche und Sportboykotte im Kalten Krieg

Die Bundesrepublik und die DDR waren in die Boykottentscheidungen der Jahre 1980 und 1984 in besonderer Weise involviert, und wurden hierdurch in Bedrängnis gebracht – weshalb beide Sportführungen schließlich in ungewohnter Eintracht versuchten, einen erneuten Boykott im Jahr 1988 zu verhindern.

Der US-amerikanische Boykott-Appell des Jahres 1980 verursachte nicht nur einen scharfen Riss in der bundesdeutschen Sportbewegung, sondern auch erhebliche parteipolitische Kontroversen. Die damaligen Oppositionsparteien CDU/CSU sprachen sich von vornherein für einen Boykott aus. Doch auch die Bundesregierung aus Sozialdemokraten und FDP stellte in dieser Frage keinen monolithischen Block dar. Innen- und Sportminister Gerhart Baum (FDP) argumentierte dagegen, ebenso wie SPD-Bundesgeschäftsführer Egon Bahr. Trotz erheblicher politischer Bedenken legte sich Kanzler

Helmut Schmidt schließlich auf eine pro-Boykott-Linie fest.[22] Bereits am 16. April informierte er die Sportführung über eine zu erwartende Empfehlung der Bundesregierung. Dieser Kabinettsbeschluss gegen einen Start in Moskau wurde bestärkt durch eine mit überwältigender Mehrheit vom Deutschen Bundestag am 23. April 1980 gebilligte Vorlage. Gegenüber dieser politischen Übermacht kapitulierte schließlich auch NOK-Chef Willi Daume, der zu den dezidierten Boykott-Gegnern zählte: »Entscheidend für die Beeinflussung unserer Mitglieder war letztlich das Votum des Deutschen Bundestages, gewissermaßen also die ganz große Koalition gegen unser kleines Komitee.«[23] Die Empfehlung des Parlaments wurde mit 476 Ja-, acht Nein-Stimmen und neun Enthaltungen verabschiedet.[24]

Noch im Januar 1980 hatte NOK-Chef Willi Daume optimistisch die Koexistenz zweier konträrer Auffassungen von Bundesregierung und NOK für möglich gehalten. Gegenüber dem Nachrichtenmagazin *Der Spiegel* präzisierte er die von ihm erhoffte Lösung, dass nämlich »die Bundesregierung sagt, für uns steht die Nibelungentreue zu unserem großen amerikanischen Verbündeten im Vordergrund, wir müssen den Boykott empfehlen, aber wir sind nicht böse, wenn Sie doch fahren«.[25] Doch stellte sich dies als Wunschvorstellung heraus, die Bundesregierung insistierte vielmehr, dass der Sport ihrer Prioritätensetzung Folge leistete.

Für Daume ergaben sich damit zwei potenzielle Bedrohungsszenarien, die er gleichermaßen fürchtete: Ähnlich wie Helmut Schmidt trieb ihn die Sorge um, dass man gemeinsam mit den Vereinigten Staaten eine weitgehend isolierte Rolle als Boykottland spielen werde: »Ich bin immer noch der Meinung, dass wir nicht als die einhundertfünfzigprozentigen Deutschen allein zurückbleiben könnten.«[26] Doch genau dies war schließlich das Ergebnis. Obgleich tatsächlich zahlreiche Regierungschefs wie Margaret Thatcher anfangs mit »moralischer Emphase« für einen Boykott eingetreten waren, »nahmen einige Monate später fast alle westeuropäischen Völker an den Olympischen Spielen in Moskau teil«, wie Schmidt in seinen Memoiren bitter festhielt. Ebenso klar sah er den sicherheitspolitischen Rahmen: So seien die Boykottländer Norwegen, Bundesrepublik und zu-

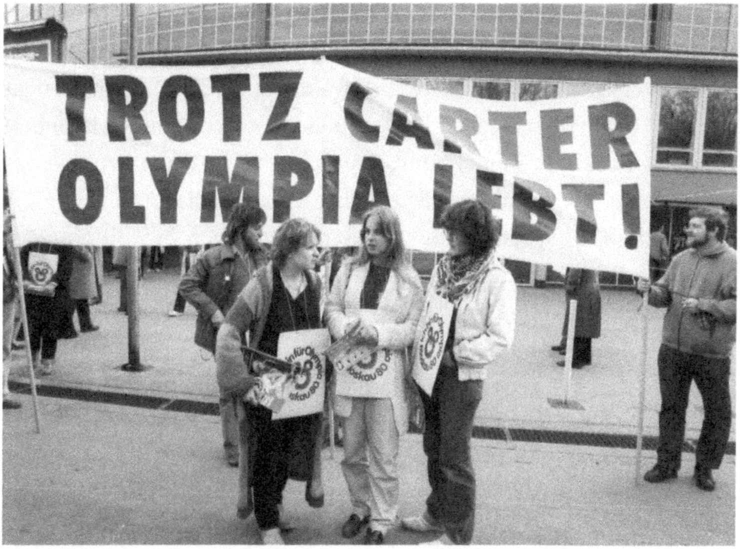

Gegner des Boykotts der Olympischen Spiele in Moskau im April 1980 vor der Westfalenhalle in Dortmund.

dem die Türkei »nicht zufällig jene drei NATO-Staaten, welche sowjetische Streitkräfte unmittelbar an ihren eigenen Grenzen stehen haben und sich deshalb stärker auf Rückhalt in der amerikanischen öffentlichen Meinung angewiesen« fühlten.[27] Diese Isolierung galt jedoch nur aus westeuropäischer Perspektive, insgesamt blieben immerhin 64 Nationen, darunter Kanada, Japan und über 30 islamisch geprägte Staaten den Spielen von Moskau fern.[28]

Der organisierte Sport der Bundesrepublik erlebte eine schwere Krise: Aufgrund des drohenden Boykotts rumorte es nicht nur in bundesdeutschen Fachverbänden, sondern auch aufseiten der Spitzenathleten. Ein tiefer Graben durchziehe die Sportbewegung, so konstatierte Daume gegenüber IOC-Präsident Lord Michael Killanin kurz nach der Boykottentscheidung. Eine demonstrative Veranstaltung bundesdeutscher Spitzenkader unter dem Motto »Olympia lebt« am 21. April 1980 in Dortmund galt als Aufschrei der Aktiven, im Kanzleramt sah man die Kundgebung hingegen als »unpolitische

Emotionalität eines erheblichen Teils unserer Sportler«.[29] Doch erreichte auch sie der lange Arm der Staatsräson, wie sich Turner Eberhard Gienger erinnerte: »Helmut Schmidt hat damals die Präsidenten der nationalen olympischen Fachverbände und uns vom Aktivenbeirat nach Bonn ins Kanzleramt eingeladen. Er hat uns deutlich gemacht, dass die Bundesregierung ihre Partnerschaft mit den USA nicht aufs Spiel setzen wolle und darum den von Washington geforderten Boykott befürworten würde. Und zwischendurch sagte er ganz subtil: Sie können ruhig nach Moskau fahren – aber wenn Sie fahren, zahlen Sie bitte alles selber.«[30]

Auch die Akten der Bundesregierung verzeichnen die persönlichen Gespräche des Bundeskanzlers im April 1980 mit den Sportverantwortlichen. Hierbei legte Schmidt »Wert auf die Feststellung, dass der Sport in unserem Lande nicht durch Bundesregierung und Parlament bestimmt wird, sondern sich selbst bestimmt und seine Entscheidungen selbst trifft«. Dementsprechend werde die Bundesregierung »keinen Druck oder Sanktionen ausüben, wie es in anderen Ländern vorkomme. Sie erwarte aber vom Sport Einsicht in die existentiellen Erfordernisse unseres Volkes und in die Bündnisnotwendigkeiten.« Weiterhin erklärte der Kanzler sibyllinisch, die Regierung werde, sollte sich das NOK doch für eine Teilnahme entscheiden, »keinen Zwang ausüben, keine Pässe entziehen, niemanden hindern, einen Teil seines Erholungsurlaubs für die Spiele zu verwenden«.[31] In der Tat hatte die Bundesregierung allerdings kurz zuvor ebendiese Maßnahmen als Ultima Ratio erwogen, allerdings als juristisch nicht durchsetzbar verwerfen müssen. Mit diesem Vorgehen war Schmidt offenkundig dem nordamerikanischen Vorbild gefolgt, denn auch Jimmy Carter hatte den nominierten Olympiakader zu einem Gespräch zitiert und offen damit gedroht, Pässe einzuziehen.[32] Das bundesdeutsche NOK votierte schließlich am 15. Mai 1980 mit 59 zu 40 Stimmen für einen Boykott der Spiele.

Eindrucksvoll war hierbei die Scheidelinie, die zwischen den Fachverbänden verlief. Die Funktionäre der Sportarten, die einem konservativen Milieu zugeordnet werden, wie die Reiter, Fechter, Hockeyspieler, Segler und Schützen, positionierten sich klar gegen die

Moskau-Teilnahme, ebenso die Turnführer. Im Falle der Reiter war dies nicht nur ein nationales Phänomen. Auch in Großbritannien und den meisten anderen Staaten blieben sie, wie vielfach auch die Segler, zu Hause. Die Verbände der Gewichtheber, Handballer und Schwimmer hingegen wollten antreten. Besonders heikel war die Position von Fecht-Olympiasieger Thomas Bach: So gehörte er hinsichtlich seiner Sportart eigentlich einem »pro-Boykott-Verband« an, doch in seiner Funktion als gewählter Sprecher aller Nationalkader kämpfte er bis zuletzt, auch auf der entscheidenden NOK-Sitzung am 15. Mai 1980, für eine Teilnahme in Moskau. Eine Konfliktlinie verlief zudem zwischen Winter- und Sommersport. So appellierte Handball-Präsident Bernhard Thiele in einem letzten Rettungsversuch im Mai 1980 an die Wintersportverbände, die ihre Spiele in Lake Placid im Februar 1980 immerhin schon erlebt hatten, »nicht anderen den Weg zu verbauen«. Der Streit erlangte beträchtliche öffentliche Resonanz: Zum einen beobachtete das NOK intensiv die öffentlichen Umfragewerte: Während noch Mitte Januar eine Allensbach-Umfrage mit 51 zu 30 Prozent eine deutliche Mehrheit gegen den Boykott signalisierte, ergab eine Emnid-Befragung nur eine Woche später ein Patt von je 48 Prozent pro und contra. Das Ergebnis war durch Faktoren beeinflusst, die außerhalb der Sportpolitik lagen: Die Verhaftung des Nobelpreisträgers und Menschenrechtlers Andrej Sacharow und seine Verbannung nach Gorki am 22. Januar 1980 hatten die Stimmung gegen die Sowjetführung aufgebracht.[33]

In rückblickend äußerst kritischer Weise sah Sportjournalist Hans-Dieter Krebs die damalige Medienlandschaft, die in seiner Sicht einer »Schweigespirale« zugunsten des Boykotts gleichkam: »Auch der deutsche Sportjournalismus musste diesem Stimmungswandel Tribut zollen. Fast ausnahmslos wurden die Sportexperten zum Schweigen verurteilt, die politischen Journalisten, oft ohne Hintergrundkenntnisse, übernahmen die Meinungsführung.«[34] Ohnehin mit einem Monopol ausgestattet war damals das öffentlich-rechtliche Fernsehen: Aufgrund eines gemeinsamen Beschlusses von ARD und ZDF wurden, statt täglich zehn bis zwölf Stunden, nur 15 Minuten des olympischen Geschehens in Moskau auf jedem Kanal gesendet, von der dreistündigen Eröffnungsfeier nur sechs Minuten gezeigt. Die Limitierung trieb ungeahnte Blüten: Geschäftsleute nahmen DDR-Sendungen auf Video-Kassetten auf und verkauften diese auf dem bundesdeutschen Inlandsmarkt. Der Deutsche Sport-Bund ließ in der Rhön das gesamte Olympia-TV-Programm der DDR auf Kassetten archivieren.[35]

Im Unterschied zu harten ökonomischen Restriktionen wirken Sportsanktionen vorwiegend auf einer symbolischen Ebene. So geriet die Boykottentscheidung von 1980 schnell in den Ruf einer wohlfeilen Ersatzhandlung, die den Sport und seine Akteure nachhaltig schädigte, während die wirtschaftlichen Beziehungen ungerührt weiterliefen. Das galt umso mehr, als sich die Bundesregierung aufgrund ihrer Exportorientierung in wirtschaftspolitischer Hinsicht notorisch sanktionsscheu verhielt.[36] Entsprechende Argumentationen des Sports konterte Schmidt denn auch mit dem Verweis, dass Wirtschaftsblockaden Arbeitsplätze kosten würden.[37] Dass sich die sowjetische Botschaft im Juni 1980 an IOC-Mitglied und Multifunktionär Berthold Beitz wandte,[38] um auf eine Revision der Entscheidung von NOK und IOC zu drängen, ist in diesem Zusammenhang bezeichnend. Krupp-Manager Beitz, gebürtig aus Greifswald, der stets gute Beziehungen zur DDR und Sowjetunion pflegte, verhandelte gerade für das Erdgas-Röhren-Geschäft, ein für die Bundesrepublik wirtschaftlich zentrales Anliegen.[39] Doch blieb auch dieser Vorstoß erfolglos.

Trotz des Boykotts wurden die Spiele ein Großereignis.[40] Zwar büßten zahlreiche Wettkämpfe an Attraktivität ein: Der Handball musste ohne Weltmeister Bundesrepublik (1978) auskommen, im Basketball-Turnier fehlten die Aktiven des Rekord-Olympiasiegers USA, ebenso wie in der Leichtathletik. »Die Reiterspiele schrumpfen ohne die Medaillen-Schwadron aus Westeuropa und den USA sogar zu einem drittklassigen Provinzturnier«[41], konstatierte der *Spiegel*. Die Sowjetführung selbst verbuchte das Sportereignis allerdings als großen Erfolg.

Die gesellschaftliche Wirkung des Boykotts bleibt aus historischer Sicht schwer messbar. In der Tat hatte sich »deshalb kein einziger Soldat aus Afghanistan herausbewegt«[42]. Immerhin stand die Sow-

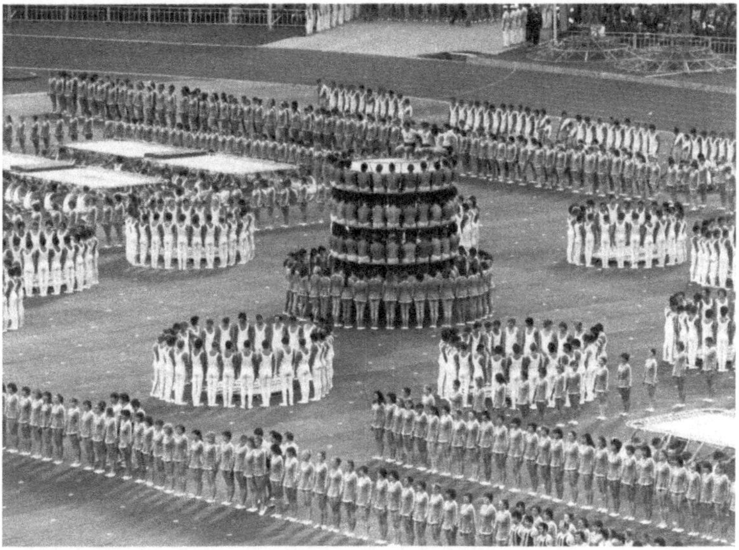

Die Eröffnung der Spiele 1980 in Moskau geriet trotz Boykott zu einer politischen Machtdemonstration.

jetführung jedoch vor der Herausforderung, ihren Landsleuten zu erklären, aus welchem Grund zahlreiche wichtige Sportnationen den heimischen Spielen fernblieben.[43]

Sportboykotte, so ließe sich resümieren, konnten und können Regime zwar nicht ernsthaft gefährden oder gar stürzen, sie im Medienzeitalter aber immerhin in Erklärungsnot bringen.

Für Willi Daume war nicht allein die Boykottdiskussion eine Zerreißprobe, in der er die persönliche Belastung häufig »nahe an der Grenze des Erträglichen«[44] sah. Der NOK-Chef hatte alle Chancen eingebüßt, in Moskau zum neuen IOC-Präsidenten gewählt zu werden. Dennoch trat er an – und verlor gegen Juan Antonio Samaranch.[45]

Ähnlich wie Willi Daume, wenn auch unter gänzlich anderen Systembedingungen, sträubte sich der ostdeutsche Sportchef Manfred Ewald 1984 gegen einen Boykott der Spiele von Los Angeles durch die Sowjetunion und das sozialistische Lager. Wobei die Bewertung als »Gegenboykott«, also als plumpe Retourkutsche, mittlerweile von der Forschung infrage gestellt wird. Vielmehr scheint die Sowjetführung von zwar unrealistischen, in ihrer ideologischen Vorstellungswelt jedoch als bedrohlich eingestuften Schreckensszenarien in ihrer Entscheidung geleitet worden zu sein.[46] Eine Weichenstellung hatte sich unbemerkt bereits während der Olympischen Winterspiele von Sarajewo im gleichen Jahr ergeben. Am 15. Februar 1984 wehten am Wettkampfort die Flaggen auf Halbmast, als der sowjetische Staatschef Juri Andropow beigesetzt wurde.[47] Der Tod des dezidierten Befürworters eines olympischen Engagements in Los Angeles führte unter seinem Nachfolger Konstantin Tschernenko zu einem enervierenden Tauziehen um die Teilnahme.[48] Angesichts des sowjetischen Zögerns machte hierbei in Ost wie West bald ein Gerücht die Runde: Die Sowjetunion befürchte, sich sportlich zu blamieren. In der Tat gab es in dieser Zeit Probleme mit dem sowjetischen Kader. So bemängelte ein interner Bericht nicht nur die physische Vorbereitung, sondern auch die »moralischen und Willensqualitäten«. Sowjetische Sportler seien schon häufig als »Straftäter« bei Veranstaltungen im Ausland aufgefallen. Es hagelte deshalb Trainerentlassungen und Ausschlüsse von Aktiven.[49] Zudem war es in Sarajewo der DDR erstmals gelungen, sich auf Rang eins der Medaillenliste zu schieben und damit auch den »großen Bruder« auf den zweiten Platz zu verweisen. Die sowjetische Führung hatte diesen Coup ihres Satellitenstaates alles andere als erfreut aufgenommen – denn die »Klassenfeinde« Bundespublik und USA zu schlagen, war hochwillkommen, nicht jedoch die Degradierung der eigenen Führungsposition im Sport. Konsequenzen blieben nicht aus, sodass die DDR im nächsten Olympiazyklus erstmals vergeblich darum nachsuchte, erneut zu Trainingswochen in die sowjetischen Höhenlagen einreisen zu dürfen.[50] Der Sieg von Sarajewo war mithin in den kommenden Jahren einer der Faktoren, die zu einem tiefen sportpolitischen Zerwürfnis mit der Hegemonialmacht führten. Während das Lächeln der Eiskunstläuferin Katarina Witt bei ihrem Olympiasieg von 1984 den größten Triumph der Sportmacht der DDR symbolisierte, sollte der Boykott der Sommerspiele im gleichen Jahr die wohl bitterste sportpolitische Unterwerfung des

SED-Staates darstellen. Mit der erzwungenen Nichtteilnahme verlor die DDR die bislang effektivste Bühne der Eigenwerbung.

Bis zuletzt suchte die Sportführung deshalb, einen Boykott zu verhindern. Manfred Ewald war zwar daran gelegen, maximale Loyalität an den Tag zu legen, so betonte er, »daß sich die Sportleitung der DDR bei ihrem Vorgehen an der Sportpolitik der UdSSR orientiert, daß sie nichts ohne Abstimmung mit der UdSSR unternehmen wird«[51]. Hiermit setzte Ewald im bilateralen Verkehr mit der Sowjetunion als selbstverständlich voraus, was das NOK der DDR offiziell immer in strikte Abrede stellte: Dass es sich nämlich mitnichten um ein unabhängiges Gremium handelte, wie es die Olympische Charta eigentlich vorsah – vielmehr war das ostdeutsche NOK gleich doppelt und dreifach abhängig: von der Sportführung des DTSB,[52] vom Politbüro der SED sowie von den Vorgaben der Sowjetunion. Doch trotz der Gefolgschaft gegenüber dem Kreml wollte der DDR-Sport ebenso wenig beim IOC in Ungnade fallen. Und so agierte Manfred Ewald fortan als »Diener zweier Herren« im verzweifelten Bemühen, den befürchteten Boykott doch noch abzuwenden. Und auch der IOC-Präsident erkannte im DDR-Sport einen Verbündeten. So reiste Antonio Samaranch am 11. März 1984 »zu einem Gespräch mit vertraulichem Charakter« nach Ost-Berlin, bei dem Ewald Samaranch versicherte, die DDR sei grundsätzlich bereit, nach Los Angeles zu fahren.[53]

Währenddessen steigerte sich die Moskauer Funktionärselite immer weiter in monströse Bedrohungsvorstellungen hinein.[54] Hierzu gehörte vornehmlich die Sorge vor Abtrünnigen unter den Aktiven. So führte der sowjetische NOK-Chef und Sportminister Marat Gramow bei einer Beratung in Ost-Berlin im März 1984 aus, dass es zur »amerikanischen Konzeption« gehöre, die »Sportler sozialistischer Länder zum Verrat ihrer Heimat zu bewegen«. Es seien bereits in der Umgebung von Los Angeles 500 Plätze bereitgestellt, um diejenigen zu verstecken, die man »mit Duldung des IOC gewaltsam aus unseren Reihen herausbrechen« wolle.[55] Gramow prophezeite, dass Los Angeles zu einem »Ort der Provokation und der Gewährung politischen Asyls für abgeworbene Sportler« umfunktioniert werden solle. Wie ernst es dem sowjetischen Sportfunktionär mit dieser Befürchtung war, ist daran ablesbar, dass er Manfred Ewald um praktischen Rat bat: Gramow »stellte die konkrete Frage, was die DDR tun würde, wenn ein Sportler unter falschen Beschuldigungen verhaftet bzw. entführt würde«. Ewald, der mit Republikfluchten im DDR-Sport, auch bei Olympia, genug einschlägige Erfahrungen gesammelt hatte,[56] plauderte aus der Schule: Man sehe zu, dass im kapitalistischen Ausland »niemand alleine etwas unternimmt«, sondern nur in Gruppen von mindestens drei bis vier Personen. Wenn es jedoch in Los Angeles gelinge, »ein oder zwei Sportler aus der Mannschaft herauszubrechen«, müsse das Organisationskomitee unter Druck gesetzt werden, »diese Sportler wieder freizulassen«. Komme es zu »Massenaktionen dieser Art«, sollten die sozialistischen Länder allerdings abreisen.[57]

Im Rahmen einer Beratung am 5. April 1984 beim ZK der KPdSU in Moskau, an der die für Propaganda und Sport Zuständigen der Ostblockstaaten teilnahmen, wurde die Marschroute präzisiert.[58] Der Leiter der ZK-Abteilung für Propaganda Boris Iwanowitsch Stukalin beschwor weitere Gefahrenherde an der amerikanischen Westküste: Neben 50 »Terrororganisationen« seien dies vor allem die in Los Angeles beheimatete »zweitgrößte jüdisch-zionistische Gemeinde der USA, eine der größten Kolonien afghanischer Emigranten und eine große Zahl von Abkömmlingen aus Südkorea und Vietnam. Die Führer dieser Gemeinden erklären unverhohlen, daß sie sich mit Plänen für Provokationen und sogar Gewaltakte gegen die Sportlerdelegationen der sozialistischen Länder tragen.« Vor allem »zionistische Organisationen« hätten beschlossen, »extremistische Aktionen« zu unternehmen.[59] Zudem besaß das ZK der KPdSU offenbar einen guten Draht in die Unterwelt der kalifornischen Metropole. Jedenfalls wusste Stukalin zu berichten, »daß die 400 Straßenbanden von Los Angeles übereingekommen sind, ihre Feindschaften beizulegen und ihre Anstrengungen auf die Ausraubung der Teilnehmer und Gäste der Olympiade zu konzentrieren«[60]. Zudem sollten angeblich sozialistische Sportvertreter in speziell präparierten Kaufhäusern in Fallen gelockt werden, indem CIA-Agenten im Gewand von Verkäufern Diebstähle inszenierten. Weiterhin bestehe die Absicht, Sportler sozialistischer Länder mit gefälschten Dopingproben zu verleumden.[61]

Das skurril wirkende Warenhaus-Szenario erscheint weniger abstrus, wenn man die realen Erfahrungen des Sowjetsports mit »Diebstählen« und »Straftaten« eigener Sportkader im Ausland in Rechnung stellt – offenbar traute man den eigenen Leuten nicht über den Weg und kalkulierte damit, dass der Westen diese Schwäche gezielt ausnützen würde. Die Sorge vor »gefälschten Dopingproben« hatte ebenfalls einen handfesten Hintergrund, denn bereits seit einiger Zeit schwelte unter der Oberfläche ein sportmedizinischer »Krieg« zwischen der DDR und der Sowjetunion.[62] So war es einerseits Usus, die Athleten sozialistischer »Bruderländer« bei Dopingkontrollen im eigenen Verantwortungsbereich durch »Negativgutachten« bei positiven Befunden zu decken. Doch beide Seiten – DDR und Sowjetunion – belauerten sich zunehmend: Misstrauen hatte sich eingestellt, vergiftete die Atmosphäre und offenkundig konnte der Sowjetsport nicht mehr darauf vertrauen, dass die alten wechselseitigen Schutzmechanismen funktionieren würden. Die Olympia-Hoffnungen der DDR schwanden zusehends: Schon Anfang April gewannen die SED-Funktionäre den »Eindruck, daß die sowjetischen Genossen gegenwärtig dazu neigen, nicht an den Olympischen Spielen teilzunehmen«[63].

Am 5. Mai 1984 verfügte das Politbüro unter Vorsitz Tschernenkos tatsächlich den Boykott, ohne einen Vermittlungsversuch des IOC-Präsidenten Samaranch bei Ronald Reagan abzuwarten.[64] Am 8. Mai 1984 verlautbarte auch das NOK der UdSSR, dass die Teilnahme der sowjetischen Sportler an den XXIII. Olympischen Spielen unmöglich sei.[65] Das Politbüro der SED schwenkte noch am gleichen Tag auf die Linie ein,[66] auf seiner Sitzung am 10. Mai 1984 in Ost-Berlin folgte dann notgedrungen auch das NOK der DDR. Hierbei hielt das Gremium an der Legende fest, dass es sich um eine selbstbestimmte Entscheidung handelte.[67] Glaubt man den Erinnerungen von Manfred Ewald, so gab es immerhin eine Kontroverse zwischen ihm und Erich Honecker über die Entscheidung, die jedoch mit dem

Verweis des Staatsratsvorsitzenden auf wirtschaftliche Schwierigkeiten bei einem Ausscheren aus der sozialistischen Ablehnungsfront ergebnislos endete. Angeblich machte Ewald sogar das weitere Verbleiben in seinen Ämtern gegenüber Honecker davon abhängig, »dass die Partei sichern müsse, dass sich ein solcher Boykott nicht wiederholt. Das wurde akzeptiert.«[68]

Ebenso wie vier Jahre zuvor waren die offenkundig Leidtragenden vor allem die Sportler und Sportlerinnen, sodass entsprechende Unmuts-Äußerungen selbst westliche Medien erreichten. So sprach Kugelstoßer Udo Beyer von einer »harten Entscheidung«, auch Schwimmer Roland Matthes betonte, »wie schmerzlich« die Nichtteilnahme sei.[69] Doch noch in ganz anderer Hinsicht mussten die Athleten den Boykott von 1984 regelrecht körperlich austragen: Denn nachdem das NOK der DDR über die Nichtteilnahme hatte entscheiden müssen, verordnete Ewald den verschärften Einsatz von Dopingmethoden, »damit Spitzenleistungen noch vor und unmittelbar nach den Spielen gebracht« werden. »In diesem Zusammenhang erklärte Gen. Ewald, daß hinsichtlich der Anwendung unterstützender Mittel alles erlaubt sei, entscheidend ist die erbrachte Leistung.« Dieses »grüne Licht« zur Radikalisierung des Dopings galt ausdrücklich »auch bei Athleten der 2. und 3. Reihe«.[70] Mit aller Macht und intensivierter pharmazeutischer Behandlung auch von jungen Anschlusskadern sollten mithin die Einbußen an staatlicher Selbstdarstellung wettgemacht werden, die durch den Boykott 1984 verursacht worden waren.

Blockweit erging zudem die Sprachregelung, es handele sich nicht um einen »Boykott«, sondern um eine durch die Umstände »erzwungene Nichtteilnahme«.[71] Letzteres war zwar Haarspalterei, sollte jedoch wohl vor allem als Signal an das IOC dienen, dass die UdSSR weiterhin die olympische Bewegung unterstützte. Von der wirksamen Bühne des olympischen Weltsports wollte sich der Kreml ebenso wenig wie die DDR dauerhaft zurückziehen.

Doch zeichnete sich bereits neues Unheil am Horizont ab: Denn der Austragungsort Seoul für die Sommerspiele des Jahres 1988 galt ebenfalls als heikel, da Südkorea keine diplomatischen Beziehungen zu den sozialistischen Ländern unterhielt. Nordkorea verstieg sich zudem in den kommenden Monaten in die – unrealistische – Forderung, gemeinsam mit dem Süden die Wettkämpfe ausrichten zu wollen. Bestärkt wurde man hierbei vom kubanischen Staatspräsidenten Fidel Castro, der die olympische Karte nutzte, um den Einfluss Lateinamerikas und der kommunistischen Bewegung im Weltsport zu stärken. Castro suchte im Dezember 1984, seine eigenen Aspirationen als Ausrichter Panamerikanischer Spiele zu unterstreichen, indem er sich zum Fürsprecher Nordkoreas bei Olympia machte.[72] Das Boykottgespenst war schlagartig wieder in der Welt – denn Pjöngjang und der kubanische Revolutionsführer drohten in der Folgezeit nun gemeinsam damit, bei einem Nichteingehen auf ihre Forderungen eine sozialistische Blockade gegen Olympia 1988 zu inszenieren.

Damit stand bereits das nächste Boykott-Szenario ins Haus, ohne dass die Beteiligten die Konsequenzen des Eklats um Los Angeles schon überschauen konnten, geschweige denn verdaut hatten. Manfred Ewald suchte deshalb verschiedentlich in Beratungen mit dem IOC, das risikobehaftete Seoul möglichst durch eine andere Ausrichterstadt zu ersetzen. Auch weitere sozialistische Staaten forderten, einen anderen Gastgeber für 1988 zu finden, da die Vergabe an Seoul die »bisher undurchdachteste und verantwortungsloseste Entscheidung des IOC«[73] gewesen sei, wie die polnische Sportführung beklagte.

Das sich abzeichnende erneute olympische Desaster führte schließlich zu einer erstaunlichen Kooperation zwischen den »Klassenfeinden« Willi Daume und Manfred Ewald – denn beide hatten ein Interesse daran, dass »die Spiele weitergehen« würden. Und so saßen sich im Juni 1984 in Ost-Berlin zwei Spitzenfunktionäre gegenüber, die jahrzehntelang als unversöhnliche Antipoden den Systemkampf des ost- und westdeutschen Sports geprägt hatten. Hierbei hatten beide neben dem Medaillenglanz für das eigene Team stets ein Ziel fest vor Augen gehabt: das jeweils »andere Deutschland« so schlecht wie möglich aussehen zu lassen – sportlich wie politisch. Nun jedoch, im Juni 1984, waren es völlig andere Töne, die Manfred Ewald im Vier-Augen-Gespräch gegenüber seinem westdeutschen Verhandlungspartner anschlug. Der Sportfunktionär aus Ost-Berlin unterbreitete einen verführerischen Vorschlag: Ob sich denn nicht »Herr Daume und seine Freunde überlegen« könnten, »eventuell die Olympischen Spiele 1988 in München durchzuführen«? Ewald schmeichelte: Die Rolle des Gastgebers sei doch eine treffliche Gelegenheit für Daume, »sich als hervorragender Olympier darzustellen«.[74]

Dies war ein unter den Bedingungen des Ost-West-Konflikts mehr als überraschender Vorschlag – bedenkt man, wie sehr Ost-Berlin sich einst gegen die Vergabe der Spiele an München für das Jahr 1972 gewehrt und zu diesem Zweck auch die Sowjetunion bedrängt hatte.[75] Das Antichambrieren Ewalds bei Willi Daume, der sich hierfür seinerseits sehr empfänglich zeigte, offenbart, wie sehr der Kalte Krieg, der in den 1980er Jahren bereits in zwei olympischen Boykotten kulminiert war, den beiden in die Jahre gekommenen Sportführern zugesetzt hatte. Die Konflikte im Weltsport hatten tiefe Spuren in ihrem persönlichen wie beruflichen Ansehen hinterlassen und die Integrität der Sportsysteme in Ost und West infrage gestellt.[76] Manfred Ewald und Willi Daume hatten zudem beide, unabhängig voneinander und trotz aller Systemunterschiede, erkennen müssen, dass sie gegenüber der Politik im Ernstfall weitgehend machtlos waren. Es war die Sorge vor einer ähnlichen Ohnmacht bei einer Boykottwelle gegen Seoul, die beide Sportrepräsentanten unerwartet zusammenrücken und eine mögliche Allianz schmieden ließ. Dass es Ewald war, der zu einem solch ungewöhnlichen Vorschlag griff, »um aus der Talsohle, in der sich gegenwärtig die olympische Bewegung und die Spiele befinden, herauszukommen«[77], lässt erkennen, dass für ihn mittlerweile erheblich mehr auf dem Spiel stand als für sein bundesdeutsches Gegenüber. Denn die Krise des Sports fiel mit den Anfängen der Erosion der SED-Diktatur zusammen.[78]

Während der 90. Session des IOC im Juni 1985 in Ost-Berlin sonnte sich die SED-Führung noch einmal demonstrativ in olympischem Glanz. Die DDR zeigte sich als Staat, »in dem die olympischen Ideale ein gutes Zuhause haben«, wie Erich Honecker in seiner Ansprache zur Eröffnung versicherte. Selten war das IOC »von einem Gastgeberstaat so hofiert«[79] worden, der sich als »Musterschüler der

Olympischen Idee«[80] präsentierte. Samaranch überreichte Honecker bei der Eröffnungsfeier im Schinkelschen Schauspielhaus am Berliner Gendarmenmarkt den Olympischen Orden in Gold, dieser versprach, die Prinzipien der Olympischen Charta zu verteidigen, wie die SED-Tageszeitung *Neues Deutschland* hervorhob.[81]

Und dankbar war Juan Antonio Samaranch seinem Gastgeber zweifellos. Das offenbart das Gesprächsprotokoll ihrer Unterredung im Staatsrat der DDR am 3. Juni 1985.[82] Er lobte die »perfekte Sportorganisation« der DDR und erbat Honeckers »Hilfe« in Bezug auf die Haltung Nordkoreas. Dieser wiederum versprach, auf seinen »Freund Kim IL Sung« im Sinne einer De-Eskalation einzuwirken.[83] Noch zweimal sollte der IOC-Präsident in den kommenden Jahren mit einer ähnlichen Bitte an den DDR-Staatsratsvorsitzenden herantreten.[84] Doch erledigte sich das Problem schließlich von selbst. Denn der Vorstoß Nordkoreas, die Spiele erneut mit Boykottgeist und dem Appell an sozialistische Brüderlichkeit aufzuladen, kam zur Unzeit, da das alte Muster »East plays West«, »Kommunismus gegen Freie Welt«, das den Nichtteilnahmen von 1980 und 1984 noch den Stempel aufgedrückt hatte, so leicht nicht mehr zu reanimieren war. Ihre Brisanz hatten die eher lahmen Boykottdrohungen gegen Seoul erst durch Fidel Castro erhalten, der die Diskussion mit den emanzipatorischen Forderungen des globalen Südens auflud. Nachdem Kuba 1986 die ersehnten Panamerikanischen Spiele für 1991 zugesprochen erhielt, verlor die Angelegenheit an Dringlichkeit. Zwar blieben Kuba und Nordkorea schließlich den Sommerspielen 1988 fern – die boykottmüden Ostblockstaaten gingen hingegen an den Start.

Dass Honecker und Samaranch in den 1980er Jahren den olympischen Schulterschluss vollzogen, erklärt sich aus ihrem Wunsch, die überkommene Welt- und Sportordnung zu erhalten. Doch war es für die DDR längst zu spät. Zwar sollte sich das kleine Land 1988 noch einmal als eine der wichtigsten olympischen Sportnationen bewähren, indem es bei den Winterspielen in Calgary wie im Sommer in Seoul 1988 Platz zwei des Medaillenspiegels belegte, diesmal wieder standesgemäß hinter der Sowjetunion und vor den USA. Doch machtpolitisch befand sich das SED-Regime bereits im freien Fall.

Niemand symbolisiert dies besser als der Superstar der Spiele von Sarajewo, Katarina Witt. 1988 erhielt sie ebenfalls den Olympischen Orden des IOC – explizit auch für die politische Standhaftigkeit des SED-Staates an der Seite von Samaranch. So hob der IOC-Präsident ausdrücklich hervor, der Orden sei »als Dank an die DDR für die Hilfe, die er stets durch die DDR, insbesondere Erich Honecker, erfahren habe«[85], zu verstehen.

Doch innenpolitisch vermochten Witt und die anderen DDR-Sportidole schon lange nicht mehr das zu tun, wozu sie ausersehen waren: das Herrschaftssystem zu stabilisieren. Ganz im Gegenteil wurde Katarina Witt im gleichen Jahr bei der Moderation eines Rockkonzerts in Weißensee ausgepfiffen.[86] Der NOK-Pressechef, der als IM »Frank« über sie berichtete, hielt hierüber fest: »Über ihren Einsatz beim Rockkonzert in Weißensee ist sie schwer enttäuscht. Sie meint, dass die Pfiffe nicht ihr galten, sondern jenen, die sie zum politischen Superstar aufbauen wollen. Sauer ist sie vor allem darüber, dass sie bis heute noch nicht eine Mark Honorar dafür erhalten hat.« Die »Bezahlung für Weißensee könnte u. a. ausschlaggebend dafür sein, ob Katarina Witt in Zukunft weiter für die FDJ auftritt oder nicht«.[87] In gewisser Hinsicht war der letzte Zusatz die endgültige ideologische Bankrotterklärung des ostdeutschen Sport-Systems. Eine DDR-Ikone, die nur noch für kapitalistische Entlohnung bereit war, sozialistische Prinzipien öffentlich zu vertreten – das System hatte sein Haltbarkeitsdatum endgültig überschritten. Während die kommunistischen Sportsysteme am Ende des Jahrzehnts erodierten, konnte das IOC die Epochenzäsur von 1989/90, wie bereits vergangene Systembrüche des 20. Jahrhunderts, unbeschadet überstehen.

5 »DOPEN FÜR DEUTSCHLAND«

Doping gehört zu den umstrittenen Bereichen der Aufarbeitung der SED-Diktatur und der Geschichte der deutschen Teilung. Ursache hierfür ist die immense Bedeutung, die beide deutschen Staaten dem Spitzensport im Systemkampf zugedachten. Zusätzlich politisch aufgeladen war er durch das hohe Maß an Identifikationskraft, das nach dem Willen der DDR-Führung von den »Goldkindern« auf die eigene Bevölkerung ausstrahlen sollte.

So wie eine hohe Medaillenzahl – damals wie heute – als Nachweis der Leistungsfähigkeit eines Staatswesens gilt, so wirft der Nachweis von Doping unweigerlich einen Schatten auf das politische und das sportliche System, das diese Machenschaften begünstigt beziehungsweise hervorgebracht hat: Denn beim »Gebrauch illegitimer Mittel« im Sport wird nicht nur klar, dass die »Außendarstellung« der Athleten »nicht authentisch ist. Sie desavouieren damit auch ihre Förderer« in Politik oder Wirtschaft.[1] Je stärker Sport- und Staatssystem verschränkt sind, umso diskreditierender wirkt sich in der Konsequenz die Entlarvung von Doping-Praktiken auf die Glaubwürdigkeit des Gemeinwesens aus.

In der Tat haben die aufgedeckten Machenschaften, die weit über den Sportbetrug hinausreichten, nicht nur das Image des DDR-Sports nachhaltig beschädigt, sondern auch den Charakter des zweiten deutschen Staates als gewaltbereiter Diktatur unmissverständlich unterstrichen. Denn der Staatssport der DDR unterhielt ein zentral gesteuertes und mithilfe der Staatssicherheit repressiv abgesichertes Doping-System, das die Anwendung von Dopingmitteln systematisch anordnete und auch zu erzwingen suchte und damit Körperverletzung an zahlreichen Schutzbefohlenen beging.[2]

Doch auch für den bundesdeutschen Sport wie für die bundesdeutsche Politik ergaben sich äußerst kompromittierende Befunde, als eine Forschungsgruppe im Jahr 2012 der westdeutschen Dopingpraxis eine »systemische« Vorgehensweise bis 1989/90 attestierte.[3] Zwar handelte es sich beim »Doping-West« nicht um einen Staatsauftrag, der »Top-Down« diktatorisch durchgesetzt wurde. Doch brachten westliche Demokratien wie die Bundesrepublik ebenfalls sportliche Strukturen hervor, in denen Doping vielerorts zu einem alltäglichen und von den Beteiligten zwar verheimlichten, dennoch fest einkalkulierten Faktor der Leistungssteigerung gehörte.[4] Während sich westdeutsche Dopingzirkel in Kleingruppen um Sportmediziner und Trainer parzellierten, war der organisierte Sport in Gestalt des DSB, des NOK und der Fachverbände – obgleich offiziell einer Anti-Doping-Linie folgend – stärker als zeitgenössisch öffentlich bekannt über den pharmazeutischen Sportbetrug im Bilde, zumal einige »Dopingärzte«, wie etwa Joseph Keul, zugleich als Verbandsärzte wirkten.[5] Auch das verantwortliche Bundesinnenministerium ließ doping-freundliche Töne vernehmen, zudem leistete das vom BMI finanzierte Bundesinstitut für Sportwissenschaft, ebenso wie die staatlich geförderte Freiburger Sportmedizin, nachgewiesenermaßen Pro-Doping-Forschung.[6]

Auch wenn Doping im Sinnhorizont des Sports als deviante Handlung gilt, sind seine Ursachen wiederum tief in der Systemlogik des Leistungssports verankert. »Wo Siege und Erfolge im Vordergrund stehen und das sporttypische Motto des *citius altius fortius* [höher, schneller, weiter] wie ein Motor ohne Bremsvorrichtung auf permanente Steigerung drängt, tauchen Probleme spätestens dann auf, wenn Körper und Psyche der Athleten mit dieser inneren Unendlichkeit des Wollens konfrontiert werden«,[7] so die Soziologen Karl-Heinrich Bette und Uwe Schimank. Von einer Fortschrittseuphorie, die keine »Grenzen des Wachstums« anerkennen wollte, waren seit der Nachkriegszeit und besonders seit Mitte der 1960er Jahre Ost wie West erfasst.[8] »Das Motiv, nicht nur zu gewinnen, sondern gleichzeitig eine existierende Rekordmarke zu übertrumpfen, drängt auf unbegrenzte lineare Steigerung.«[9] Bereits in den 1960er Jahren wurden allerdings die »Grenzen der menschlichen Leistungsfähigkeit im Sport«[10] aus medizinischer Sicht kritisch erörtert. So erläuterte der für das Gesundheitsministerium der DDR tätige Physiologe Adolf-Henning Frucht[11] die sportspezifische physische Belastung: »Während die Berufsarbeit des Menschen so angelegt werden muß, daß Erschöpfung niemals eintritt, ist für den Hochleistungssport Mobilisierung der letzten Reserven und ihre Nutzung geradezu Voraussetzung. Mensch und Tier besitzen Schutzeinrichtungen, die sie vor Überbeanspruchung bewahren. Die angeborenen und für die Erhaltung des Lebens unersetzlichen Mechanismen müssen ausgeschaltet oder doch zurückgedrängt werden, wenn man die Grenzen der Leistungsfähigkeit erreichen will.«[12] Medikamente zur Schmerzlinderung und Psychopharmaka wie Amphetamine gehörten deshalb von Beginn an zum Repertoire der im DDR-Jargon sogenannten »unterstützenden Mittel« (u. M.), bevor die Anabolika in den 1970er- und 1980er Jahren zur wichtigsten Substanz der verbotenen Leistungssteigerung im Sport wurden – die Abfolge der bevorzugten Präparate ist hier in Ost wie West weitgehend ähnlich.[13]

Klagen darüber, dass neue Medaillen oder Rekorde nur noch mit Doping zu erreichen seien, sind aus der Bundesrepublik wie aus der DDR überliefert. So sollten DDR-Schwimmer für einen Einsatz Anfang Januar 1979 in den USA »je elf Testosteron-Injektionen« erhalten, da, wie der für das Dopingsystem verantwortliche Sportarzt Manfred Höppner berichtete, »die Aktiven bei Nichtdurchführung überhaupt erst nicht in die USA zu fahren brauchen. Selbst die Aktiven stellten in diesem Zusammenhang die Frage, ob wir jetzt schon bei mittelmäßigen Veranstaltungen die ›scharfen Sachen‹ anwenden.«[14]

In der Bundesrepublik wiederum war seit den 1970er Jahren umstritten, dass als Nominierungskriterium für Athleten die sogenannte Endkampfchance galt, also eine vordere Platzierung bei internationalen Turnieren oder Olympischen Spielen. Der Präsident des Sportärztebundes Herbert Reindell kritisierte die »Schizophrenie« dieser Regelung der bundesdeutschen Sportverbände, denn »wenn sich maßgebende Funktionäre mit den Leistungsgrenzen befasst hätten, dann müßten sie wissen, daß einer die Kugel 10 Meter weit stoßen kann, aber nicht 22. Hier muß ein Geschehen vorliegen, daß mit physiologischer Anpassung nichts mehr zu tun hat.«[15]

Spiegelbildlich zur Geschichte der Dopingpraxis entfaltete sich das Geflecht der Dopingkontrollen auf nationaler wie internationaler Ebene. Doch war das Verhältnis zwischen Dopingsündern und Kontrolleuren stets ein »Wettlauf zwischen Hase und Igel«[16], da durch schnelle und zahlreiche Innovationen in der Dopingforschung nicht nur beständig effektivere Mittel der Leistungssteigerung entwickelt wurden, sondern vor allem neuartige Substanzen und Methoden, die noch von keiner der stetig erweiterten Verbotslisten für Dopingmittel erfasst waren.

Manipulation der Dopingkontrollen vor 1989/90

In der Zeit der deutschen Teilung waren Dopingmethoden und Versuche ihrer Einhegung zudem von den Block-Konstellationen und Machtspielen des Kalten Krieges geprägt. Anhand der Praxis der Dopingkontrollen und -labore bei internationalen Wettkämpfen in den 1970er und 1980er Jahren können sowohl die offiziellen wie die informellen Einflussfaktoren, die als Netzwerke den internationalen und deutsch-deutschen Sport durchzogen, sichtbar gemacht werden. Hierbei wird auch deutlich, dass hinter der Fassade der in zwei ideologische Lager geteilten Sportwelt unerwartete Allianzen, aber auch Feindseligkeiten lauerten und die Entscheidungswege beeinflussten. Denn zum einen entspann sich eine erstaunliche Kumpanei unter Sportärzten aus der Bundesrepublik und der DDR, die ihr professionelles Interesse und ihre Karriere höher gewichteten als die Zwänge des »Kalten Kriegs auf der Aschenbahn« – allerdings zuweilen auch höher als ihre ärztlichen Berufspflichten. Zudem lässt sich in den 1980er Jahren der Beginn eines »Sportkriegs« zwischen Sowjetunion und DDR verfolgen, der die Entfremdung beider Staaten in der Sportpolitik bereits vor Beginn der Gorbatschow-Ära spiegelt.[17] Somit erscheint das System der internationalen Dopingkontrollen bis zum Ende der kommunistischen Staatsregime weitgehend als Potjemkinsches Dorf, da verschiedene Protagonisten aus Ost wie West ihren Pflichten sehr willkürlich nachkamen und Manipulation aus persönlichen und politischen Motiven an der Tagesordnung war.

Verschiedene Dopinglabore waren bei internationalen Sportereignissen abwechselnd für die Wettkampfkontrollen zuständig, die bei den Olympischen Spielen 1968 erstmals eingeführt worden waren. Ende der 1960er Jahre existierten noch kaum funktionsfähige Dopinglabore, von der 1960 gebildeten Medizinischen Kommission des IOC waren allein drei Einrichtungen in Gent, Rom und London anerkannt. Seit 1980 erfolgte eine offizielle Akkreditierung weiterer Labore durch das IOC, bis 1982 waren es sechs, bis 1988 dann 22 Einrichtungen. Zuweilen waren Labore für internationale Turniere verantwortlich, die im eigenen Land stattfanden, wie 1972 in München oder 1980 in Moskau. Ebenso häufig wurden jedoch in anderen Staaten verortete Einrichtungen beauftragt, mitunter teilten sich auch mehrere Labore die Ergebnisauswertung.[18] Seit den Olympischen Sommerspielen in München 1972 wurde erstmals flächendeckend in allen Sportarten kontrolliert, in diesem Zuge wurde auch das bundesweit zuständige Dopingkontrolllabor von Manfred Donike[19] in Köln eingerichtet, das bei diesem Sportereignis die Dopinganalytik durchführte. Während noch 1972 lediglich Amphetamin-Tests erfolgten, konnten durch die Verbesserung der Analyseverfahren 1976 in Montreal erstmals auch Anabolika nachgewiesen werden.[20]

Doch folgten Dopingkontrollen im Ost-West-Konflikt nicht allein wissenschaftlichen Kriterien, im Gegenteil: So stand der stellvertretende Chef der Sportmedizin in der DDR Dr. Manfred Höppner,[21] der als anerkannter Experte in den medizinischen Kommissionen des IOC und des Internationalen Leichtathletikverbandes (IAAF) vertreten war, immer wieder vor der Herausforderung, »positive« Fälle – also auf Dopingsubstanzen positiv getestete Proben von Athleten aus der DDR oder aus Ostblockstaaten – zu leugnen oder zu vertuschen.

Am einfachsten war dies, wenn der Wettkampf im eigenen Land stattfand, da die DDR-Sportmedizin hier über die organisatorische Lufthoheit verfügte. Als beim *Pokal der Blauen Schwerter* in Meißen

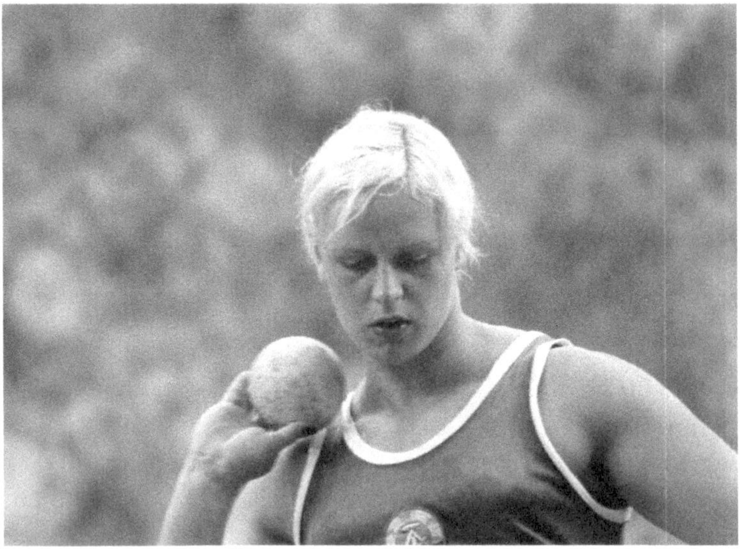

Die Kugelstoßerin Ilona Slupianek, hier 1976 bei den Olympischen Spielen in Montreal, stand im Mittelpunkt des einzigen offiziellen Dopingfalls der DDR.

1979 sowjetische, ungarische, tschechoslowakische und ein DDR-Gewichtheber im DDR-Kontroll-Labor, dem Zentral-Institut des Sportmedizinischen Dienstes in Kreischa, positiv getestet wurden, setzte sich Manfred Höppner umgehend mit Ewald in Verbindung, der gerade bei einem Ball des BFC Dynamo feierte. Dieser wies ihn an, »daß dies nicht offiziell auszuwerten ist«, woraufhin Kreischa den Auftrag erhielt, ein »Negativ-Gutachten abzugeben«. Höppner folgte dem, warnte jedoch, »daß diese Verfahrensweise nicht ständig praktiziert werden kann, obwohl man dadurch andere unter Druck halten kann. Eine undichte Stelle bzw. eine unbedachte Bemerkung und die internationale Anerkennung unseres Doping-Labors wird zurückgezogen und unsere Glaubwürdigkeit insgesamt in frage gestellt.«[22]

Internationale Labore ließen sich nicht so einfach beeinflussen, was für den ersten und einzigen öffentlichen Dopingskandal der DDR sorgte, als die Kugelstoßerin Ilona Slupjanek nach ihrem Sieg beim Europapokal in Helsinki 1977 positiv im Londoner Kontroll-

Labor auffiel. Höppner, der wusste, dass sie mit Depot-Turinabol gedopt war, reiste an die Themse, wo »er auftragsgemäß bestritt, daß es sich um die Urinprobe von SLUPJANEK handelt«. Doch derlei Statements, leicht durchschaubare Schutzbehauptungen, stießen bei den internationalen Standeskollegen auf Unverständnis, zumal hiermit die Ordnungsmäßigkeit des Verfahrens offensiv infrage gestellt wurde. Somit bekam Höppner Ärger in der internationalen Ärztekommission, es wurde sogar diskutiert, ob er dieser künftig überhaupt noch angehören dürfe, da nun die Londoner Kollegen und der technische Delegierte, ein dänischer Arzt, ihrerseits Höppners Integrität anzweifelten. Auch der Präsident des Internationalen Leichtathletikverbandes, Adriaan Paulen, beschwerte sich bei Manfred Ewald, dass »sich der von ihm stets geachtete kleine Doktor aus der DDR« in London »ungebührlich benommen hätte«.[23] Schließlich endete der Streit mit einer einjährigen Sperre für Slupjanek. Ihre Entlarvung versetzte dem DDR-Sport einen so nachhaltigen Schock, dass fortan und bis zum Ende der SED-Diktatur alle Sportler, die bei internationalen Wettkämpfen starten sollten, einer »Ausreisekontrolle« in Kreischa unterzogen wurden: Nur, wer nicht mehr positiv war, durfte fahren. Die Kunst bestand mithin darin, so nahe wie möglich an einen Wettkampf »heranzudopen«, und dennoch schließlich »sauber« antreten zu können – eine Methode, die der DDR-Sport bis zur Perfektion beherrschte.[24]

Geriet die DDR also mit westeuropäischen Sportärzten und Laboren innerhalb der Gremien des Weltsports durchaus in Konflikt, so war es umso einfacher und bis Ende der 1970er Jahre wohl auch eine Selbstverständlichkeit, dass sich die »sozialistischen Sportbrüder« untereinander deckten. Als bei einem DDR-Gewichtheber aus Karl-Marx-Stadt bei der Weltmeisterschaft 1978 im nordamerikanischen Gettysburg Anabolika nachgewiesen wurden, fuhr Höppner zum zuständigen Dopingkontrolllabor nach Ungarn, um Sanktionen zu verhindern. Die persönliche Intervention war erfolgreich: So erreichte er, dass »unabhängig vom Ergebnis« der Präsident des internationalen Verbandes informiert wurde, dass die Analyse »negativ verlief und damit die Angelegenheit geklärt ist«.[25]

Eine Sonderbehandlung erhielt ohnehin für lange Zeit der Sowjetsport: So waren bei der Europameisterschaft der Leichtathletik in Prag von 23 untersuchten sowjetischen Sportlern 19 positiv getestet worden. Das Ergebnis wurde öffentlich unterschlagen. Dennoch kam es zu »diplomatischen Verwicklungen«: Ein Funktionär des tschechoslowakischen Leichtathletikverbandes wurde von Moskau »beschuldigt, daß er eine antisowjetische Haltung habe und es wurde seine Ablösung gefordert«. Die Dopingverstöße der Hegemonialmacht sollten also in ihrem Einzugsbereich nicht ungestraft thematisiert werden, auch nicht intern.[26] Die Abhängigkeit vom »großen Bruder« zeigte sich auch anlässlich der Hallen-EM der Leichtathletik in Wien im Februar 1979, bei der Manfred Höppner als Beauftragter der IAAF für Dopingkontrollen eingesetzt war. Nachdem ihm ein positiver Fall einer sowjetischen Athletin bekannt geworden war, die über 1500 Meter den zweiten Platz belegt hatte, entschieden er und Manfred Ewald, das obligatorische »Negativgutachten« zu erstellen, um »zu verhindern, daß die Westpresse auswertet, daß die kleine DDR der großen Sowjetunion einen internationalen Skandal bereitet hätte«.[27]

Doch blieb die DDR zugleich bereit, im Ernstfall zurückzuschlagen, sollten sich sowjetische Kontrolleure künftig nicht ähnlich fürsorglich verhalten. So kündigte Ewald an, dass er »bis zu den Olympischen Spielen 1980 in Moskau Material sammeln will, um die Freunde gegebenenfalls zu zwingen, bei positiven Befunden unter DDR-Athleten ebenfalls Nachsicht zu üben«[28]. Erpressung war also ein Mittel der Wahl innerhalb der Sportbeziehungen des Ostblocks, die bis heute noch nicht von der Forschung in der notwendigen Differenziertheit ausgeleuchtet worden sind.[29] Im Frühjahr 1979 besuchten sowjetische Sportärzte das Zentral-Institut in Kreischa, um Erfahrungen für den Aufbau eines eigenen Dopinganalytik-Labors zu sammeln, das für die Spiele im Sommer 1980 in Moskau gebraucht wurde. Bei dieser Gelegenheit versuchte Manfred Ewald, von seinen Gästen »Garantieren zu erhalten, damit unsere Sportler zu den OS bezüglich Anabolika eine Art Narrenfreiheit genießen«. Doch ein sowjetischer Sportmediziner reagierte mit der abwehrenden Bemerkung, »daß sie diesbezüglich keine Probleme haben wollen und wir als DDR sollten alles tun, um keine diesbezüglichen Probleme zu schaffen«.[30]

Im Vorfeld von Olympia 1980 in Moskau begann also zunehmend die Solidarität an der sozialistischen Dopingfront zu bröckeln – ein Indikator für das scharfe Konkurrenzverhältnis zwischen der Sowjetunion und der DDR. Doch auch gegenüber anderen sozialistischen Sportnationen zeigte sich die SED-Sportführung seit Ende der 1970er Jahre weniger gefällig. So fielen bei den Anabolika-Kontrollen der »Balkanspiele« im Oktober 1979 am Zentralinstitut Kreischa jeweils zwei bulgarische, rumänische und sowjetische Sportler auf. Prompt erfolgten »Konsultationen auf höchster Ebene« von der bulgarischen Seite, um die positiv getestete Olympia-Kandidatin und Mittelstreckenläuferin Totka Petrowa, die für zwei Goldmedaillen in Moskau vorgesehen war, »zu retten«. Doch Höppner weigerte sich gegenüber Ewald, ein weiteres Negativgutachten zu erstellen, da er die Sorge hatte, dass dies seitens der Mitarbeiter in Kreischa durchsickern könnte. Stattdessen schlug er vor, die Ampulle von Petrowa gemeinsam mit anderen Proben zu beschädigen. Nach einer Abstimmung Ewalds mit dem für Sport zuständigen Büro von Paul Verner im ZK der SED »wurde entschieden, daß keinerlei Manipulationen mehr durchgeführt werden im Interesse der Anerkennung des Dopinglabors«.[31] Wie wichtig es der DDR tatsächlich war, den Ruf der eigenen Institution unbefleckt zu halten, zeigt ein ähnlicher Vorgang im März 1984, als beim *Pokal der Blauen Schwerter*, der für die DDR zugleich die Olympiaqualifikation darstellte, »volles Programm unterstützende Maßnahmen« im eigenen Kader gefahren wurde. Den Transport der Proben nach Kreischa wollte Höppner deshalb vorsichtshalber selbst durchführen, »unterwegs die Plomben brechen und die Urinproben der DDR-Gewichtheber mit ›reinen Urinen‹ auswechseln«. Diese »Maßnahme« sei »notwendig«, um auch am »Dopingkontroll-Labor in Kreischa keine unnötigen Diskussionen aufkommen zu lassen«.[32]

So einfach war es im Jahr 1979 nicht, denn der Fall Petrowa sorgte für ein diplomatisches Nachspiel. Die Bulgaren drohten aufgrund der Entscheidung der ostdeutschen Sportführung, am positiven Befund

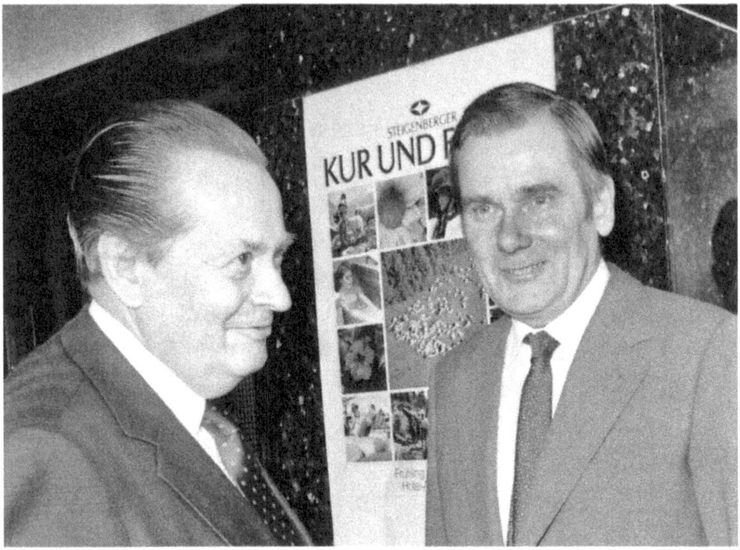

Manfred Ewald im Gespräch mit Willi Daume, dem Präsident des westdeutschen Olympischen Komitees, im Mai 1980.

festzuhalten, »daß damit die Beziehungen erheblich gestört werden und die DDR dies in absehbarer Zeit zu spüren bekomme«. Doch Ewald lehnte jedes Einlenken strikt ab, da »auch unter Freunden sich der Klassenkampf abspielt«.[33] Die Sportlerin wurde zur Strafe gesperrt.[34] Die Causa erreichte auch die Staatsspitzen: Für Erich Honecker, dem ein Besuch bei Todor Schiwkow in Bulgarien bevorstand, musste Höppner »auf drei Seiten den Sachverhalt betreffend die beiden bulgarischen Athleten« darlegen und ebenso »die Aktivitäten der bulgarischen Sportführung zur Eliminierung der Ergebnisse«.[35] Allerdings ließ Ewald seine eigene Rolle hierbei aus dem Entwurf streichen. Dies ist ein Hinweis darauf, wie der Chef des DDR-Sports in solch heiklen Situationen darauf achtete, sich selbst aus der potenziellen Schusslinie zu nehmen – was auf der anderen Seite das Bestreben Manfred Höppners erklären mag, sämtliche Vorgänge als Inoffizieller Mitarbeiter der Staatssicherheit mit dem Decknamen IM »Technik« möglichst detailliert wiederzugeben.[36]

Auch ein Ansinnen der Rumänen um sozialistische Amtshilfe bei »Ausreisekontrollen« hatte in dieser Zeit keinen Erfolg: So erreichte den DDR-Sport im Herbst 1979 im Vorfeld der Weltmeisterschaft im Gewichtheben die Bitte des rumänischen Arztes, einige Urinproben im Dopinglabor Kreischa zu untersuchen, damit »zu den WM nicht wieder rumänische Sportler als positiv bewertet würden. Rumänien selbst sei nicht in der Lage, diese Untersuchungen so exakt durchzuführen.« Ewald lehnte rundheraus ab – aus Höppners Sicht eine unverständliche Entscheidung, die dazu führen werde, »dass wir uns durch derartige Verhaltensweisen selbst innerhalb des sozialistischen Lagers immer mehr isolieren und Stimmungen gegen den DDR-Sport faktisch durch eigenes Verschulden anheizen«. Doch erkannte der Chef der Sportmedizin auch die Strategie des unangefochtenen Sportfürsten Ewald, der bislang die DDR zielsicher auf eine Erfolgsschiene geführt hatte: Dieser gehe offensichtlich bei seinen Entscheidungen davon aus, dass »jede verlorene Position der anderen« der DDR bei »den Olympischen Spielen wieder zugute kommen kann«.[37]

Bei den mit Spannung erwarteten Olympischen Spielen 1980 gab es schließlich keine einzige positive Dopingprobe – ein Ergebnis, das schon zeitgenössisch unglaubwürdig erschien. Im Vorfeld waren sowohl vom IOC wie von Manfred Donike in Köln Zweifel an der Qualität der Moskauer Dopinganalytik geäußert worden.[38] Dennoch erhielt das Labor rechtzeitig zu den Spielen seine Akkreditierung, zuständig blieb zudem ein Labor in Leningrad. Wie auch bei anderen Gelegenheiten hatten weitere Dopinglabore Proben zu Forschungszwecken erhalten. Diese nutzte Donike ein Jahr später, um die sowjetischen Kollegen vorzuführen, als Mitglieder der Ärztekommission der IAAF bei der offiziellen Eröffnung seines neuen Instituts für Biochemie an der Deutschen Sporthochschule Köln weilten. Anhand von 600 Urinproben aus dem Leningrader Labor wies Donike Testosteron-Vergaben nach – was damals noch nicht auf der Verbotsliste stand – und suchte die Anwesenden zu überzeugen, sich in Zukunft auch hier auf einen Grenzwert des Erlaubten festzulegen. Doch hatte er die Proben auch auf Anabolika überprüft und hier ebenfalls positive Befunde festgestellt. »Er leitete daraus ab, dass die letzten

Olympischen Spiele doch nicht so sauber waren, wie es in der Veröffentlichung zum Ausdruck kam.« Der verantwortliche Leningrader Laborchef war dem Treffen in Köln vorsorglich ferngeblieben, was der Vorsitzende der Medizinischen Kommission des IOC Alexandre de Merode spöttisch als »politische Erkrankung« wertete.[39]

Diese exemplarischen Einblicke in die Usancen der Dopinganalytik im Kalten Krieg verdeutlichen den verlorenen Posten, auf dem aufrichtige Dopingbekämpfer in dieser Zeit standen. Bemerkenswert ist jedoch nicht nur das Ausmaß, in dem die Ostblockländer sich teils wechselseitig beschützten und bekriegten. Hervorzuheben ist zudem eine deutsch-deutsche Kooperation, die über die gesamte Hochphase des Anabolika-Dopings in den 1970er und 1980er Jahren erstaunlich stabil blieb. Denn zum einen trafen Ärzte aus Bundesrepublik und DDR ohnehin in offizieller Funktion zusammen, so als Mitglieder der Ärztekommissionen internationaler Verbände. Zum zweiten tauschten sich führende bundesdeutsche Sportmediziner, wie Joseph Keul und Manfred Donike, aber auch ein West-Berliner Sportarzt regelmäßig vertraulich mit ihren ostdeutschen Standeskollegen aus – auch über Dopingfragen.

Nachdem etwa ein DDR-Bahnradfahrer des Dopings mit Ephedrin überführt worden war, konnte sich Manfred Donike im September 1978 gegenüber Manfred Höppner den Spott nicht verkneifen, diese Methode sei veraltet: »Er habe von den Verantwortlichen etwas anderes erwartet und nicht eine solche Stümperei.« Zudem deckte Donike einen Teil des DDR-Schwindels, denn er hatte auch »Spuren von Anabolen Substanzen gefunden«, aber »keine Meldung gemacht«, da er den DDR-Sportler »nicht noch zusätzlich belasten« wollte.[40] Auch Privateinladungen rahmten den Austausch beider Mediziner.[41] Beziehungen, deren präzise Natur noch ungewiss ist, bestanden zwischen der DDR-Sportmedizin und dem Institut für Kernforschung in Jülich, hier vor allem mit dem Arbeitsbereich von Professor Dr. Claus Frischkorn, der sich unter anderem mit der Stoffwechselforschung und Fragen des Abbaus von Anabolika im menschlichen Körper befasste. So reiste Höppner Ende Mai 1979 gemeinsam mit dem Leiter von Kreischa, Dr. Claus Clausnitzer, zum Hochsicherheitsbereich nach Jülich. Die Personalien waren zuvor beim mit Pistolen bewehrten Wachschutz hinterlegt worden, »die Verfahrensweise war ähnlich wie bei uns beim Betreten des ZK«, hielt Höppner fest. Die DDR-Besucher waren beeindruckt von der »Unmasse von neuesten Geräten«, davon fünf Massenspektrometer. Höppner gewann auf diese Weise Erkenntnisse »über die Verringerung der Arbeitsschritte am Dopinglabor in Kreischa«.[42]

Auch im Berliner Kosmos spielte sich ein ganz eigener Austausch ab. Der Internist Kurt Franke[43], der Leistungssportler in seinem Krankenhaus in Pankow in Ost-Berlin behandelte, traf sich regelmäßig mit einem West-Berliner Leistungsmediziner und berichtete hierüber als IM an die Staatssicherheit. So rapportierte er im März 1977 über einen Besuch an dessen West-Berliner Institut: Der Kollege sei für eine »Verdammung der Anabolika aus dem Trainings- und Sportmedizingeschehen«, da die »Wirkung dieser Medikamente in langer Sicht überhaupt noch nicht absehbar« sei. Zudem hoffe er, dass »es zu einer Konvention zwischen West und Ost gegen die Anwendung von Anabolika nach Art der Saltgespräche« komme, wozu Kontrollen während der Trainingsperioden notwendig seien.[44] Zugleich habe der West-Berliner Sportarzt jedoch illusionslos eingeräumt, dass die westdeutsche Sportmedizin gegenwärtig eher darauf zuhalte, Anabolika verstärkt anzuwenden. Man sei entschlossen, unbedingt mit den sozialistischen Ländern in dieser Frage gleichzuziehen, um die »bereits ›weggeschwommenen Felle‹ wieder zurück zu gewinnen«[45].

Streitfall »Zwangsdoping«

Bis heute bildet Doping einen essenziellen Streitpunkt in der deutschdeutschen Geschichte. Hierbei kreist die Debatte, die nur zum Teil wissenschaftlich, umso stärker publizistisch und als medialer Schlagabtausch geführt wird, primär um zwei Kernfragen: Ist es angemessen und zutreffend, das ostdeutsche Dopingsystem als »Zwangsdoping« zu bezeichnen? Und, zum zweiten: Ist tatsächlich »immer nur von Doping-Ost« die Rede, während die Aufarbeitung der entsprechenden Verfehlungen im westdeutschen Sport weitgehend unterbleibe beziehungsweise in der öffentlichen Auseinandersetzung und im kollektiven Gedächtnis ausgeblendet werde?

Der DDR-Sport bildet bis heute einen zentralen Bezugspunkt von Erinnerungsgemeinschaften, die weit über das Sportmilieu hinausreichen, da die Erfolgsbilanz im Spitzensport in der Tat beeindruckend war – und zudem ein Feld, in dem sich der zweite deutsche Staat als effizienter herausstellte als die Bundesrepublik. Ein Verweis auf unlautere DDR-Praktiken führt hier offenkundig zu einem »verletzten Gedächtnis«[46] und der reflexhaften Abwehr von Aufklärung als Versuch einer »Delegitimierung« des DDR-Sports oder des zweiten deutschen Staates als Ganzes. Seit den 1990er Jahren bis heute haben allerdings historische Untersuchungen sowie juristische Ermittlungen im Vorfeld der »Doping-Prozesse«[47] eine breite Aktenbasis genutzt und hervorgebracht, die nicht nur die Mechanismen des über den »Staatsplan 14.25« angeordneten Dopingsystems, sondern ebenso die Erlebnisse und Sichtweisen der Beteiligten dokumentiert. Dank der Materialien der Zentralen Ermittlungsstelle für Regierungs- und Vereinigungskriminalität (ZERV) liegen hierbei nicht nur die Aussagen der betroffenen Sportler und Sportlerinnen, sondern auch zahlreiche Einlassungen der beschuldigten Ärzteschaft, der Trainerinnen und Trainer sowie der Sportfunktionäre vor.[48] Dies ist für das historische Bild insofern von Bedeutung, als hier Verantwortliche des Staatsdopings zahlreiche Motive, Methoden und Verhaltensweisen einräumen, die in der Öffentlichkeit bis heute von ehemaligen Angehörigen des DDR-Sports und dessen Umfeld geleugnet oder heruntergespielt werden.

Es sind verschiedene neuralgische Punkte, die für die umstrittene historische Bewertung des Systems als »Zwangsdoping« zentral sind: Welche Rolle spielte Doping überhaupt in der DDR, waren die Medaillen nicht doch eher das Produkt der – in der Tat – überproportionalen staatlichen Sportförderung? In welchem Ausmaß waren Minderjährige in das System einbezogen? Wieweit wurden Aktive über die Präparate und mögliche Nebenwirkungen aufgeklärt? Wie stark war der Druck zum »Mitmachen«, wie begegnete man Dopingverweigerern? Und: Wie verhielten sich Sportfunktionäre, Ärzteschaft und Trainerstäbe, die um Schädigungen der ihnen anvertrauten Sportkader wussten?

Es gehört zu den verbreiteten Legenden, dass Doping nur eine nachrangige Rolle für das »Sportwunderland« gespielt habe: »Nicht Doping war vordergründig die Ursache für die Erfolge, sondern das Engagement aller Beteiligten, die an der Entwicklung des Sports mitwirkten, die Anwendung von wissenschaftlichen Kriterien in der Trainingsmethodik und der Wettkampfvorbereitung, eine hochkarätige staatliche Förderung auf allen Ebenen«, so eine entsprechende Darstellung.[49] Eine gänzlich andere Version berichtete ein hochrangiger DTSB-Funktionär im Rahmen der Doping-Prozesse: »Der Druck auf den Leistungssport war gewaltig. Ohne Anabolika waren die Aufträge nicht zu erfüllen.«[50] In der Tat, das belegt die interne Kommunikation im »Maschinenraum« der Sportdiktatur, war Doping in der DDR seit 1966 für alle Sportarten mit wenigen Ausnahmen staatlich angeordnet.[51]

Für den DDR-Sport galt zudem, was für Spitzensport überall auf der Welt zutrifft: Leistungsträger begannen hier ihre Laufbahn in der Regel als Kinder oder Jugendliche – weshalb die Betreuung der Kader von vornherein besonderen Schutzvorkehrungen unterliegen sollte. Dies nehmen auch Sportmediziner der DDR heute rückblickend für sich in Anspruch: »Grundsätzlich wurde eine Anabolikagabe bei jugendlichen Sportlern vor Abschluss der Reife als Kunstfehler und damit als nicht zulässig angesehen.« Dies sei nur in »Einzelfällen« missachtet worden.[52] Ähnlich äußerte sich auch einer der wichtigsten Sportfunktionäre der DDR, Thomas Köhler, in seiner Autobiografie: »Der Einsatz unterstützender, dem Doping zuzuordnender Mittel war ausschließlich für ausgewählte Kadersportler vorgesehen, die in der Regel erwachsen waren […]. Wenn Sportler bereits ab dem 16. Lebensjahr beteiligt wurden, geschah das vor allem unter Beachtung ihres biologischen Reifegrades und in besonderer Verantwortung und Kontrolle ihrer Sportärzte […]. Eine Anwendung von Doping bei jüngeren Sportlern war grundsätzlich nicht gestattet.«[53] In einer Aussage vor der ZERV offenbarte einer der höchstrangigen

Sportfunktionäre hingegen, was es mit der Formel von dem »biologischen Reifegrad«, der in Köhlers Biografie wie ein besonderer Schutzmechanismus erscheint, tatsächlich auf sich hatte: »Jugendliche waren Sportler zwischen 14 und 18 Jahren. Unter 16 Jahren durften generell keine Anabolika verabreicht werden. Andererseits hat man in die u.M. [unterstützende Mittel] Richtlinie den Terminus des biologischen Alters aufgenommen, damit man die feste Grenze von 16 Jahren für die Erstanwendung der Anabolika unterschreiten konnte.«[54] Die biologische Reife diente somit als Gummiformel, um die eigenen Vorgaben umgehen zu können.

Das Risiko massiver Nebenwirkungen war allen beteiligten Funktionären bewusst, wie ein weiterer Sportverantwortlicher in seiner Vernehmung betonte: »In den ersten Jahren war die Anwendung von u. M. sicherlich zum Teil ein Frevel. Im Gewichtheben wurde, wie hier schon gesagt, ›händeweise‹ mit u. M. gearbeitet.«[55] Selbst der leitende Sportmediziner Manfred Höppner warnte Anfang der 1980er Jahre, dass bei den Schwimmerinnen die »gegenwärtige Methode im Interesse der Sportler nicht weiter zu verantworten« sei. Es werde »notwendig, im kommenden Olympiazyklus nach neuen Mitteln und neuen Wegen zu suchen, die nicht derartige verheerende Auswirkungen nach sich ziehen. Weiterhin wäre es notwendig, daß ein bestimmter Teil, speziell der weiblichen Athleten für die Dauer von mindestens zwei Jahren von der Einnahme von Anabolika ausgeschlossen wird, damit sich die inneren Organe erst einmal wieder normalisieren und stabilisieren. Dies würde jedoch bedeuten, daß bei einigen folgenden internationalen Wettkämpfen, einschließlich EM und WM, auf einige Medaillen verzichtet werden müßte.«[56]

Doch hierzu war die Sportführung nicht bereit, alles blieb, wie es war. Während Höppner immerhin die Gefährdung ansprach, gingen DTSB-Funktionäre der Problematik nach eigenem Bekunden aus dem Weg. So erklärte ein Verantwortlicher rückblickend gegenüber der ZERV: »Ich habe schon befürchtet, dass es insbesondere bei jüngeren Sportlerinnen auch zu gravierenden Nebenwirkungen kommen konnte, aber ich habe die Verantwortung hierfür weggeschoben. Zu meiner eigenen Entlastung sagte ich mir, dass andere dafür zuständig seien, und da ich damals mit Arbeit sehr belastet war, flüchtete ich mich auch in die Überbeschäftigung und konnte mir sagen, dass ich keine Zeit dafür hatte, mich um das Problem der Nebenwirkungen zu kümmern. Heute mache ich mir deswegen große Vorwürfe.«[57] Auffällig ist, wie sich im Rahmen der justiziellen Ermittlungen die Vertreter der beteiligten Professionen und Amtsstellen die Verantwortung wechselseitig zuschoben: Während Funktionäre und Trainer argumentierten, es seien ja letztendlich die Ärzte gewesen, denen die Verantwortung für die Verschreibung der Präparate oblag, verweisen letztere darauf, dass die Höhe der Dosierung »trainingsmethodisch« bestimmt gewesen sei und sie mithin nur als »Erfüllungsgehilfen« der Sportpolitik agiert hätten.[58]

Unabhängig von der Frage der Nebenwirkungen wiegt es allerdings schwer, dass Sportmediziner mit der Verabreichung von pharmazeutischen Substanzen an Gesunde ihre Berufsethik verletzten. Die Beschuldigten verwiesen hier auf die Systemzwänge: »Ich hätte erhebliche berufliche Nachteile in Kauf nehmen müssen, wenn ich da nicht mitgemacht hätte, und war dem Staat quasi ausgeliefert. Das Wort Zivilcourage kenne ich, den Mut zur Umkehr hatte ich nicht.« Der Sohn des Mediziners sei bei der NVA, seine Frau in einem staatlichen Betrieb mit hohen Sicherheitsstandards beschäftigt gewesen, »und meine Tochter ging noch zur Schule. Meine Familie hätte mit erheblichen Schwierigkeiten rechnen müssen, wenn ich im Gesamtgefüge u. M. nicht mitgemacht hätte.«[59] Hier wird erkennbar, wie durch die Verschränkung von Staat und Sport und durch das Wechselspiel von Privilegien und der Angst vor ihrem Entzug die Verantwortlichen diszipliniert werden sollten.

Zum Mitmachen gehörte, dass Minderjährige grundsätzlich über die Art der ihnen verabreichten Substanzen zu täuschen waren. So legten »Prinzipien« für den Schwimmsport 1977 fest: »Bei Sportlern unter 18 Jahren wird die Legende Verabreichung von Vitaminen angewendet d. h. alles geschieht ohne Wissen der Betreffenden.«[60] Zudem störte der Staatssport gezielt die familiäre Kommunikation, indem den Heranwachsenden verboten wurde, über die Vergabe von Mitteln mit ihren Eltern zu sprechen. So räumte ein DTSB-Spitzenfunktionär ein: »Aber es war klar, dass Minderjährige nicht umfassend, und so wie es vielleicht erforderlich gewesen wäre, aufgeklärt werden konnten. Außerdem schärfte man den Jugendlichen ein, dass sie keinesfalls mit Dritten über die Medikamente sprechen durften, auch nicht mit ihren Eltern.«[61] Auch ein maßgeblicher Verbandsarzt bestätigte, »dass die Eltern generell außen vor waren. Es gab auch eine Weisung, dass Eltern nicht aufzuklären waren. Es war uns verboten, den Eltern etwas zu sagen.«[62] Eine Aufklärung, so erläuterte ein weiterer hauptverantwortlicher Funktionär, sei sogar laut einer schriftlichen Anweisung des Sportmedizinischen Dienstes (SMD) nicht gestattet gewesen. »Wenn Eltern im Einzelfall nachdrücklich Nachfrage hielten, wurde ihnen ausnahmsweise auch gesagt, dass ihr Kind Anabolika erhielt. Eine weitergehende Aufklärung erfolgte nicht. Sie durfte nicht erfolgen, weil die offizielle Version immer die war, dass in der DDR nicht gedopt wurde. Damit wäre die gesamte Geheimhaltung gefährdet gewesen.«[63]

Doch nicht nur Minderjährige und ihre Eltern wurden im Unklaren gelassen. Auch erwachsene Sportler erfuhren mitunter nicht, was sie erhielten – oder dass sie überhaupt gedopt wurden. Als Anfang der 1980er Jahre Ruderinnen und Skilangläuferinnen immer häufiger Doping ablehnten, wurden im Sportmedizinischen Dienst Pläne geschmiedet, »den Athletinnen diese Mittel ohne deren Wissen zuzuführen, beispielsweise in Getränken oder durch Mischung mit Vitaminspritzen«. Das hatte zur Folge, dass die Bezirkssportärztin von Halle Höppner daraufhin »provokatorisch die Frage stellte, ob er seine Tätigkeit noch mit seinem Gewissen als Arzt vereinbaren könne«.[64] Auch ein DTSB-Funktionär erklärte den Ermittlern, dass es eine »Sportart gab, bei der generell bekannt war, dass nicht gesagt wurde, was den Sportlern gegeben wurde«. Demnach bezog der Verbandsarzt für Skilauf junge Kader in die Dopingmaßnahmen ein, »ohne ihnen etwas über die ihnen verabreichten Medikamente zu sagen«.[65]

Derartig im Unklaren gelassen, erlebten junge Sportlerinnen die massiven Nebenwirkungen, wie etwa die Virilisierungserscheinungen, als umso verstörender. Einige suchten sogar einen Ausweg aus

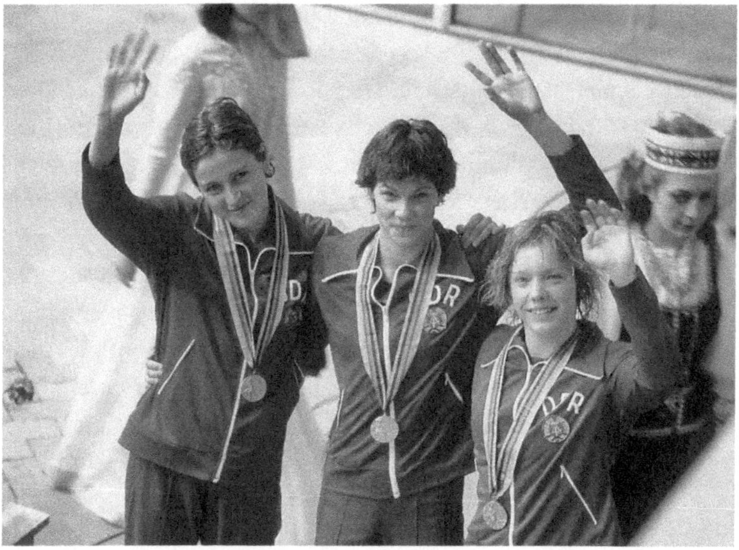

Die Schwimmerin Rica Reinisch (Mitte) nach ihrer dritten Goldmedaille im Juli 1980 in Moskau.

dem Sportsystem: So bemerkte Manfred Höppner während der Spiele in Montreal 1976 bei einer 19-jährigen Sprinterin »daß diese zum Rasieren gezwungen ist, die Oberschenkel an der Innenseite stark behaart sind und die Schamhaare bereits bis in die Nabelgegend reichen«. Obgleich sie eigentlich erst im Alter von 18 Jahren Anabolika hätte erhalten sollen, stellte sich heraus, dass sie »durch ihren Trainer seit ihrem 15. Lebensjahr mit derartigen unterstützenden Mitteln versorgt wurde. Anfangs wurde ihr erklärt, daß es sich lediglich um Vitamintabletten handelte, sie jedoch selbst körperliche Veränderungen feststellte und dahinterkam, daß es sich dabei bereits um Anabolika handelte.« Deshalb habe sie sich entschlossen, »mit dem Leistungssport nach den Olympischen Sommerspielen aufzuhören, um, wie sie sagte, nicht eines Tages so aussehen zu müssen wie die Dynamosportlerin M.«[66] Daraufhin stellte ihr Club sie vor die Alternative »entweder sie bleibt weiterhin im Leistungssport oder es wird ihr jegliche Unterstützung, auch in Bezug der Ablegung ihres Abiturs in zwei Jahren versagt«[67].

Eine solche Drohung war kein Einzelfall, auch die dreifache Goldmedaillengewinnerin von Moskau 1980 Rica Reinisch berichtete der Staatsanwaltschaft, wie sie bedrängt wurde, nachdem sie erfahren hatte, dass ihr Blut einen Überschuss an männlichen Hormonen aufwies und deshalb eine Entzündung des Eierstocks nicht abheilte. Aus Angst vor Folgeschäden wollte sie mit dem Sport aufhören. Doch ein hochrangiger DTSB-Funktionär »hat versucht, durch ein persönliches Gespräch meinen Entschluss rückgängig zu machen. Er setzte mich dahingehend unter Druck, indem er äußerte, dass ich mein Abitur und das darauffolgende Studium nicht wie geplant durchführen könnte.«[68] Solche Drohungen waren ernst zu nehmen, denn Bildung und Sport waren im SED-Staat nicht nur kommunizierende Röhren, sondern im Netz der Kinder- und Jugendsportschulen aufs Engste verzahnt.[69] Sobald die Autorität, die jedem Sportsystem ohnehin inhärent ist, zur Disziplinierung nicht mehr auszureichen schien, griffen im Fall des DDR-Sports weitere Repressionsmechanismen: die Entscheidung der Partei über Ausbildungs- und Berufswege oder auch informell ausgeübter Einfluss durch die Staatssicherheit.[70]

Anhand zahlreicher Akten und Aussagen wurde nachgewiesen, dass es im DDR-Sport zum »Kinderdoping«[71] und Doping Jugendlicher gekommen ist. Seit 1999 kümmert sich ein Doping-Opfer-Hilfeverein um die Geschädigten des DDR-Sports. Die Ergebnisse einiger Forschungsprojekte zu gesundheitlichen Langzeitfolgen ergaben, dass heutige physische Beeinträchtigungen als Spätschäden der Medikamentierung anzusehen sind, zudem gelten posttraumatische Belastungsstörungen als eine Konsequenz der repressiven Begleitumstände des Leistungssports der DDR.[72] Gedopt wurde in der Tat überall auf der Welt – doch gingen die Zumutungen im Sportsystem der DDR weit über die übliche Trainingsbelastung und die körperliche Beanspruchung durch »unterstützende Mittel« hinaus. Der vom Sporthistoriker und Pionier der DDR-Dopingforschung Giselher Spitzer geprägte Begriff des »Zwangsdopings« ist kritisiert worden, da ein Großteil der gedopten Sportler und Sportlerinnen hierin aus Ehrgeiz einwilligte. Prominente Beispiele hierfür gibt es genug – vom

Zehnkämpfer Christian Schenk bis zum Kugelstoßer Udo Beyer.[73] Allerdings fängt der von Spitzer gewählte Begriff sehr zutreffend ein, dass das Gesamtsystem von vorneherein auf eine Überwältigung der Einzelnen angelegt war – ideologisch, emotional und körperlich – und die Drohung staatlicher Repression diejenigen traf, die sich nicht bedenkenlos dem vorgezeichneten Weg anpassten. Insofern ist die Charakterisierung der Dopingpraxis in der DDR als staatliches Zwangssystem gerechtfertigt. Staatliche und sportliche Autoritäten forcierten über offizielle Hierarchien ebenso wie über informelle Einschüchterungen oder Erpressungen, auch durch Täuschungen, die Doping-Einnahme.

Der Ost-Berliner Chirurg Kurt Franke hielt im Nachgang des 10. Kongresses der Gesellschaft für Chirurgie der DDR (31. März–4. April 1975), bei dem am Rande off the record auch die »Problematik des Verabfolgens von anabolen Steroiden an Kinder und Jugendliche im Leistungstraining« Thema war, nach »Rücksprache mit einer Reihe von Ärzten« resümierend fest: »Die Erfahrung zeigt, daß junge Mädchen in ihrem Erscheinungstyp vermännlichen und daß diese Erscheinungen sich nicht zurückbilden, auch wenn man das Präparat absetzt. Das hat, das kann erhebliche Folgen für die spätere psychische Entwicklung und auch für die soziale Problematik hinsichtlich der Ehe haben.« Zudem mehrten sich »Anzeichen, daß Trainer im Erfolgsstreben unter Umgehung ärztlicher Ratschläge in unkontrolliert hohen Dosen Turinabol verabfolgen. Die Beschaffung ist ohne Schwierigkeiten möglich, da Rezepte auf den Namen anderer oder auch der Trainer selbst ausgestellt werden können. Das bringt natürlich die Möglichkeiten der ärztlichen Kontrolle von Steroidgaben völlig durcheinander.«

Sehr skeptisch sah er auch die politische Rechtfertigung des Vorgehens: »Über die ethische Seite der Steroidgaben zur Leistungssteigerung im sozialistischen Staat ließe sich feststellen, daß Menschen wegen eines kurzfristigen Leistungszieles oder Leistungsauftrages in ihrer körperlichen Konstitution und irreversibel verändert werden, was zu Rückwirkungen auf ihr soziales Gefüge in späteren Jahren führen kann. Faktisch werden die Eltern der Kinder und auch die älteren Jugendlichen selbst vor Gabe der Anabolika nicht über deren Folgen und die Auswirkungen auf ihr späteres Leben informiert. Das alles läßt sich sicherlich nicht mit dem beabsichtigten Zweck eines sportlichen Erfolges, der dem Ansehen unserer Republik nützlich ist, allein motivieren und verantworten. Letztendlich widerspricht der gegenwärtig geübte Modus der Anwendung von anabolen Steroiden im Leistungssport dem erklärten Ziel unserer Gesellschaftsordnung, alles für das Wohl und den Nutzen des Menschen zu tun.«[74]

Forschung zu Doping in der Bundesrepublik

Wie steht es um die Aufklärung des Dopinggeschehens in der alten Bundesrepublik? Sehr schlecht, glaubt man der Polemik von Dirk Oschmann zum Stand der deutschen Einheit.[75] Anders als es der Autor behauptet, sind mittlerweile zahlreiche Werke zur Dopingpraxis in der Bundesrepublik vorgelegt worden, von engagierten Dopingaufklärern in der Sportwissenschaft, der Sportsoziologie, der Geschichts- und der Rechtswissenschaft. Auch eine umfangreiche Studie, die laut Oschmann niemals erscheinen durfte, bietet hierzu bereits seit über zehn Jahren instruktive Einblicke für die breite Öffentlichkeit.[76] Auch eine weitere Einschätzung ist unzutreffend: Denn es ist gerade nicht so, dass die Dopingvergehen des Westens deshalb nicht publik gemacht würden, »weil sonst das bequeme Narrativ vom ausschließlichen Betrug durch die DDR obsolet erscheint«[77]. Das Gegenteil ist der Fall: Der Blick in den Abgrund der Doping-Verbrechen der DDR hat in der bundesdeutschen Öffentlichkeit, bei westdeutschen Sportfunktionären und auch in der akademischen Landschaft der Sportgeschichte den Blick für die Leistungsmanipulation im Westen deutlich geschärft. Das Bekanntwerden der Verfehlungen der SED-Diktatur provozierte eine Infragestellung des zuweilen heuchlerischen Wertehimmels und der Praktiken im organisierten bundesdeutschen Sport. Erst durch die erstaunlich freimütigen Erzählungen und Geständnisse Manfred Höppners im Magazin *Stern* über die Dopingpraxis in der DDR[78] im Dezember 1990 fühlten sich Sportler und Sportlerinnen ermutigt, ihre Dopingerfahrungen in der bundesdeutschen Leichtathletik kurz darauf im *Spiegel* erstmals ausführlich kundzutun und so ebenfalls eine Welle loszutreten.[79]

Die historischen Studien zu den Methoden des Dopings in der DDR, die in den 1990er Jahren erschienen, weckten ein breites Interesse, die verborgenen Strukturen im Westen ebenfalls offenzulegen – vor allem aber lieferte die beginnende »Aufklärung Ost« den notwendigen moralischen Impetus, um entsprechende Forschungsprojekte zum bundesdeutschen Spitzensport bei Förderern in Staat und Sport durchzusetzen. Dass dies nicht immer leicht war und Experten-Kommissionen auch hier auf eine »Mauer des Schweigens«[80] trafen, verdeutlicht das hohe Maß an Tabuisierung, mit dem dieser klandestine Bereich auch im Westen belegt ist. Anstatt die Erforschung der Doping-Vergehen der DDR zu beklagen, erscheint es mithin angemessener, der Tatsache Rechnung zu tragen, dass die historischen und juristischen Erkenntnisse über die ostdeutschen Machenschaften den Suchscheinwerfer schließlich auch nach Westen gerichtet haben und dort eine – wenn auch ebenso zähe – Aufklärung in einer institutionell gestützten Form anstießen.

Es ehrt hierbei die Verantwortlichen in der Bundesrepublik durchaus nicht, dass es erst des Zusammenbruchs des kommunistischen Machtblocks bedurfte, um vor der eigenen Tür zu kehren. Die »Evaluierungskommission Freiburger Sportmedizin« wurde hierbei von der Kriminologin Letizia Paoli geleitet, die nicht zufällig als Expertin für mafiöse Strukturen zu Rate gezogen wurde.[81] Das Gremium kam zu dem Schluss: »Auch in der Bundesrepublik Deutschland haben öffentlich finanzierte Sportinstitutionen die Einhaltung von Sportprinzipien, der medizinischen Ethik und der damit verbundenen Sportregeln und staatlichen Gesetze sowie die Gesundheit von hunderten Spitzenathleten und die Karrierechancen von tausenden anderen Athleten dem nationalsportlichen Erfolg geopfert.«[82] Zudem verlief die Aufklärungsarbeit ausgesprochen konfliktreich und wurde vom Gutachter-Team als »David-gegen-Goliath«-Kampf wahrgenommen.[83] Die Freiburger Kommission hielt etwa fest, wie Joseph Keul, von 1974 bis zu seinem Tod im Jahr 2000 Leiter der Freiburger

Abteilung Sportmedizin und damit der »einflussreichste« Sportarzt Deutschlands, »erheblich zur Legitimierung des Gebrauchs und der Vergabe von Dopingmitteln und anderer Pharmaka zum Zweck der Leistungssteigerung im westdeutschen und nach 1989 im gesamtdeutschen Sport«[84] beitrug. Ein zweiter zentraler Protagonist, Armin Klümper, seit 1976 Leiter der Sport-Traumatologischen Spezialambulanz der Freiburger Universitätsklinik, von 1977 bis 1989 dort außerplanmäßiger Professor und später Leiter einer für ihn erbauten Privatklinik, erledigte laut Gutachterbericht »jahrzehntelang die ›schmutzige Arbeit‹ für westdeutsche Sportverbände«. Mit »seinen unverantwortbaren Medikamentencocktails« brachte er demnach viele Sportler und Sportlerinnen »ohne Rücksicht auf mögliche gesundheitliche Spätfolgen« zum Erfolg. Doch sah die Kommission die Verantwortung nicht nur bei den Ärzten: »Die Gier vieler Politiker und Beamter nach Medaillen hat Praktiken im Leistungssport ermöglicht und gefördert, die nicht nur für die Gesundheit der betroffenen Sportler schädlich waren, sondern auch für die Integrität des Sports mit seiner Vorbild- und Erziehungsfunktion.«[85]

Doping in West und Ost – Differenzen und Parallelen

Es ist nicht unerheblich, ob ein junger Sportler in der Diktatur oder in der Demokratie in das Räderwerk des Leistungssportsystems geriet. Denn zwar gab (und gibt) es bedenkliche Abhängigkeitsverhältnisse im bundesdeutschen Sport gegenüber Trainer- und Ärzteschaft. Gewalt und Missbrauch, das sind Lehren nicht erst der jüngsten Zeit, begleiten weltweit auf unheilvolle Weise den Leistungsdruck. Doch waren die Sportkader der Bundesrepublik nicht wie in der DDR von einem diktatorischen System umringt, das sie schon an der Kinder- und Jugendsportschule überwachte, ideologisch indoktrinierte und ihr Privatleben ausforschte und beeinflusste. Zudem waren die Informationsmöglichkeiten in einer Diktatur mit ihren parteilich gelenkten Medien und politisch vorsortierten Bibliotheksbeständen extrem limitiert. So gelang es selbst einem akademisch vorgebildeten Athleten in den 1980er Jahren nicht, in der Bücherei Informationen über Oral-Turinabol zu erlangen.[86] Ein Schwimmer versuchte aus ähnlichen Gründen, die ihm verabreichten Substanzen von Freunden, die Medizin studierten, analysieren zu lassen.[87]

Ist also die Doping-Erfahrung Ost von vorenthaltener Information geprägt, so konstatiert der Kommissionsbericht Freiburg für die Dopingpraxis im Schwarzwald eher ein erstaunliches Maß an Leichtfertigkeit der Athleten. »Kritisieren muß man allerdings auch, dass kaum einer der Patienten danach fragte, was Klümper an ›Cocktails‹ injizierte.« Aus der Sicht vieler war »Klümper ein Guru, Wunderheiler, Wunderdoktor«.[88] Ebenso wie in der DDR stellten sich nicht wenige erwachsene Sportler auch in der Bundesrepublik offenbar allzu gerne dem Sportbetrug zur Verfügung. Als Armin Klümper 1984 ein Ermittlungsverfahren wegen des Verdachts des »Betrugs zum Nachteil von Krankenkassen durch Rezeptmanipulation«[89] zu gewärtigen hatte, stellten sich prominente Sportstars vor ihn und sammelten Spenden, darunter Eberhard Gienger sowie Dieter und Uli Hoeneß. Und auch wenn der Kenntnisstand über Doping, die Palette der Substanzen und die möglichen gesundheitlichen Gefahren in der Bundesrepublik der 1970er Jahre noch nicht so verbreitet war wie heute, hatten Sportlerinnen und Sportler hier doch grundsätzlich die Chance, sich zu informieren – und viele taten dies auch. Zumal es eine öffentliche Debatte gab – ein weiterer eklatanter Unterschied zur SED-Diktatur. So schlug die Leichtathletin Brigitte Berendonk[90] bereits im Jahr 1969 Alarm, als sie in dem Artikel »Züchten wir Monstren? Die hormonale Muskelmast« für die Wochenzeitung *Die Zeit* die Dopingmethoden in Ost und West skandalisierte.[91] Sie und ihr Ehemann, der Molekularbiologie und Krebsforscher Werner Franke, griffen zudem öffentlich wiederholt aus ihrer Sicht verantwortungslose Sportärzte wie Joseph Keul an, unter anderem 1977 in der ZDF-Sendung *Aktuelles Sportstudio*. Während ebenfalls im Jahr 1977 der Deutsche Sportbund und das NOK in Grundsatzerklärungen der medikamentösen Leistungssteigerung offiziell eine Absage erteilten, gab sich einer der wichtigsten Sportärzte der Bundesrepublik, Armin Klümper, nonchalant, und erklärte, er werde auf Wunsch weiter Anabolika verschreiben, da man in einer Demokratie lebe und die Athleten mündig seien.[92]

In der DDR konnte hingegen nicht offen, geschweige denn öffentlich, über Dopingpraktiken sowie Umfang und Zumutbarkeit der Maßnahmen gesprochen werden. Einzelne Warner und Mahner im Sportapparat blieben hier regelmäßig ohne Resonanz. Die Absicherung des Dopingsystems durch ein Höchstmaß an Vertraulichkeit sollte das sportethische Image der DDR nach außen bewahren. Doch trotz aller informatorischer Abschirmung, der Lügen gegenüber den gedopten Kindern, den Verschwiegenheitserklärungen, die Trainer und erwachsene Sportlerinnen und Sportler unterschrieben, und aller VS-Stempel auf Doping-Konzeptionen sprach sich die Praxis doch herum: Schon unmittelbar nach den Olympischen Spielen von Montreal 1976 mehrten sich die Fälle, wie Manfred Höppner festhielt, in denen misstrauisch gewordene »Eltern wegen der Verabreichung von Medikamenten bei den Sportärzten vorsprechen« und »Auskunft haben wollten über die Schädlichkeit anaboler Steroide«.[93] Spätestens in den 1980er Jahren zögerten besorgte Mütter und Väter immer häufiger, ihren Nachwuchs auf die Kinder- und Jugendsportschulen zu entsenden, sodass sich ernsthafte Rekrutierungsprobleme im Spitzensport einstellten. Ein »untergründiger« Dopingdiskurs führte in den 1980er Jahren demnach dazu, dass »in besonders dopingverdächtigen Sportarten zunehmend Plätze in Trainingszentren und KJS unbesetzt blieben«.[94]

Eine erstaunliche Einmütigkeit herrschte zwischen Ost und West, wenn es darum ging, den Sportbetrug vor sich selbst und dem eigenen Umfeld zu rechtfertigen: Hier griff die magische Formel von der »Chancengleichheit«, die unbedingt wiederhergestellt werden müsse, da ja der Sportgegner ohnehin dope.[95] Die »Behauptung der Nachteilsvermeidung« überstand auch die Epochenzäsur und die deutsche Einheit im Sport: »Wir müssen mitbetrügen«, erklärte dementsprechend 1992 der für die NOK-Präsidentschaft kandidierende Jurist und Schwimmverbandspräsident Harm Beyer.[96]

Und auch eine zweite Rechtfertigung durchzieht die Argumentationsmuster in der Bundesrepublik wie in der DDR, hier speziell

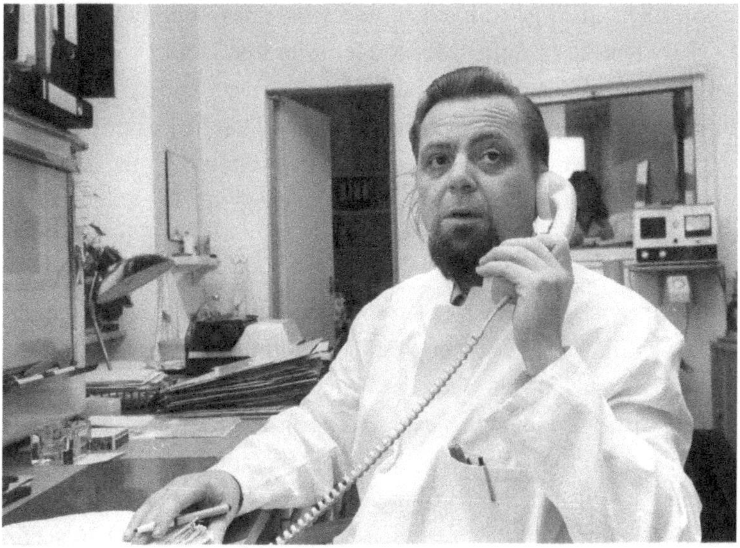

Auch die Dopingpraxis des Freiburger Sportarztes Armin Klümper wird heute als ethisch verwerflich und strafrechtlich relevant angesehen.

aufseiten der Sportärzte. Denn diese verstießen mit der Gabe von Medikamenten an Gesunde gegen Grundsätze ihres Berufsstandes. Auf beiden Seiten der Mauer behalf man sich deshalb mit der rhetorischen Volte, dass hierdurch Schlimmeres verhütet werde: Klümper sah sich berechtigt, einem Athleten zu verordnen, »ohne was er nicht auszukommen glaubt. Dabei habe ich wenigstens die Dosierung der Muskelpille unter Kontrolle, was ein geringeres Risiko für negative Wirkungen bedeutet.«[97] Das Argument wurde spätestens durch den Tod der Siebenkämpferin Birgit Dressel ad absurdum geführt, die an einer Mixtur zahlreicher Medikamente als Patientin von Klümper starb – ein Skandal auch im bundesdeutschen Sport.[98] Sinngemäß gleichlautend wird seit dem Fall der Mauer die Dopingpraxis in der DDR mit dem Argument verteidigt, wie hier von damals tätigen Sportmedizinern: »Wenn gedopt werden soll, weil alle dopen; dann wenigstens unter strikter Beschränkung und fachlicher Aufsicht.«[99] Dass jedoch auch in der DDR eine derartige Protektion durch Kontrolle nicht griff, ist anhand mindestens eines Todesfalls noch zu DDR-Zeiten, der beständigen Klagen Manfred Höppners über Doping-bedingte Gesundheitsschäden bei Sportlern und Sportlerinnen und der zahlreichen Berichte über »wildes« Doping im Sportapparat der DDR belegt. So verdeutlicht ein neues Gutachten zur Dopingpraxis, dass gerade das Abweichen von den eigenen Leitlinien zu den charakteristischen Merkmalen der Dopinganwendung in der DDR gehörte.[100]

Paoli weist schließlich in ihrer Studie auf die verbreitete sprachliche Camouflage in Ost wie West hin: »Während in der DDR-Sportmedizin für anabole Steroide der Begriff ›unterstützende Mittel‹ verwendet wurde, benutzten westdeutsche Sportmediziner Begriffe wie Substitution, Prophylaxe, Regeneration, Therapie.«[101]

Mittlerweile existiert ein fundierter Forschungsstand zu Doping-Ost *und* Doping-West, wobei die Materialgrundlage zur DDR schon allein deshalb sehr viel umfangreicher ausfällt, weil der Apparat der Sport-Diktatur, insbesondere die Staatssicherheit, Kilometer von Berichten hinterlassen hat. Hierzu gibt es im Westen kein Pendant. Zudem haben die Dopingprozesse eine dichte Quellenbasis geschaffen. Schließlich ist eine weitere deutliche Asymmetrie in der Aufklärung Ost gegenüber der Aufklärung West zu konstatieren: Während die Verantwortlichen für Doping in der DDR juristisch zur Rechenschaft gezogen wurden, erfolgte keine strafrechtliche Verfolgung der Vergehen, die Dopingärzte in der Bonner Republik bis 1989/90 begingen – obgleich auch hier nach Ansicht von Letizia Paoli der Tatbestand der Körperverletzung vielfach erfüllt war.[102]

6 SPORTLER ZWISCHEN OST UND WEST

Im deutsch-deutschen Konkurrenzkampf gab es einige legendäre Duelle, wie den Zieleinlauf der 4-mal-100-Meter-Staffel bei Olympia 1972, als Heide Rosendahl für das bundesdeutsche Team überraschend DDR-Star Renate Stecher schlagen konnte. Die wohl am häufigsten erinnerte Situation dürfte jedoch der Torschuss von Hamburg sein, als Jürgen Sparwasser bei der Fußballweltmeisterschaft von 1974 den 1:0 Treffer gegen die DFB-Elf im Hamburger Volksparkstadion erzielte. Bis heute wird der Magdeburger mit dem sensationellen Sieg der DDR über die Bundesrepublik identifiziert. Unbekannter ist dagegen die Fortsetzung seiner persönlichen Geschichte: 1988 setzte er sich bei einem Altherrenturnier in Saarbrücken in die Bundesrepublik ab. In seinen Memoiren hat er diese Entscheidung beschrieben, auch die harte Repression, die anschließend seine Familie in der DDR traf.[1] Seine hochschwangere Tochter wurde zwölf Stunden von der Staatssicherheit verhört; schließlich protestierte Dr. Ottfried Hennig, Staatssekretär im Innerdeutschen Ministerium, in Ost-Berlin gegen diese Form der »Sippenhaft«.

Das Genre der Sportler-Biografien bleibt, zumindest hinsichtlich bundesdeutscher Sportidole, häufig darauf fixiert, mit welch persönlichem Ehrgeiz und Entbehrungen Spitzenleistungen möglich wurden. Nur selten wird reflektiert, auf welche institutionelle und informelle Weise die Sportstars in ihr soziales, politisches oder wirtschaftliches Umfeld eingebunden waren. Eine wichtige Ausnahme stellte jüngst die Lebensgeschichte von Gerd Müller dar, dessen Biograf Hans Woller den Aufstieg und Fall des Fußballhelden mit der Geschichte des FC Bayern und den Untiefen der bayerischen Landespolitik zu verknüpfen wusste.[2] Memoiren und Biografien ehemaliger DDR-Stars sind hingegen in der Mehrzahl dadurch gekennzeichnet, dass sie – zuweilen kursorisch, viel häufiger aber ausführlich und mit Verve, Zorn oder Betroffenheit – auf die politischen Verhältnisse ihrer ehemaligen Sportheimat eingehen und auf die Konflikte, die sie durchstehen mussten – aber auch auf ihre persönliche Haltung zum Realsozialismus.[3] In der Tat kann man in diesem, auf den ersten Blick der Unterhaltungsbranche zuzurechnenden Publikationsfeld sowohl Beispiele von Konversions- wie Kontinuitätsbiografien ausmachen.[4] Es sind ungewöhnliche Einblicke in Sportlerleben, wie man sie sich in den westdeutschen Bundesländern wohl lange Zeit nicht ausmalen konnte. Auf der einen Seite genossen die »Diplomaten im Trainingsanzug« zahlreiche Privilegien, nicht nur hinsichtlich ihres Lebensstandards, sondern auch in Bezug auf die Möglichkeit, über Wettkämpfe ins sogenannte Nichtsozialistische Wirtschaftsgebiet (NSW) reisen zu können und damit Teile der Welt zu sehen, die für normale DDR-Bürger in hoffnungslos unerreichbarer Ferne lagen.

Doch gerieten nicht wenige Athletinnen und Athleten in persönliche Grenzsituationen, da das SED-Regime ihnen eine besondere Loyalität abverlangte. Hierzu zählten Bekenntnisse bei öffentlichen Foren, politische Schulungen – spöttisch als »Rotlichtbestrahlung« bezeichnet – sowie der rabiate Druck, in die omnipräsente Partei einzutreten. Zugleich waren alle Nationalkader und ihr Nachwuchs einer schonungslosen Durchleuchtung ihres Privatlebens und Sportalltags unterworfen: Auf der Tagesordnung standen Interventionen des Geheimdienstes in Freundschaften, Liebesbeziehungen und familiäre Bande, Denunziationen unter Sportkameraden und die erzwungene Verleugnung von im Westen lebenden Angehörigen. Zudem ging der Dopingkonsum mit einer Vielzahl von Belastungen einher: körperliche Veränderungen, Ausreisekontrollen, Schweigeerklärungen. Unbotmäßigkeit innerhalb des Systems konnte in letzter Konsequenz zur abrupten Ausdelegierung führen, zur geheimdienstlichen »Zersetzung«, sogar zu Gefängnisstrafen – wie im Fall des Radsportlers Wolfgang Lötzsch, dem mangelnde Parteitreue und kritische Bemerkungen eine Haftstrafe eintrugen.

Im Sport erfolgreich zu sein, forderte somit einen seelischen Tribut, der mitunter weit über die Belastungen eines harten Trainingsplans hinausging. Es gab deshalb immer wieder Einzelne, die dem SED-Regime den Rücken kehrten und ihr Heil im Westen suchten, in allen Dekaden und in allen Sportarten. Der SED-Staat begegnete abtrünnigen »Goldkindern« mit besonderer Härte, da es für das Sportwunderland ein schwerer Imageschaden war, wenn ein sozialistisches Idol es vorzog, den weiteren Lebensweg und womöglich auch die eigene Sportkarriere im Land und Trikot des »Klassenfeindes« fortzusetzen. Die Schicksale der »Sportverräter« stellen nicht allein individuelle Erfahrungen dar – vielmehr sind hier die grundlegenden Konflikte des Leistungssports in der Zeit des Kalten Krieges biografisch verdichtet.[5] Deshalb kann die Geschichte der Sportlerfluchten auch als ein Negativ-Film der deutsch-deutschen Sportbeziehungen zwischen 1949 und 1989 betrachtet werden.

So hatte der spätere Bundestrainer der Fußballnationalmannschaft und Weltmeister von 1974, der Dresdner Helmut Schön, bereits 1950 seine Heimat verlassen, gemeinsam mit anderen Spielern des Dresdner SC. Ihr Motiv war zum einen die Enttäuschung darüber, dass der Traditionsverein und ehemalige Deutsche Meister – wie alle Vereine in der DDR – seiner Vergangenheit aus politischen Gründen entledigt und in eine sozialistische Sportgemeinschaft umgewandelt wurde. Zudem hatte man den – wohl zutreffenden – Eindruck, im Endspiel um die DDR-Meisterschaft aus politischen Gründen um den Titel betrogen worden zu sein, zugunsten der sozialistischen Vorzeigemannschaft ZSG Horch Zwickau.[6] Nach einer Zwischenstation in West-Berlin bei Hertha BSC setzte der »Mann mit der Mütze« seine Laufbahn in Wiesbaden und im Saarland fort, ehe er zum bis heute erfolgreichsten Bundestrainer aufstieg.

Seitenwechsler in der gesamtdeutschen Mannschaft

Hing der Entschluss von Helmut Schön, die DDR zu verlassen, also eng mit der Umwandlung der Fußball-Landschaft in einen sozialistischen Staatssport zusammen, so erlebten Manfred Steinbach und Karin Balzer die politischen Belastungen der Zeit der gesamtdeutschen Olympiamannschaften, die von 1956 bis 1964 währte, am eigenen Leib. Der Leichtathlet Manfred Steinbach ließ den Alptraum der DDR-Sportführung wahr werden, dass ein geflüchteter Sportler sich umgehend in den Dienst der Bonner Sportpolitik stellen würde. Seit 1953 im DDR-Nationalkader, nahm der Europarekordler 1956 im DDR-Mannschaftsteil des gesamtdeutschen Teams an den Spielen in Melbourne teil, schied allerdings im Vorlauf aus. 1958 folgte er seinen Eltern nach West-Berlin und später in die Bundesrepublik, da er die SED-Herrschaft und insbesondere den politischen Bekenntniszwang für Sportler ablehnte.[7] Bei den nächsten gesamtdeutsch beschickten Olympischen Sommerspielen in Rom 1960 trat Steinbach im bundesdeutschen Mannschaftsteil an und übersprang als erster Deutscher die Acht-Meter-Marke. Doch der gesamtdeutsch abgerechnete Erfolg ließ die DDR-Sportführung nicht seinen politischen Seitenwechsel vergessen. Die ostdeutschen Teammitglieder wurden gemaßregelt, Steinbach keinesfalls die Hand zu geben, da man einen »republikflüchtigen Sportler nicht mehr in der sonst üblichen Weise begrüßt« oder »sonst mit ihm Kontakt herstellt, wie es im Rahmen der gesamtdeutschen Mannschaft zu allen anderen westdeutschen Sportlern notwendig« sei.[8] Dabei ließ es der Parteiapparat nicht bewenden: Im Rahmen einer ideologischen Disziplinierungswelle fand im Oktober 1958 ein politischer Schauprozess gegen Steinbachs ehemaligen Leichtathletik-Trainer vom SC Wissenschaft Halle, Walter Richter, statt. In dem von der Staatssicherheit inszenierten Verfahren wurde dem Angeklagten eine Vorbereitung der Flucht zur Last gelegt, das Urteil zu mehrjähriger Zuchthausstrafe diente als »Lehre« für den DDR-Sportapparat und die Bevölkerung.[9] Bereits hier zeichnete sich ein Muster ab, das sich in den kommenden Jahrzehnten mehrfach wiederholen sollte: Nicht nur die Geflüchteten traf der Bannstrahl der ideologischen Verdammung, sondern auch ihr Umfeld, das mitverantwortlich gemacht und stellvertretend abgestraft wurde.

Auch Karin Richert (später Balzer) feierte einen glänzenden Erfolg als ostdeutsches Teammitglied in der gesamtdeutschen Mann-

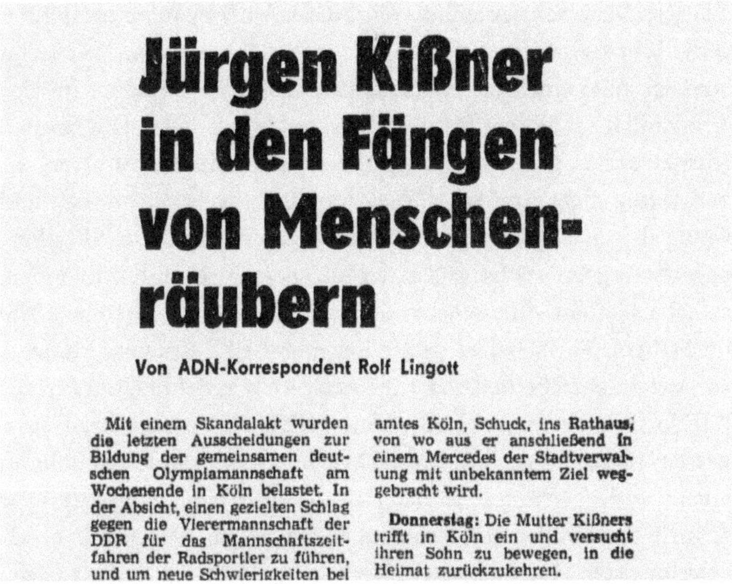

Jürgen Kißner in den Fängen von Menschen-räubern

Von ADN-Korrespondent Rolf Lingott

Mit einem Skandalakt wurden die letzten Ausscheidungen zur Bildung der gemeinsamen deutschen Olympiamannschaft am Wochenende in Köln belastet. In der Absicht, einen gezielten Schlag gegen die Vierermannschaft der DDR für das Mannschaftszeitfahren der Radsportler zu führen, und um neue Schwierigkeiten bei

amtes Köln, Schuck, ins Rathaus, von wo aus er anschließend in einem Mercedes der Stadtverwaltung mit unbekanntem Ziel weggebracht wird.

Donnerstag: Die Mutter Kißners trifft in Köln ein und versucht ihren Sohn zu bewegen, in die Heimat zurückzukehren.

In der SED-Presse wurde die Flucht des Radsportlers Jürgen Kissner als »Menschenraub« dargestellt.

schaft: In Tokio 1964 errang sie die Goldmedaille im Hürdenlauf. Sechs Jahre zuvor war sie mit ihrem Lebensgefährten und Trainer Heinz Balzer nach Ludwigshafen geflüchtet, wo das Paar einen sportlichen und privaten Neubeginn plante. Doch die Staatssicherheit nötigte ihren Vater, sie gemeinsam aufzusuchen und umzustimmen.[10] Unter Druck kehrten beide in die DDR zurück. In der Öffentlichkeit wurden sie als reuige Sünder präsentiert, die enttäuscht von der Kälte des Kapitalismus den Rückweg in die DDR angetreten hätten.[11] Trotz ihres olympischen Erfolgs 1964 und weiterer sportlicher Triumphe für die DDR sollte Karin Balzer während ihrer gesamten sportlichen Laufbahn unter enger Beobachtung der Staatssicherheit bleiben.[12]

Bereits das Vorfeld der Olympischen Spiele in Tokio hatte den Schauplatz eines dramatischen Geschehens geliefert. Im Radsport fanden Ausscheidungskämpfe statt, die entschieden, ob der DDR-Bahnrad-Vierer oder ein bundesdeutsches Team sich für die gesamtdeutsche Mannschaft qualifizieren würde. Am Wettkampfort in Köln verließ der zweimalige DDR-Meister Jürgen Kissner vom TSC Berlin heimlich über einen Lastenaufzug das Mannschaftsquartier im Hotel Mondial am Kölner Dom und versteckte sich bei einem Freund. Kissner war aufgrund der »bürgerlichen Existenz« seines Vaters, eines Arztes, nicht zum Sportlehrer-Studium zugelassen worden und wollte sich diesen Wunsch nun im Westen erfüllen. Die SED-Propaganda suggerierte hingegen, der Radsportler sei entführt worden, es habe sich ein »Menschenraub am Kölner Dom«[13] ereignet. Wie im Fall von Karin Balzer wurde ein Elternteil – Kissners Mutter – von der Staatssicherheit gedrängt, nach Köln zu fahren, um ihn zur Rückkehr zu bewegen. Doch »flehte« die Mutter nicht »vergebens«, wie ein Kölner Boulevard-Blatt schrieb, sondern riet ihrem Sohn in einem unbeobachteten Moment zum Verbleib.[14] Als Sportler war Kissner auch in der Bundesrepublik erfolgreich, 1966 wurde er Vizeweltmeister. Doch begleitete ihn der Verdacht, ein Spion zu sein, vor allem, nachdem er bei den Olympischen Spielen in Mexiko 1968 einen Fahrfehler begangen hatte und der bundesdeutsche Bahnvierer disqualifiziert worden war. Die deutsche Boulevardpresse beschuldigte ihn, ein Agent aus dem Osten zu sein, der »Sabotage« geübt habe – ein Misstrauen, mit dem Flüchtlinge im Sport aufgrund des deutsch-deutschen Geheimdienstkrieges damals zwangsläufig leben mussten.[15]

Fluchthelfer und Überwachung

Eine weitere Propagandafigur war die der »Abwerbung«: Um nicht einräumen zu müssen, dass es Unzufriedenheit mit dem DDR-System war, die Leistungsträger außer Landes getrieben hatte, verbreitete die SED in der Regel die Legende, diese seien von »Menschenhändlern« in den Westen gelockt worden. Das Gros der Fluchtfälle kam hingegen aus eigener Initiative zustande. Gleichwohl gab es mitunter Fluchthelfer, und im Fall des Skispringers Ralph Pöhland steckte sogar der bundesdeutsche Skiverband dahinter: Denn seit den Winterspielen in Grenoble 1968 wurden die olympischen Auszeichnungen der beiden deutschen Staaten erstmals getrennt abgerechnet. Kurz vor Beginn der Spiele war Ralph Pöhland, große Hoffnung in der Nordischen Kombination, aus einem Trainingslager im schweizerischen Les Brassus geflüchtet, er sprang nachts vom Balkon seines Mannschaftshotels. Unter dem Fenster wartete im startbereiten Porsche bereits der bundesdeutsche Ski-Weltmeister Georg Thoma, in den frühen Morgenstunden erreichten sie die Grenze bei Basel. Während Pöhland froh war, der Enge des Leistungssportsystems wie der gesamten DDR zu entkommen, freuten sich westdeutsche Funktionäre, dass die DDR beim ersten olympischen Kräftemessen einen Goldkandidaten weniger aufbieten konnte. Pöhlands Eltern traf die Rache des SED-Staates, beide verloren ihre Arbeit, Angehörige und ihr Umfeld wurden mit Inoffiziellen Mitarbeitern des MfS infiltriert.[16]

Anders als im Fall Pöhland ereignete sich die Flucht von Wolfgang Thüne spontan und ohne Planung. Bei den Turnweltmeisterschaften im Oktober 1974 in Bulgarien war der Olympiadritte von 1972 seinem bundesdeutschen Konkurrenten Eberhard Gienger unterlegen. Das hatte gravierende Folgen: Das Trainingsregime wurde härter und risikoreicher: »Beim Reckabgang hätte ich mir zweimal fast das Genick gebrochen.«[17] Zudem setzte in dieser Zeit die verstärkte Dopinggabe ein, Thüne musste eine Schweige-Erklärung über den Erhalt der Pillen unterzeichnen. Doch auch bei der Kunstturn-Europameisterschaft ein Jahr später im Bern belegte er nur einen hinteren Platz und befürchtete nun weitere Disziplinarmaßnahmen für sein sportliches »Versagen«. Spontan bat der DDR-Turner deshalb am Abend des Abschlussbanketts im Waschraum seinen Rivalen Eberhard Gienger um Hilfe, um sich von der Mannschaft absetzen zu können. Gienger brachte ihn in seinem Auto über die Grenze zu Freunden nach Emmendingen und kehrte zur Feierlichkeit zurück, um kein Aufsehen zu erregen. Tatsächlich berichteten beide erst 24 Jahre später öffentlich über diese Fluchthilfe. Denn Thüne wollte das DDR-Regime nicht weiter provozieren und Gienger war besorgt, nicht mehr bei Wettbewerben in Ostblockländern antreten zu dürfen, etwa bei Olympia 1980 in Moskau.[18] Die Familie Thüne in der

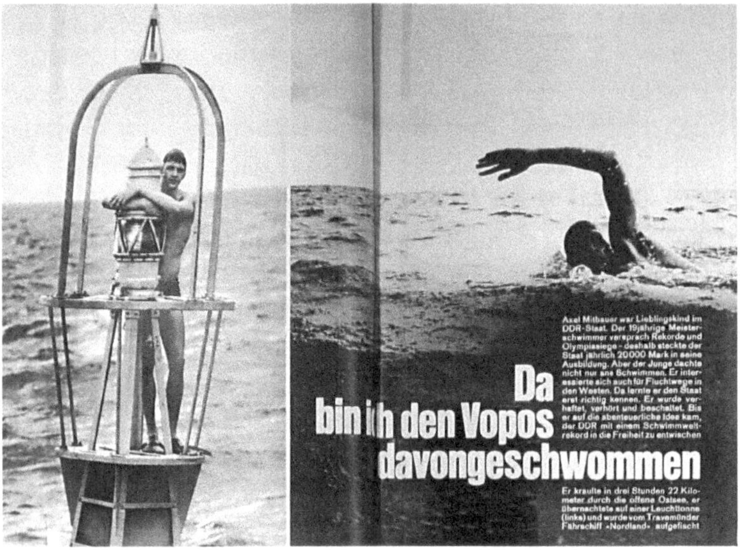

Die Flucht von Axel Mitbauer über die Ostsee erregte im Westen großes mediales Interesse, wie hier in der Zeitschrift *Stern*.

DDR erlebte verschiedene Stufen der Drangsalierung, von Verhören bis zur Verwanzung der Wohnung. Zudem zog die Flucht einen Fall politischer Justiz nach sich: Wegen »Fahnenflucht« wurde der Sportler des Armeesportklubs Vorwärts Potsdam von einem Militärgericht in Abwesenheit zu zwölf Jahren Zuchthaus verurteilt.

Bereits Jahre zuvor war das Überwachungssystem im Sport perfektioniert worden. Denn die Staatsfunktionäre trieb notorisch die Sorge vor »Republikfluchten« um, als unmittelbarer Auslöser für die sicherheitspolitische Verschärfung wirkte ein außergewöhnlicher Coup des Schwimmers Axel Mitbauer. Der DDR-Meister und Nationalkader von 1967 nutzte seine eigene Sportart, um den Begrenzungen des SED-Staates zu entkommen. Nach einem gescheiterten Fluchtplan hatte er sieben Wochen als Untersuchungshäftling der Staatssicherheit in Berlin-Hohenschönhausen verbracht, zudem lebenslanges Sportstätten- und Sportverbot erhalten und sah keine Perspektive mehr. Am Abend des 17. August 1969 gelang es ihm, unbemerkt von den Suchscheinwerfern an der Küste des westlichsten Badeorts der DDR, in Boltenhagen, ins Wasser zu gehen. Sich an den Sternen orientierend, erreichte der ausgebildete Langstreckenschwimmer nach 22 Kilometern die Lübecker Bucht, wo er sich auf einer Leuchtboje ausruhte. Eine Passagierfähre nahm ihn an Bord.[19] Das Ministerium für Staatssicherheit ordnete mit Verweis auf diesen »Grenzdurchbruch« umgehend an, dass künftig »alle Verbindungen eines jeden Leistungssportlers lückenlos aufgeklärt werden«[20] sollten, auch im »Freizeitbereich« – hiermit war endgültig der Weg zur omnipräsenten Bespitzelung der Sportkader beschritten, die das Leistungssportsystem bis zu seinem Ende kennzeichnen sollte.[21]

Medienkrieg und Damnatio Memoriae

Zudem geriet Mitbauers Flucht zu einem wüsten Medienkrieg zwischen Ost und West. Kaum war er in Lübeck angekommen, wurde er von Vertretern der Illustrierten *Stern* in einem Hotel versteckt. Dies war nicht als Schutz vor den Häschern der Staatssicherheit gedacht, sondern als Abschirmung vor der Konkurrenz von der *Bild-Zeitung*. Denn beide Blätter wetteiferten um Exklusivrechte bei spektakulären Fluchten aus der DDR; der *Stern* stellte schließlich Mitbauers Flucht in einer Fotoreportage nach.[22] Die hohe Presse-Resonanz im Westen beantwortete die DDR mit einer konsequenten Ächtung der verlorenen Spitzenkader, als Paria tilgte man sie aus der öffentlichen Erinnerung. Der geflohene Schwimmer Jens-Peter Berndt verschwand aus den Rekordlisten des *Deutschen Sportechos*.[23] Den 1965 von den Lesern der *Jungen Welt* zum Sportler des Jahres gewählten Leichtathleten und Weltrekordler Jürgen May, der 1967 versteckt im Kotflügel eines amerikanischen Straßenkreuzers über die ungarisch-österreichische Grenze gebracht wurde, ersetzte die Redaktion umgehend durch den zweitplatzierten Fußballer Peter Ducke.[24] Nach dem Fall der Mauer stellte Wolfgang Thüne bei einem Ehemaligen-Treffen des ASK Vorwärts Potsdam fest, dass ihn sein Heimatclub aus dem Mannschaftsfoto der Olympischen Spiele 1972 herausgeschnitten hatte. Eine ähnliche Szene erlebte der 1979 über Jugoslawien geflüchtete Fußballtrainer Jörg Berger, als er in den 1990er Jahren die Fotogalerie seines Heimatclubs FC Carl Zeiss Jena entlangging: »Nur meine Krawatte war noch da. Da sieht man, wie viel Angst dieses System hatte. Der Mann, der das Fotokabinett pflegte, sagte: ›Jörg, du weißt doch, wie das war, was hätte ich denn machen sollen? Die Stasi sagte eben: Der Kopf muss weg!‹«[25] Auch der Redakteur der ostdeutschen *Fußballwoche,* Günter Simon, erinnert sich gut an die rigide Praxis: »Immer, wenn irgendjemand wieder weggeblieben war, dann kriegten wir das zunächst nur dadurch mit, dass uns eine Mitteilung auf den Tisch flatterte: Sofort die und die Bilder aus dem Verkehr ziehen. Da wussten wir sofort: Der ist nicht mehr da.«[26]

Jörg Berger gehörte zu den »Sportverrätern« im Fußball. in dieser Sportart musste die DDR einige schmerzliche Verluste hinnehmen.[27] Besonders kompromittierend erschien es für den Minister für Staatssicherheit Erich Mielke, wenn Kicker der vom Geheimdienst mitgetragenen Sportvereinigung Dynamo das Weite suchten. Da sich einige einschlägige Vorkommnisse ereigneten, war in DDR-Stadien zuweilen der Fan-Spott »Willst Du in den Westen türmen, mußt Du für Dynamo stürmen« zu hören. Bis heute nicht aufgeklärt ist der Unfalltod des ehemaligen Dynamo-Stürmers Lutz Eigendorf, der sich 1979 absetzte und dann bei Kaiserslautern, später Eintracht Braunschweig anheuerte. Offiziell erschien nur eine Randnotiz über sein Verschwinden.[28] Doch im Geheimen rollte eine großangelegte Racheaktion der Staatssicherheit an: 40 Stasi-Mitarbeiter folgten Eigendorf an seinen neuen Wohnort und dokumentierten minutiös seinen Alltag, die Stasi fotografierte seine Freundin beim Einkaufen und den Klingelknopf seiner Haustür.[29] Das MfS setzte zudem einen »IM Romeo« auf seine in der DDR lebende Ehefrau an, der sie zur Scheidung drängte, mit ihr die Ehe schloss und eine Familie gründete.[30] Der mysteriöse Tod Eigendorfs am 5. März 1983 bei einem Autounfall ist bis heute ungeklärt, trotz eines Mord-Geständnisses und verdächtiger Stasi-Notizen über ein »Verblitzen« konnte eine Beteiligung des MfS nicht eindeutig nachgewiesen werden. Die Staatssicherheit streute bei Fußballern gezielt selbst das Gerücht, dass sie für den Tod verantwortlich sei – eine offenkundige Abschreckungsmaßnahme für DDR-müde Athleten.[31] Doch folgten Eigendorf weitere BFC-Spieler in den Westen, noch im Jahr seines Todes flüchteten Falko Götz und Dirk Schlegel vor einem Europapokalspiel gegen Partizan Belgrad in die bundesdeutsche Botschaft und konnten schließlich mit dem Nachtzug von Ljubljana nach München ausreisen.[32] Jörg Berger warnte die Neuankömmlinge, nicht den gleichen Fehler wie Lutz Eigendorf zu begehen, der in Interviews offen die DDR kritisiert hatte. Mithin achtete Falko Götz darauf, nicht als politischer Flüchtling zu gelten, stattdessen betonte er sein sportliches Anliegen, einmal in der Bundesliga spielen zu wollen. Doch zog die Staatssicherheit auch um ihn ein engmaschiges Überwachungsnetz – wie eng, erfuhr er erst nach dem Fall der Mauer, als er Einsicht in seine Opfer-Akte bei der Behörde des Bundesbeauftragten für die Unterlagen des Staatssicherheitsdienstes nehmen konnte. Sein neues Heim im Westen war detailliert ausspioniert worden, auf seine Eltern in der DDR waren persönliche Freunde als Spitzel angesetzt.

Doping-Enthüllungen

Als besonders brisant und gefährlich galten aus Sicht der SED-Machthaber diejenigen »Republikfluchten«, die zu Enthüllungen über die Dopingmethoden der DDR führen konnten. Bereits im Jahr 1978 war es zu einem ersten solchen Fall gekommen, als die Leichtathletin Renate Neufeld nach ihrer Ankunft im Westen ausführlich nicht nur über Anabolika berichtete, sondern auch über die Repression, die zuweilen mit der Mittelvergabe einherging.[33] Ein Jahr später bestieg die Schwimmerin Renate Vogel, Weltrekordlerin und Olympia-Zweite von 1972 in München, unter falscher Identität ein Flugzeug von Budapest nach München. Das waghalsige Unternehmen war der Endpunkt einer langen Entfremdung zwischen Vogel und dem Sportsystem. Hierzu hatten die stetig zunehmenden medizinischen Leistungsmanipulationen beigetragen, über die Vogel und ihre Schwimmkameradinnen nicht aufgeklärt wurden, weshalb sie sich lange Zeit als »Versuchskaninchen« fühlten. Nach ihrer Ankunft in der Bundesrepublik war das Medieninteresse groß, weltweit berichteten Magazine über die Einzelheiten, die Vogel über die Trainings- und Dopingmaßnahmen der DDR berichten konnte. Vogels Ehemann, der entgegen ihrer Hoffnung nicht ausreisen durfte, musste wegen »Mitwisserschaft«[34] eine Gefängnisstrafe verbüßen. Ihre in einem Fleischkombinat arbeitende Mutter wurde sozial geächtet, an ihrem Arbeitsplatz sammelten Kollegen Unterschriften gegen die »schändliche Haltung« der »Tochter unserer Kollegin Ingeburg Vogel« und verurteilten »aufs Schärfste den Verrat«.[35]

Der Druck zu dopen war ebenso ein Faktor, der den Schwimmer Frank Hoffmeister, großes Nachwuchstalent und Mitglied der B-Nationalmannschaft der DDR, belastete: Er bat einen befreundeten Trainer, der zugleich Medizin studierte, für ihn die Pillen zu analysieren. Der warnte ihn umgehend vor möglichen Leberschäden. In Rom wagte Hoffmeister im Mai 1984 einen Fluchtversuch – und scheiterte zunächst: Nachdem es ihm gelungen war, sich vom Wettkampfort unbemerkt zu entfernen und zur bundesdeutschen Botschaft durchzuschlagen, wurde er hier mit der barschen Mitteilung zurückgewiesen, die Vertretung sei sonntags geschlossen, er möge am nächsten Tag erneut vorsprechen. Nach einer unruhigen Nacht, die er ins Mannschaftslager zurückgekehrt verbrachte, erhielt er am nächsten Tag die erhoffte Hilfe.[36] Nach Hoffmeisters Flucht resümierte ein Inoffizieller Mitarbeiter der Staatssicherheit, welche Insiderkenntnisse der Schwimmer über das Doping-System der DDR besaß, darunter, dass es »keine Aufklärung«[37] der Sportler über die Art der verabreichten Mittel und schwere Nebenwirkungen gebe. In der Bundesrepublik setzte Hoffmeister seine Sportkarriere fort und erzielte 32 deutsche Rekorde und 16 Meistertitel sowie einen dritten Platz bei der WM 1986. Doch bekam er auch zu spüren, dass der Erhalt der sportdiplomatischen Beziehungen zum Teil schwerer wog als persönliche Bestleistung. So entstand mehrfach der Eindruck, dass westdeutsche Schwimmverbands-Funktionäre ihn für bestimmte Wettkämpfe nicht nominierten, um die DDR nicht zu düpieren.[38] »Wieder einmal bekommt ein Sportler, der vom Osten in den Westen Deutschlands wechselte, zu spüren, daß mit seinem Weggang von drüben sein Leben hüben längst noch nicht normal verläuft«[39], kommentierte die *Frankfurter Allgemeine Zeitung* die Entscheidung, ihn nicht bei einem Internationalen Schwimmfest in Bonn antreten zu lassen. Und Hoffmeister selbst entschied sich, im Sommer 1985 nicht an der EM in Sofia teilzunehmen, da er und sein Trainer den Zugriff von Behörden oder Geheimdienst im Ostblock fürchteten – auf eine »Sicherheitsgarantie« des bulgarischen Schwimmverbandes wollte er sich nicht verlassen.[40] Nach der Vereinigung im deutschen Sport kritisierte Hoffmeister, dass dopingbelastete Trainer und Ärzte der DDR ihre Laufbahn im bundesdeutschen Sport problemlos fortsetzen konnten.[41]

»Störenfriede« in Ost und West

Ein anderer, der im Westen nicht uneingeschränkt willkommen geheißen wurde, war Wolfgang Schmidt, Diskuswerfer, Weltrekordler und Silbermedaillengewinner der Olympischen Spiele 1976 in Montreal.[42] Das Ausnahmetalent vom SC Dynamo Berlin widersetzte sich wiederholt der politischen Gängelung durch den Staatssport, auch wenn Erich Mielke persönlich versuchte, ihn auf den staatskonformen Weg zurückzuführen.[43] Als Schmidt schließlich sogar seine Flucht plante, hatte die Protektion durch Mielke ein Ende. Unvorsichtig hatte der Leichtathlet seine Pläne einem West-Berliner Geschäftsmann anvertraut, der jedoch als Inoffizieller Mitarbeiter der Staatssicherheit zuarbeitete.[44] Am 5. Oktober 1982 wurde Wolfgang Schmidt von einem Militärgericht zu 18 Monaten Gefängnis verurteilt. Allerdings musste die SED-Sportführung nun auch lernen, dass die internationale Sportszene eine globalisierte Öffentlichkeit darstellte, unter deren Augen man einen Spitzenathleten nicht einfach unbemerkt verschwinden lassen konnte. Im Juni 1983, anlässlich der ersten Leichtathletik-Länderkämpfe der USA gegen die DDR, musste sich Verbandspräsident Georg Wieczisk auf einer Pressekonferenz den bohrenden Fragen der Reporterschar stellen – und machte sich prompt lächerlich. Nach dem Aufenthaltsort von Schmidt befragt, erwiderte der Funktionär, die DDR sei ein Land mit 17 Millionen Einwohnern, da könne man nicht so genau wissen, wo jeder Einzelne sich befinde.[45] Wolfgang Schmidt, das wusste die Sportführung, saß zu dieser Zeit immer noch in Haft. Nach seiner Entlassung wurden Ausreiseanträge bewusst verschleppt, da aus Sicht der Partei Schmidt mit 32 Jahren für die »DDR-Diskuswerfer eine echte Konkurrenz« werden könne. Aus diesem Grund war Ewald »nicht dafür, daß eine offizielle Ausreise erteilt wird«.[46] Ende des Jahres 1987 wurde schließlich seinem vierten Ausreiseantrag nachgegeben – so terminiert, dass er sich nicht mehr für die Olympischen Spiele in Seoul 1988 nominieren lassen konnte.

Doch war es ohnehin nicht so, dass der westdeutsche Sport den Weltklasseathleten mit offenen Armen empfing. So sollte Schmidt zunächst keine Starterlaubnis beim Leichtathletik-Vergleich der deutschen Verbände am 19./20. Juni 1988 in Düsseldorf erhalten. Die DDR protestierte gegen seinen Start, und zunächst schien sich der westdeutsche DLV dem Druck zu fügen. Denn der erste direkte Wettkampf zwischen Bundesrepublik und DDR sollte nicht durch die Präsenz eines »Republikflüchtlings« gefährdet werden. Doch Innenminister Friedrich Zimmermann rief die Leichtathleten zur politischen Räson, sodass der Start schließlich dennoch gestattet wurde. Schließlich kam es aufgrund der Weigerung des DDR-Siegers Jürgen Schult, sich vom zweitplatzierten Wolfgang Schmidt zur Gratulation die Hand reichen zu lassen, zum Eklat.[47]

Wie ein geheimer Draht zwischen den NOK-Chefs Willi Daume und Manfred Ewald zeigt, versuchte der westdeutsche Sport anschließend rasch, die Wogen zu glätten. Zwei der führenden Sportjournalisten aus Ost und West trafen in der Nähe des Kurfürstendamms zusammen. Zweck des Treffens war, wie der Journalist aus Ost-Berlin festhielt, die DDR-Sportführung »in einer Art ›Geheimdiplomatie‹« über »die Haltung von BRD-Sportführern zum Fall Schmidt zu informieren«. Demnach bedauerten es Willi Daume, DSB-Chef Hans Hansen und NOK-Mitglied Bertold Beitz »außerordentlich, dass es im Falle von Schmidt zu einem sportpolitischen Eklat kam. Für sie ist danach Schmidt ebenfalls ein Fremdkörper. Doch aus Gründen der ›öffentlichen Meinung‹ und des Einflusses von CSU-Innenminister Friedrich Zimmermann sei die jetzige Regelung zustande gekommen.«[48] Flüchtlinge im Sport waren mitunter Störenfriede nicht nur in Ost, sondern auch in West: Denn die DDR ahndete solche Fälle mit der Absage von Sportveranstaltungen im mühsam ausgehandelten deutsch-deutschen Sportkalender. Und tatsächlich quittierte die DDR das Auftreten Schmidts in Düsseldorf sogleich in der Kalendergestaltung für das Jahr 1989: Ein zwischen DTB und DTV abgesprochener Vergleich im Kunstturnen wurde kurzfristig abgesagt. Hans Hansen erklärte nun sogar öffentlich, dass er den Fall Schmidt als »reine Belastung«[49] ansehe, wie er den Sportinformationsdienst wissen ließ. Die »Republikflucht« von Athleten aus der DDR wurde vom bundesdeutschen Sport der 1980er Jahre mithin nicht primär als individuelles Entkommen aus einer Diktatur bewertet. Vielmehr sorgten sich die Funktionäre um die potenzielle Sprengkraft, die der Einsatz eines von der SED geächteten DDR-Bürgers für die innerdeutschen Sportbeziehungen und die Entspannungspolitik haben konnte.

Ein wahres Propaganda-Feuerwerk entfachte die parteigesteuerte Presse, als im Sommer 1988 der ehemalige Skispringer Hans-Georg Aschenbach nach einem Mattenspringen in Hinterzarten nicht in die DDR zurückkehrte. Der Olympiasieger von Innsbruck 1976 hatte anschließend Medizin studiert und in der Funktion als Arzt die Skisprung-Nationalmannschaft nach Baden-Württemberg begleitet. Der Geheimdienst fürchtete, dass er als Sportler wie Sportmediziner »umfangreiche Kenntnisse über die Anwendung unterstützender Mittel« besaß und »in der Lage« sei, »den Gegner über die Situation in der DDR in den Wintersportarten zu informieren«.[50] Nachgewiesenermaßen existierten Pläne, ihn mit Gewalt in die DDR »zurückzuführen«. Die Stasi hatte längst seinen neuen Wohnort in Freiburg erkundet – aber aus unbekannten Gründen wurde der Plan nicht umgesetzt.[51] Im Sommer 1989 kam es zum von der DDR-Sportführung befürchteten Szenario: Aschenbach berichtete ausführlich in der *Bild-Zeitung* über die Dopingmethoden der DDR. Er gab an, dass er selbst bei seinem Gold-Sieg gedopt gewesen sei und dass es »Kinderdoping« in der DDR gebe. Als Reaktion begann nun eine Diffamierungskampagne in mehreren Stufen: Der Pressesprecher des NOK bezeichnete ihn in einem Artikel als einen »von Egozentrik, Ehrgeiz und Unkollegialität zerfressenen Menschen«[52]. Die FDJ-Zeitung *Junge Welt* publizierte zudem auf einer ganzen Seite Stellungnahmen von Sportstars wie Kristin Otto, Jens Weißflog und Renate Stecher, die Aschenbach als geldgierig und Lügner verdammten.[53] Das Getöse dieser öffentlichen Abwehrschlacht lief allerdings parallel zu einer klammheimlichen und blitzschnellen Reaktion der Dopingverantwortlichen, die sich durch Aschenbachs Enthüllungen ertappt fühlten: In einer Nacht- und Nebel-Aktion verlegte die für die Doping-Verteilung zuständige Filiale des Sportmedizinischen Dienstes ihren Sitz.[54] Ein ehemaliger Mitarbeiter berichtete in den 1990er Jahren der ZERV, »dass bis zur Flucht von Dr. Aschenbach die Dienststelle des SMD, Leistungssport II […] in Berlin, Czarnikauer Str. 21 war. Dort lagerten alle Unterlagen, die u. a. sich mit der Problematik ›uM‹ befassten sowie die oben genannten ›uM‹-Medikamente. Der Grund des Umzuges in die Heysestr. in Berlin-Friedrichshain war einzig allein die Flucht des Dr. Aschenbach (NVA-Offizier, Skisportler und Sportarzt). Man befürchtete […] Anschläge auf das Büro des Leistungssports II/SMD bei gleichzeitiger Absicherung der Hauptzentrale in der Chausseestr. Auch sämtliche oben erwähnte Unterlagen wurden in die Heysestr. überführt.«[55]

Auch das öffentliche Bild von Skispringer Hans-Georg Aschenbach, sollte eliminiert werden: Bis heute ist im Wintersportmuseum Oberhof das Foto des 1976 in Innsbruck erfolgreichen Teams zu bewundern, in dem sein Gesicht durch das einer anderen Person überklebt wurde. Auch ein Denkmal für den Skisportler in Oberhof wurde geschleift.[56] Bis heute ist seine Heimat gespalten: »Wenn ich nach Hause fahre, ist der halbe Ort für mich und der halbe Ort ist gegen mich.«[57] Ein Podium im Jahr 2011 mit seiner Beteiligung in Suhl mobilisierte Hunderte von lokalen Zuhörern. Die Wortgefechte demonstrierten, welche Langzeitwirkung das Lagerdenken des Kalten Krieges sowie die SED-Propaganda bis heute entfalten.[58]

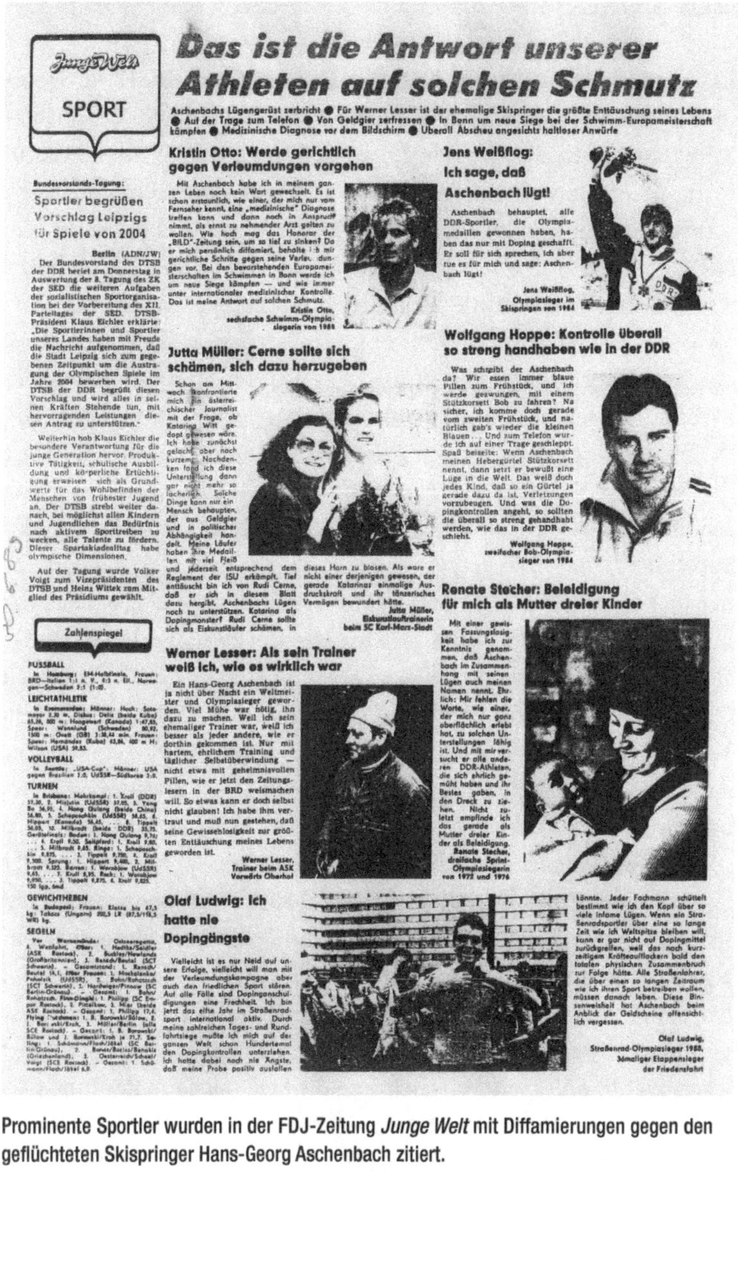

Junge Welt

SPORT

Das ist die Antwort unserer Athleten auf solchen Schmutz

Aschenbachs Lügengerüst zerbricht ● Für Werner Lesser ist der ehemalige Skispringer die größte Enttäuschung seines Lebens ● Auf der Trage zum Telefon ● Von Geldgier zerfressen ● In Bonn um neue Siege bei der Schwimm-Europameisterschaft kämpfen ● Medizinische Diagnose vor dem Bildschirm ● Überall Abscheu angesichts haltloser Anwürfe

Bundesvorstands-Tagung:

Sportler begrüßen Vorschlag Leipzigs für Spiele von 2004

Berlin (ADN/JW) Der Bundesvorstand des DTSB der DDR beriet am Donnerstag in Auswertung der 8. Tagung des ZK der SED die weiteren Aufgaben der sozialistischen Sportorganisation bei der Vorbereitung des XII. Parteitages der SED. DTSB-Präsident Klaus Eichler erklärte: „Die Sportlerinnen und Sportler unseres Landes haben mit Freude die Nachricht aufgenommen, daß die Stadt Leipzig sich zum gegebenen Zeitpunkt um die Austragung der Olympischen Spiele im Jahre 2004 bewerben wird. Der DTSB der DDR begrüßt diesen Vorschlag und wird alles in seinen Kräften Stehende tun, mit hervorragenden Leistungen diesen Antrag zu unterstützen."

Weiterhin hob Klaus Eichler die besondere Verantwortung für die junge Generation hervor. Produktive Tätigkeit, schulische Ausbildung und körperliche Ertüchtigung erweisen sich als Grundwerte für das Wohlbefinden der Menschen von frühester Jugend an. Der DTSB strebt weiter danach, bei möglichst allen Kindern und Jugendlichen das Bedürfnis nach aktivem Sporttreiben zu wecken, alle Talente zu fördern. Dieser Spartakiadealltag habe olympische Dimensionen.

Auf der Tagung wurde Volker Voigt zum Vizepräsidenten des DTSB und Heinz Wittek zum Mitglied des Präsidiums gewählt.

Zahlenspiegel

FUSSBALL

LEICHTATHLETIK

VOLLEYBALL

TURNEN

GEWICHTHEBEN

SEGELN

Kristin Otto: Werde gerichtlich gegen Verleumdungen vorgehen

Mit Aschenbach habe ich in meinem ganzen Leben noch kein Wort gewechselt. Es ist schon erstaunlich, wie einer, der mich nur vom Fernseher kennt, eine „medizinische" Diagnose treffen kann und dann noch in Anspruch nimmt, als ernst zu nehmender Arzt gelten zu wollen. Wie hoch mag das Honorar der „BILD"-Zeitung sein, um so tief zu sinken? Da er mich persönlich diffamiert, behalte ich mir gerichtliche Schritte gegen seine Verleumdungen vor. Bei den bevorstehenden Europameisterschaften im Schwimmen in Bonn werde ich um neue Siege kämpfen — und wie immer unter internationaler medizinischer Kontrolle. Das ist meine Antwort auf solchen Schmutz.

Kristin Otto, sechsfache Schwimm-Olympiasiegerin von 1988

Jens Weißflog: Ich sage, daß Aschenbach lügt!

Aschenbach behauptet, alle DDR-Sportler, die Olympiamedaillen gewonnen haben, haben das nur mit Doping geschafft. Er soll für sich sprechen, ich aber tue es für mich und sage: Aschenbach lügt!

Jens Weißflog, Olympiasieger im Skispringen von 1984

Jutta Müller: Cerne sollte sich schämen, sich dazu herzugeben

Schon am Mittwoch konfrontierte mich ein österreichischer Journalist mit der Frage, ob Katarina Witt gedopt gewesen wäre. Ich habe zunächst gelacht, aber nach kurzem Nachdenken fand ich diese Unterstellung dann gar nicht mehr so lächerlich. Solche Dinge kann nur ein Mensch behaupten, der aus Geldgier und in politischer Abhängigkeit handelt. Meine Läufer haben ihre Medaillen mit viel Fleiß und jederzeit entsprechend dem Reglement der ISU erkämpft. Tief enttäuscht bin ich von Rudi Cerne, daß er sich in diesem Blatt dazu hergibt, Aschenbachs Lügen noch zu unterstützen. Katarina als Dopingmonster? Rudi Cerne sollte sich als Eiskunstläufer schämen, in dieses Horn zu blasen. Als wäre er nicht einer derjenigen gewesen, der gerade Katarinas einmalige Ausdruckskraft und ihr tänzerisches Vermögen bewundert hätte.

Jutta Müller, Eiskunstlauftrainerin beim SC Karl-Marx-Stadt

Wolfgang Hoppe: Kontrolle überall so streng handhaben wie in der DDR

Was schreibt der Aschenbach da? Wir essen immer blaue Pillen zum Frühstück, und ich werde gezwungen, mit einem Stützkorsett Bob zu fahren? Na sicher, ich komme doch gerade vom zweiten Frühstück, und natürlich gab's wieder die kleinen Blauen ... Und zum Telefon wurde ich auf einer Trage geschleppt. Spaß beiseite: Wenn Aschenbach meinen Hebergürtel Stützkorsett nennt, dann setzt er bewußt eine Lüge in die Welt. Das weiß doch jedes Kind, daß so ein Gürtel ja gerade dazu da ist, Verletzungen vorzubeugen. Und was die Dopingkontrollen angeht, so sollten die überall so streng gehandhabt werden, wie das in der DDR geschieht.

Wolfgang Hoppe, zweifacher Bob-Olympiasieger von 1984

Werner Lesser: Als sein Trainer weiß ich, wie es wirklich war

Ein Hans-Georg Aschenbach ist ja nicht über Nacht ein Weltmeister und Olympiasieger geworden. Viel Mühe war nötig, ihn dazu zu machen. Weil ich sein ehemaliger Trainer war, weiß ich besser als jeder andere, wie er dorthin gekommen ist. Nur mit hartem, ehrlichem Training und täglicher Selbstüberwindung — nicht etwa mit geheimnisvollen Pillen, wie er jetzt den Zeitungslesern in der BRD weismachen will. So etwas kann er doch selbst nicht glauben! Ich habe ihm vertraut und muß nun gestehen, daß seine Gewissenlosigkeit zur größten Enttäuschung meines Lebens geworden ist.

Werner Lesser, Trainer beim ASK Vorwärts Oberhof

Renate Stecher: Beleidigung für mich als Mutter dreier Kinder

Mit einer gewissen Fassungslosigkeit habe ich zur Kenntnis genommen, daß Aschenbach im Zusammenhang mit seinen Lügen auch meinen Namen nennt. Ehrlich: Mir fehlen die Worte, wie einer, der mich nur ganz oberflächlich erlebt hat, zu solchen Unterstellungen fähig ist. Und mit mir versucht er alle anderen DDR-Athleten, die sich ehrlich gemüht haben und ihr Bestes gaben, in den Dreck zu ziehen. Nicht zuletzt empfinde ich das gerade als Mutter dreier Kinder als Beleidigung.

Renate Stecher, dreifache Sprint-Olympiasiegerin von 1972 und 1976

Olaf Ludwig: Ich hatte nie Dopingängste

Vielleicht ist es nur Neid auf unsere Erfolge, vielleicht will man mit der Verleumdungskampagne aber auch den friedlichen Sport stören. Auf alle Fälle sind Dopinganschuldigungen eine Frechheit. Ich bin jetzt das elfte Jahr im Straßenradsport international aktiv. Durch meine zahlreichen Tages- und Rundfahrtsiege mußte ich mich auf der ganzen Welt schon Hundertemal den Dopingkontrollen unterziehen. Ich hatte dabei noch nie Ängste, daß meine Probe positiv ausfallen könnte. Jeder Fachmann schüttelt bestimmt wie ich den Kopf über so viele infame Lügen. Wenn ein Straßenradsportler über eine so lange Zeit wie ich Weltspitze bleiben will, kann er gar nicht auf Dopingmittel zurückgreifen, weil das nach kurzzeitigem Kräfteaufflackern bald den totalen physischen Zusammenbruch zur Folge hätte. Alle Straßenfahrer, die über einen so langen Zeitraum wie ich ihren Sport betreiben wollen, müssen danach leben. Diese Binsenweisheit hat Aschenbach beim Anblick der Geldscheine offensichtlich vergessen.

Olaf Ludwig, Straßenrad-Olympiasieger 1988, 30maliger Etappensieger der Friedensfahrt

Prominente Sportler wurden in der FDJ-Zeitung *Junge Welt* mit Diffamierungen gegen den geflüchteten Skispringer Hans-Georg Aschenbach zitiert.

»ZOV Sportverräter«

Es war Sommer 1989, als einer der größten Stars des DDR-Sports in den Fängen ungarischer Grenzer hängenblieb: Die Weltklasse-Schwimmerin und mehrfache Olympiasiegerin und Weltrekordlerin Kornelia Ender wollte gemeinsam mit ihrem Ehemann, dem Bobsportler Steffen Grummt, und zwei Töchtern ihre Heimat verlassen, nachdem die Familie zuvor jahrelang vom MfS ausspioniert worden war. Ender arbeitete mittlerweile als Physiotherapeutin beim SC Motor Zella-Mehlis in Suhl.[59] Grummt war im Zuge von Einsätzen mit der Bob-Nationalmannschaft ins Blickfeld der Stasi geraten, als er »Westkontakte« mit bundesdeutschen Sportlern gepflegt hatte. Gemeinsam mit dem Leiter des ASK Oberhof und dem Trainer legte die Stasi im Rahmen einer Operativen Personenkontrolle (OPK) schließlich fest, Grummt zum frühestmöglichen Zeitpunkt »aus der Sportmannschaft Bob zu entfernen«[60]. Im Frühjahr 1989 fassten Ender und Grummt den Entschluss, im Sommer über Ungarn aus der DDR zu flüchten. Doch nun gerieten sie zum zweiten Mal in das Visier des Geheimdienstes. Als der Vater von Kornelia Ender, zugleich Oberst des Wehrkreiskommandos Bitterfeld der NVA, auf privatem Weg von den Fluchtplänen des Ehepaars Kenntnis erhielt, »ging er zur Stasi und teilte das mit, als wir schon in Ungarn waren. Wir haben das nicht mitbekommen«, so Grummt 2013.[61] In der Nacht vom 5. auf den 6. August versuchten Grummt und Ender sich entlang der Grenze auf österreichisches Gebiet durchzuschlagen, gemeinsam mit ihren zehn- und vierjährigen Töchtern: »Vier Zäune hatten wir bereits durchschnitten, sind dann aber im letzten Moment geschnappt worden.«[62] Das Verhör durch die ungarische Grenzpolizei verlief glimpflich, doch folgten, nachdem sie nach Thüringen zurückgekehrt waren, weitere Vernehmungen durch die Staatssicherheit.[63] Eine permanente Beobachtung nahm nun immer offenkundigere Ausmaße an: abgerissene Telefongespräche, Überwachungsfahrzeuge der Stasi vor der Haustür.

Am 1. November 1989 reichten Grummt und Ender schließlich einen offiziellen Ausreiseantrag bei Rechtsanwalt Wolfgang Vogel in

Berlin ein, einen Tag vor der Bewilligung fiel die Mauer, dennoch wollte die Familie nicht mehr bleiben – eine neue Heimat fand sie Anfang 1990 in Rheinland-Pfalz. In einem vielbeachteten Zeitungs-Artikel machte Grummt nach Einsicht in seine Stasi-Opfer-Akte im Jahre 1993 alle 17 Spitzel, die auf ihn angesetzt waren, namentlich öffentlich.[64] Bis heute ist Grummt erzürnt, wie sehr das DDR-System sein Familienleben beeinträchtigte: »Man muss mal das Paket sehen, was die Familie auf sich genommen hat: Meine Mutter hat sich 1973 von ihrem Bruder in Hattingen losgesagt, damit ich Leistungssport machen konnte, mein Schwiegervater hat uns an die Stasi verraten.«[65]

Der Soziologe Heinrich Bette konstatierte, dass vor dem »Hintergrund postheroischer Entwicklungen in Politik, Wirtschaft, Religion, Wissenschaft und Militär« der Spitzensport »im letzten Jahrhundert zum zentralen Heldensystem der modernen Gesellschaft« aufgestiegen sei, da er »Außeralltäglichkeit noch in einer unterhaltsamen und sozial harmlosen Weise hervorbringen kann«.[66] Harmlos war es allerdings nicht, was die geflüchteten Athletinnen und Athleten außerhalb der Stadien vor, während und nach ihren politischen Seitenwechseln erlebten. Von der SED-Diktatur in einem »Zentralen Operativen Vorgang« (ZOV) der Staatssicherheit bis über die Staatsgrenze verfolgt,[67] und im Westen als Gefährder der Entspannungspolitik oder sogar als Spione verdächtigt, blieben die Geflüchteten medial und politisch in den Koordinaten der deutschen Teilung gefangen. Die Fluchtschicksale erregten zeitgenössisch vor allem aufgrund der Prominenz der Protagonisten und ihrer häufig spektakulären Fluchtwege Aufmerksamkeit. Den Mut zu lebensgefährlichen Routen teilten sie allerdings mit vielen anderen verzweifelten DDR-Bürgern, die dem Regime auf abenteuerlichen Wegen zu entkommen suchten, über Tunnel, Ballons, in Schlauchbooten oder mithilfe falscher Identitäten.

Die DDR-Sportführung wurde angesichts der Illoyalität ihrer Leistungsträger Ende der 1980er Jahre von einer tiefen Verunsicherung erfasst: Eine biografische Ehrung von DDR-Sportlern schien ein unabsehbares und risikoreiches Unterfangen geworden zu sein. So gab Manfred Ewald im August 1988 in einer Besprechung mit dem Sportverlag der DDR zu bedenken: Man solle »mit lebenden Personen sehr vorsichtig im gedruckten Wort umgehen. Wir wissen, wie es heute ist, aber wer weiß, wie es in zehn Jahren sein wird. Das Beispiel Sparwasser zeige das sehr deutlich.«[68] Zwar sei ihm schon wiederholt geraten worden, »seine Memoiren zu schreiben. Aber er macht das nicht, weil ja darin noch viele lebende Personen vorkommen, also, man würde das ja gar nicht drucken in der DDR.«[69] Die Memoiren erschienen schließlich doch noch, allerdings erst fünf Jahre nach dem Mauerfall.[70]

Der Abschlussbericht des »ZOV Sportverräter« des MfS vom November 1989 räumte ein, dass sich keine zentrale Steuerung der »Republikfluchten« durch den Westen nachweisen ließ.[71] Erst sehr spät also, viel zu spät, ließ der Sicherheitsapparat der SED mit diesem Resümee die Ahnung aufscheinen, dass die Ursachen für die »Republikflucht« ganz offensichtlich auf das eigene System zurückzuführen sein mussten. Um aus dieser Erkenntnis noch Konsequenzen zu ziehen, dafür war es jedoch längst zu spät. Mit dem Mauerfall im gleichen Monat erübrigte sich für das SED-Regime ohnehin die Notwendigkeit, über das Phänomen illegaler Seitenwechsel weiter nachzudenken. Was jahrzehntelang als Sakrileg und Verbrechen gegolten hatte, der Wechsel von einem Teil Deutschlands in den anderen, wurde nun zur Selbstverständlichkeit.

7 DER WEG IN DIE SPORTEINHEIT

Die Sporteinheit war ein Sonderfall der deutschen Einheit. Denn der Spitzensport gehörte zu den wenigen Bereichen, in denen die Bundesrepublik sich anschickte, »von der Diktatur zu lernen«[1]. Nach mehr als 20 Jahren, in denen die »Goldkinder« des SED-Staates die Siegertreppchen bei Olympia und anderen internationalen Wettkämpfen für sich reserviert zu haben schienen, und nach einer ebenso langen Zeit, in der man im bundesdeutschen Sport über die Ursachen und Mechanismen der sozialistischen Erfolgsmaschine gerätselt hatte, hob sich nun der Eiserne Vorhang auch vor den Geheimnissen des DDR-Sports. Zudem war dem bundesdeutschen Nationalkader über Nacht das Talent der ostdeutschen Spitzensportler in den Schoß gefallen. Nationaltrainer Franz Beckenbauer hatte im Moment des Sieges bei der Fußball-Weltmeisterschaft in Rom im Sommer 1990 selbstsicher verkündet, die deutsche Mannschaft werde durch den Zuwachs ostdeutscher Spieler auf Jahre unschlagbar sein.[2] Diese Vision schien sich nun tatsächlich zu bewahrheiten, als die Deutschen 1992 wieder gesamtdeutsch olympisch antraten: In den französischen Alpen von Albertville gelang es dem vereinten Team unter der Flagge der Bundesrepublik erstmals, Platz 1 der Medaillenliste zu erreichen.[3]

Go West, Go East

Schon Ende 1989 war der Sport im wahrsten Sinne des Wortes in Bewegung geraten: Zunächst waren es die Scharen von Freizeitsportlern, die sich zu gemeinsamen Veranstaltungen aus Ost und West zusammenfanden, etwa beim Berliner Neujahrslauf, der 1989/90 erst-

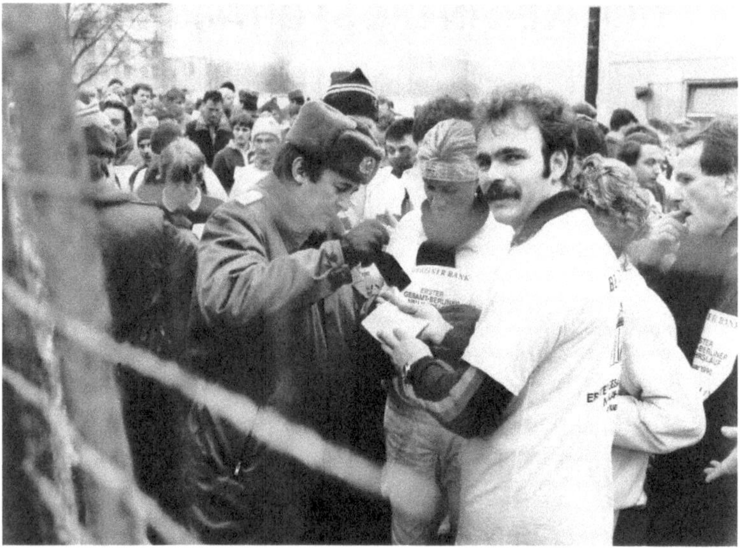

DDR-Grenzer gaben Teilnehmern des Neujahrslaufes 1989/1990 am Brandenburger Tor Passierstempel auf das Trikot.

mals durch das Brandenburger Tor führte. Angesichts der Vielzahl von kleinen Wettkämpfen, die von der Sportbasis hüben und drüben spontan organisiert wurden, erschienen die »Sportkalender«, die jahrelang Termine ein Jahr im Voraus festgezurrt hatten, über Nacht als abstruse Konstruktion der Vergangenheit.

Und auch zahlreiche Spitzensportler machten sich nun auf den Weg, was allerdings auch für kritische Töne sorgte. Denn ihr Ziel waren in der Regel bundesdeutsche Vereine, in denen sie eine neue sportliche Heimat suchten. Der Manager von Bayer 04 Leverkusen, Reiner Calmund, ließ sich in seiner Einkaufsfreude kaum stoppen, auch nicht durch den »Kanzler der Einheit«. So erinnerte er sich an den Winter 1989/90: »Während ich Matthias Sammer und Ulf Kirsten den Wechsel nach Leverkusen schmackhaft machte, während mich angesichts der Vorstellung dieser geballten Ladung fußballerischer Klasse in unserem Team das blanke Entzücken überkam, währenddessen also saß Helmut Kohl mit den Spitzen der Bayer AG zusammen und las den Herren die Leviten. Aus wirtschaftlichen und politischen Gründen könne man es sich nicht erlauben, drei aktuelle DDR-Nationalspieler so kurz nach dem Mauerfall in einem westdeutschen Klub spielen zu lassen.«[4] Helmut Kohl mahnte die Vereinsführung: »Sie können die DDR nicht einfach leerkaufen.«[5] Doch erfasste nun die Praxis von Spielertransfers und Spielerkäufen, die für den internationalen Fußball seit Jahrzehnten üblich war, in einer Welle der »nachholenden Modernisierung«[6] auch den Fußball der DDR.

Hier zeigte sich der Umbruch in seinen Auswirkungen deutlich gravierender als in anderen Fußballnationen des Ostblocks, die in den 1980er Jahren Transfers bereits begrenzt zugelassen hatten. Die DDR hatte sich aufgrund der deutsch-deutschen Abgrenzungsstrategie sowie der beständigen Angst vor »Republikfluchten« hiergegen beharrlich gesträubt – zuletzt, als der unkonventionell denkende Otto Rehhagel 1987 einen entsprechenden Vorschlag unterbreitet hatte. DDR-Spieler sollten ein paar Jahre in der Bundesliga spielen dürfen, der Bremer Trainer selbst bekundete großes Interesse an Andreas Thom vom BFC Dynamo und verwies als Vorbild auf Oleg Blochin von Dynamo Kiew, der nach Österreich gezogen war. Doch ließ die Sportführung Rehhagel abblitzen, man sei »völlig unabhängig von der Praxis anderer sozialistischer Länder«[7], erklärte der DTSB lakonisch. Im Dezember 1989 war es dann tatsächlich ausgerechnet der Spitzenspieler des »Stasi-Clubs« BFC Dynamo Andreas Thom der als erster im Fußballsport die Seiten wechselte und bei Bayer Leverkusen anheuerte.[8]

Auch andere Sportarten erkannten das Potenzial: Kaweh Niroomand, heute DOSB-Vize-Präsident, wollte als West-Berliner Landestrainer mit den Spitzen-Volleyballern von Dynamo ins Geschäft kommen, um die Leistungsfähigkeit des SC Charlottenburg (SCC) aufzupolieren. Bald kam das Dynamo-Team, das nahezu mit der Auswahl-Mannschaft der DDR identisch war, zu gemeinsamen Trainingsspielen, ebenso begann die Jugendarbeit: Der Charlottenburger Sportclub übernahm das alte Dynamo-Nachwuchszentrum als »SCC in Marzahn«.[9] Der VfL Hameln wiederum holte in Windeseile einige

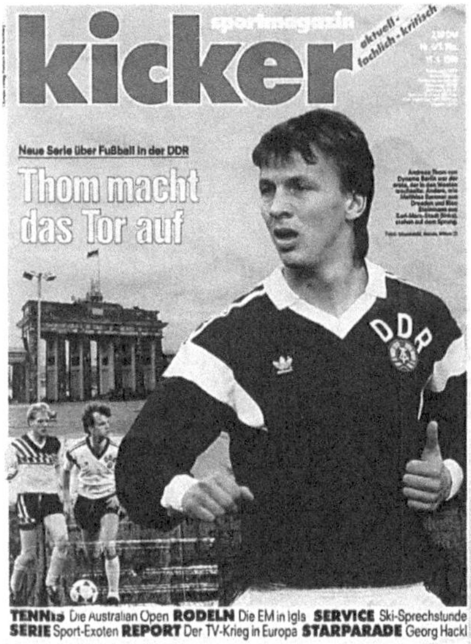

Als erster DDR-Fußballer wechselte Andreas Thom noch zur Jahreswende 1989/1990 zum bundesdeutschen Verein Bayer 04 Leverkusen.

Handball-Nationalspieler der DDR vom Standort SC Dynamo Berlin in seine Reihen nach Westfalen.

Doch war es nicht nur den Ambitionen von bundesdeutschen Clubmanagern und Trainern, sondern auch dem Ehrgeiz der Sportler selbst geschuldet, dass sich »Wechselfieber« breit machte. Die ganze Welt stand ihnen plötzlich offen. Box-Olympiasieger Henry Maske und sein Trainer Manfred Wolke beschlossen bald nach dem Mauerfall, ins Profilager zu wechseln – trotz Einschüchterungsversuchen durch die DDR-Sportfunktionäre.[10] Als Angehörigem der Armeesportvereinigung und Oberstleutnant der NVA wurde von Maske eine besondere Loyalität gegenüber der SED-Staatsmacht eingefordert – die nun jedoch nicht mehr durchsetzbar war. Star-Reporter Heinz Florian Oertel fasste es so zusammen: »Es verheißt sicherlich einen zwiespältigen und vielleicht zwielichtigen Gang, den Henry Maske gehen will. Doch dies ist nicht unser Problem. Das beginnt mit dem Ringen um unsere Haltung. Sie wird da und dort immer noch mitbestimmt durch die Doktrinen von gestern.« Doch müsse man dem Zeitenwandel Rechnung tragen: »Nun endlich kann jeder selbst bestimmen, versuchen, seines Glückes Schmied zu sein. Henry Maske nimmt diesen Lebensversuch in seine beiden Fäuste«, und er, Oertel, sei »ein Verfechter dieser generellen Entscheidungsfreiheit, und ich wünsche dem Klasseboxer Henry Maske herzlich Glück und Erfolg.«[11]

Doch Teile der DDR-Presse feindeten ihn mit Schlagzeilen wie »Maske ließ Maske fallen«[12] an. Dies schürte eine Stimmung, die bald auch die Familie des Ausnahme-Boxers zu spüren bekam: »Zu Hause begegneten mir einige Nachbarn in der Plattenbausiedlung in letzter Zeit reserviert. Das ist der Maske, der mit den Wessis zusammensteckt. Der Wendehals aus Frankfurt an der Oder. Der mit dem schicken roten BMW, der sich einen feinen Lenz bei den Wessis macht. Vor allem meine Frau bekam die Ressentiments zu spüren. Wenn sie zum Einkaufen ging oder auf unserer Etage war, wurde sie von ein paar Leuten geschnitten.«[13] Bereits im März 1990 machte die Klage vom »Ausverkauf des DDR-Sports« die Runde, denn die Liste der in den Westen Gewechselten wurde »lang und länger«.[14]

In entgegengesetzter Richtung verliefen die Explorationen, die bundesdeutsche Akteure in der DDR unternahmen. So nutzte der Bundestrainer im Deutschland-Achter Ralf Holtmeyer die »offene Atmosphäre zur Wendezeit«, um das Ruderleistungszentrum der SG Dynamo Potsdam zu besuchen, denn »wir waren aus dem Westen natürlich froh, mal gucken zu können, wo die Goldmedaillen gemacht werden«. Eindruck hinterließen vor allem die personellen und finanziellen Dimensionen: »Da traf der Hobbyruderverband West auf ein hochprofessionelles System«, so Holtmeyer.[15] Eine Delegation des »Bundesausschusses Leistungssport« (BAL) unternahm zudem im November 1990 eine Erkundungsreise zu den Sport-Hochburgen der DDR in Thüringen und Sachsen. So staunten die Gäste angesichts der Ausmaße der dortigen Sportarchitektur, wie des Biathlon-Stadions in Oberhof oder des Chemnitzer Sportforums als einer »Sportstadt für sich«.

Doch an jeder der aufgesuchten Stationen mischte sich in die Begeisterung über innovative Konstruktionen wie hydraulische Schwimmbäder, überdachte Ganzjahres-Wurfhallen oder Laufschläuche doch auch ein Befremden über die Baufälligkeit der Einrichtungen: »So genial die Technik war, so marode sah das Ganze aus.« So wirkte nicht nur die Ammoniak-Anlage zur Versorgung der Eisschnelllaufbahn in Erfurt so, »als würde sie jeden Augenblick in die Luft fliegen«. Auch war die dortige »Facettendecke nicht mehr sicher, einzelne Teile hatten sich schon gelöst und hingen wie Damoklesschwerter über den Sportlern«.[16]

Doping-Aufklärung

Auch zwei Doping-Aufklärer, der Heidelberger Molekularbiologe Prof. Dr. Werner Franke und seine Ehefrau Brigitte Berendonk, machten sich Richtung Osten auf, kurz vor Heiligabend trafen sie im brandenburgischen Kurort Bad Saarow ein. In der dortigen Militärmedizinischen Akademie vermuteten sie wissenschaftliche Arbeiten zur Dopingforschung – und wurden fündig. Der Einblick in die Geheimstudien ergab »Ungeheuerlichkeiten: Betrug en gros, illegale Menschenversuche«, darunter Anabolikaexperimente an Jugendlichen. Trotz einer Genehmigung des Verteidigungsministeriums, die streng geheimen Dissertationen und Habilitationen entleihen zu dürfen, setzten ihnen die Mitarbeiter zunächst erbitterten Widerstand entgegen: »Selbst der schreiende Verschlusssachenoberst, Verteidiger der DDR-Betrugs-Fachliteratur bis zum letzten Atemzug (›Sie geben sofort die Arbeiten zurück!‹ […] ›Das hat's ja noch bei keiner Armee der Welt gegeben!‹), konnte nicht verhindern, dass die Wahrheit über den DDR-Sport sichergestellt und mit dem ordnungsgemäßen Stempel ›Geheimhaltung aufgehoben‹ in einer bundesdeutschen Reisetasche landete, gerettet für die Geschichte.«[17]

Das auf Basis dieses Materials sowie weiterer eigener Forschungen 1991 von Berendonk und Franke vorgelegte Buch »Doping-Dokumente: Von der Forschung zum Betrug« ist bis heute ein Standardwerk der Aufklärung geblieben, auch weil es eine lodernde Anklage gegen Doping-Betrug in Ost *und* West darstellte und damit seiner Zeit weit voraus war. Doch blieb es nicht bei akademischen Abhandlungen des Professors aus Heidelberg: Im gleichen Jahr erstattete Werner Franke Strafanzeige gegen Verantwortliche des DDR-Sports. Das Dopingsystem wurde damit zu einem der Bereiche, in denen die Zentrale Ermittlungsstelle für Regierungs- und Vereinigungskriminalität (ZERV) ihre Untersuchungen zur strafrechtlichen Aufarbeitung der SED-Diktatur aufnahm. Im Rahmen der bald anrollenden sogenannten Dopingprozesse erhielten zahlreiche Funktionäre, Trainer und Ärzte Geld- und Bewährungsstrafen, darunter auch Manfred Ewald und Manfred Höppner.[18] Zum ersten und einzigen Mal wurden damit die Vergehen eines kommunistischen Staatssports vor Gericht gestellt und abgeurteilt.

Doch hatte auch die Nachfolgeorganisation der SED das politische Kapital des DDR-Sports entdeckt: So wurde im Februar 1992 bekannt, dass die ostdeutschen Sprinterinnen Katrin Krabbe und Grit Breuer aufgrund einer manipulierten Urinprobe vom Deutschen Leichtathletikverband suspendiert worden waren. Die PDS nutzte die Diskussion zur Bekräftigung einer neuen Ost-Identität, indem sich ihr Vorsitzender Gregor Gysi schützend vor die überführte Krabbe aus Neubrandenburg stellte und argumentierte, mit den Doping-Vorwürfen sollten Errungenschaften der Arbeiter- und Bauernmacht diskreditiert werden. Der Ehrenvorsitzende der PDS, Hans Modrow, schrieb einen demonstrativen Brief an die Leichtathletinnen und ermutigte sie, dem vermeintlichen Druck zu widerstehen, mit dem »jede Erinnerung an die DDR in den Schmutz gezogen« werden solle.[19] Der Sport als Arena und Projektionsfläche von Ost-West-Ressentiments war mit dem Kalten Krieg nicht ad acta gelegt, sondern gewann, wenn auch unter veränderten Vorzeichen, nun erneut an Konturen.

Institutionentransfer

Der Weg in die Sporteinheit war allerdings vornehmlich ein organisatorischer Kraftakt – vom Staatssport zum Vereinssport.[20] So mussten sich die regionalen Gliederungen fort von den aufgelösten

DDR-Bezirken hin zum Föderalismus der Länder transformieren. Der Sport ging damit den Weg des Artikels 23, der auch die staatliche Einheit bestimmte: die neuen Landessportbünde in Thüringen, Sachsen, Sachsen-Anhalt, Mecklenburg-Vorpommern und Brandenburg traten als neue »Korporativakteure«[21] im Dezember 1990 der Dachorganisation des Deutschen Sportbunds bei.[22] Zudem musste jede Sportart ihre eigene kleine Wiedervereinigung vollziehen: Die zuvor gegründeten Landesfachverbände im Handball, Rudern und allen anderen Sportarten traten in der Regel dem jeweiligen bundesdeutschen Fachverband bei, während sich das DDR-Pendant still und leise auflöste.[23] Zudem fanden allerorts erstmals freie Verbandswahlen statt: Als erster frei gewählter Präsident übernahm etwa Hans-Georg Moldenhauer, ehemaliger Torwart des 1. FC Magdeburg, die Führung des Deutschen Fußballverbands der DDR (DFV), bevor dieser die »Fußballeinheit« mit dem DFB vollzog. Die Zeit für eine Vereinigung schien zu drängen: Denn mit dem Zusammenbruch von Planwirtschaft und Staatssport war zugleich die bisherige Finanzierung des Fußballs weggefallen. Wie für die gesamte Gesellschaft der DDR begann auch hier der Aufbruch in ein neues, marktwirtschaftlich geprägtes Zeitalter. Die sogenannten Trägerbetriebe der Betriebssportgemeinschaften kämpften vielfach um ihre wirtschaftliche Existenz, zudem standen die staatlichen Finanziers der »nicht-zivilen« Clubs – also des Armeefußballs und der Dynamo-Clubs von Polizei und Staatssicherheit – vor der Abwicklung und Transformation.

Hans-Georg Moldenhauer strebte eine möglichst baldige Vereinigung der Strukturen des ostdeutschen Fußballs mit dem Deutschen Fußball-Bund (DFB) an, um finanzielle Unterstützung für die häufig in existenzielle Not geratenen Fußballstandorte zu sichern. In diesem Sinne formulierte er im Hinblick auf seine neue Funktion bereits am ersten Tag seiner Präsidentschaft: »Je kürzer ich im Amt bin, desto besser habe ich gearbeitet.«[24] Doch obgleich spätestens seit den Volkskammerwahlen vom 18. März 1990 die Weichen eindeutig in Richtung Einheit gestellt waren, zögerte der größte Sportverband der Welt unter Hermann Neuberger, sich zu einem baldigen Zusammenschluss mit dem Verband der DDR zu bekennen.

Der Grund hätte nicht anachronistischer ausfallen können: Für die bevorstehende Europameisterschaft in Schweden 1992 waren die Bundesrepublik und die DDR in eine gemeinsame Gruppe gelost worden, das erste deutsch-deutsche Länderspiel seit dem legendären »Klassenkampf« von 1974 in Hamburg stand an. Fernsehrechte und Werbeverträge für die Begegnungen in Leipzig und München waren bereits vergeben. »Wir gegen uns«, titelte die Boulevardpresse, »so ein Quatsch«.[25] Dieser Ansicht war auch Hans-Georg Moldenhauer, und so richtete er am Rande der Fußball-WM 1990 in Italien, die er im Tross der DFB-Delegation mitverfolgte, einen flammenden Appell an Horst R. Schmidt, den persönlichen Assistenten Neubergers, dass sich der Fußball der politischen Entwicklung nicht verschließen dürfe: »Herr Schmidt, haben Sie mal Fernsehen geguckt in letzter Zeit? Haben Sie gesehen, wie die Mauer gefallen ist? Wissen Sie, dass ein ganzer Block zusammengebrochen ist? Armeen sind weggefegt, Armeen! Staatssicherheit, alles fällt und geht weg und ich soll in diesem Ganzen ausgerechnet einen eigenständigen Fußballverband mit dem Begriff DDR bis 92 erhalten!?«[26] Kurz darauf lenkte DFB-Präsident Hermann Neuberger ein und stimmte einer schnellen Vereinigung der beiden deutschen Fußballverbände zu. Am 21. November 1990 wurde in Leipzig, am Gründungsort des DFB, die deutsche Fußballeinheit durch den Beitritt des Nordostdeutschen Fußballverbands (NOFV) – der Nachfolgeorganisation des DFV – vollzogen.

Erheblich schwieriger als die Einheit auf Verbandsebene gestaltete sich eine angemessene Integration der Ligen: Konkret lief dies auf die brisante Frage hinaus, wie viele Oberliga-Teams der DDR einen Startplatz in der ersten und zweiten Bundesliga erhalten sollten. Anders als die Vereinigung der Verbandsstrukturen, bei der es sich letztlich um eine eher bürokratische Angelegenheit gehandelt hatte, traf diese Frage nun ins Herz der ostdeutschen Fußballseelen. Um möglichst viel Substanz des DDR-Fußballs zu erhalten, stellte Moldenhauer zunächst die Maximalforderung, alle DDR-Oberligisten für den gesamtdeutschen Profifußball zuzulassen. Vier Vereine sollten in die erste Bundesliga, die restlichen zehn in die zweite Bundesliga integriert werden. Schließlich blieb von der »DFV-Wunschformel«[27] einer »Vier plus zehn«-Lösung die sogenannte »Zwei-plus-sechs«-Regelung übrig. Denn westdeutsche Bundesligisten zeigten wenig Neigung, ihre lukrativen Plätze an die Neulinge abzutreten. Die Saison 1990/91 wurde demgemäß als »Geisterliga« ausgespielt – gleichsam als letzte DDR-Oberliga.[28] Hansa Rostock als Meister und Vizemeister Dynamo Dresden erreichten den Einzug in die Bundesliga, sechs weitere Teams aus dem Osten konnten in der zweiten Bundesliga starten.[29]

Rückkehr der Vereine

Der wichtigste und grundlegendste Akt der gesellschaftlichen Transformation im Sport vollzog sich allerdings abseits des Scheinwerferlichts olympischer Arenen und medialer Schlammschlachten. Dieser stille Prozess ereignete sich tausendfach in der sich in Auflösung befindlichen DDR, unter der häufig tatkräftigen Mithilfe zahlreicher Sportfreunde aus dem Westen. Denn am 21. Februar 1990 wurde das »Parteien- und Vereinigungsgesetz« der DDR verabschiedet, das bislang vor allem hinsichtlich seiner historischen Bedeutung für die politischen Parteien gewürdigt worden ist. Tatsächlich legte das Gesetz jedoch zugleich die entscheidende Grundlage, um wieder ein freies bürgerliches Vereinswesen im Sport der Noch-DDR einzuführen – eine Zäsur, deren Bedeutung für den Aufbruch der ostdeutschen Zivilgesellschaft nicht überschätzt werden kann.[30] In der Praxis mussten die einzelnen Sportgemeinschaften unter hohem Zeitdruck den Wandel vom Staatssport zur Selbstorganisation bewältigen. Nach einem Einbruch bei den Mitgliederzahlen, bedingt durch die unsicheren Lebenslagen, die Erhöhung von Mitgliedsbeiträgen und das häufige Scheitern der Selbstfinanzierung, setzte seit 1995 eine Konsolidierungsphase ein, wie beispielhaft im Land Thüringen gezeigt werden konnte.[31]

Der Neustart ging häufig mit einer Wiederbelebung alter Traditionen einher, die vom SED-Regime unterbunden worden waren. So gab sich die BSG Chemie Schwarza im Sommer 1990 auf der Grundlage des Vereinigungsgesetzes eine neue Satzung und einen neuen Namen: »Sportverein Schwarza 1883« – in Anlehnung an einen im Kaiserreich gegründeten lokalen Turnverein. Auf diese Weise eigneten sich Vereine im Osten des zusammenwachsenden Deutschlands eine Vergangenheit wieder an, die nach 1945 verdrängt worden und in Vergessenheit geraten war.

Gerade die populärste Sportart Fußball symbolisiert jedoch auch die Schwierigkeiten der Transformation: Bereits Ende des Jahres 1992 beklagten Fachleute das »Ausbluten der Vereine« und gaben verheerende Prognosen für den Fußball in den neuen Ländern ab.[32] Während sich die Spielergehälter dem westlichen Niveau zumindest annähern mussten, um konkurrenzfähig zu bleiben, stand diesem relativ hohen Etat ein schwaches wirtschaftliches Umfeld gegenüber, sodass die Suche nach potenten Sponsoren in den Regionen oft ergebnislos verlief.[33] Hinzu trat die sich vielerorts wiederholende Geschichte rasch wechselnder Vereinsführungen und scheiternder Clubmanagements: In der Saison 1992/93 griff Dynamo Dresden sogar zum Mittel des Betrugs, um die lebensnotwendige Lizenz ergattern zu können.[34] Zum 25. Jahrestag des Mauerfalls konstatierte die *Frankfurter Allgemeine Zeitung*, dass der Lieblingssport der Deutschen, der einiges für die »emotionale Angleichung der Lebensverhältnisse« hätte tun können, mittlerweile ein »versunkenes Kulturgut« und »rettungslos verloren« sei.[35]

Als der Erfolg ausblieb, besannen sich einige Fußballclubs wieder auf ihre DDR-Geschichte, die im Vergleich zur Transformationszeit die glanzvollere gewesen war: So musste sich Lok Leipzig, seit 1991 als »VfB Leipzig« antretend, nach zwei Konkursverfahren in den Jahren 2000 und 2004 auflösen, bevor der ehemalige Europacup-Finalist von 1987 unter dem alten Namen aus DDR-Zeiten »Lokomotive Leipzig« einen mühsamen Neustart in der Kreisklasse begann.[36] Selbst dem ehemaligen Rekordmeister der DDR, dem BFC Dynamo, seit 1990 in »FC Berlin« umbenannt, blieb es nicht erspart, in die vierte Liga abzurutschen. Auch dieser Verein besann sich im Jahr 1999 wieder auf die Club-Bezeichnung unter Mielkes Ägide, ohne jedoch an alte Erfolge anknüpfen zu können. Das bemerkenswert große Engagement, mit dem ostdeutsche Fans ihre in Bedrängnis geratenen Clubs seit 1989/90 zu retten suchten – von der eigenhändigen Stadionsanierung in Berlin-Köpenick bis hin zum Jersey-Kauf in Dresden, bei dem die Fans selbst als Sponsoren wirkten[37] –, zeugt von einer lebendigen Vereinskultur, in der die Ära des DDR-Fußballs ein wichtiger und über die Jahre aufs Neue animierter Bezugspunkt bleibt. Das Engagement der Fans für ihren Club mag auch als Ausdruck eines Bewusstseins von »Heimat«[38] angesehen werden, für das die Ost-Vereine, trotz aller struktureller Umbauten und sportlicher Tiefschläge, immer noch stehen mögen.[39]

Doch wurde die ostdeutsche Fußballszene auch von einer Gewaltwelle erfasst. Die Randale, die bereits in DDR-Stadien keine Seltenheit gewesen war, explodierte unmittelbar nach dem Mauerfall: Der rapide Autoritätsverlust von Volkspolizei und Staatsmacht ließ bereits seit 1989/90 ein »Kontrollloch«[40] im Osten entstehen, das auch von angereisten bundesdeutschen Fans gezielt genutzt wurde. Sogar die Feier zur Fußballeinheit wurde hiervon überschattet: Nach den tödlichen Polizeischüssen auf den FC Berlin-Anhänger Mike Polley am 3. November 1990 sagte der DFB aus Sorge vor einer weiteren Eskalation das für den gleichen Monat geplante deutsch-deutsche »Vereinigungsländerspiel« zum »Fest der Fußballeinheit« in Leipzig kurzerhand ab. Und obgleich der Fußballbund nach 1990 seine sozialpädagogische Fanarbeit auf die neuen Bundesländer ausdehnte, entwickelte sich vor allem in Ostdeutschland eine gewaltbereite Subkultur zum Dauerproblem.[41] Fan-Forscher betonen hierbei, dass an einigen Standorten – wie etwa Dresden – eine enge Verschränkung mit rechten Kameradschaften sowie der Kampfsportszene stattgefunden hat.[42] An den »Baseballschlägerjahren« nach 1990 hat mithin auch die Fußball-Fanszene einen großen Anteil. Zugleich ist der Ruf »Ost-, Ost-, Ost-Deutschland«, der vermehrt in Stadionkurven zu hören ist, auch ein deutliches Signal innerdeutscher Abgrenzung, wie neuere Forschungen zeigen.[43]

Eine Asymmetrie hat zudem auch nach Jahrzehnten im vereinten Sportdeutschland Bestand: Der Breitensport weist noch immer ein deutliches West-Ost-Gefälle auf.[44] Während in den westdeutschen

Bundesländern 2013 im Durchschnitt ein Organisationsgrad von 32 Prozent der Bevölkerung in Sportvereinen zu verzeichnen war, rangierte der entsprechende Wert in den östlichen Bundesländern bei lediglich circa 15 Prozent.[45] Diese Differenz gehört offenbar zu den langfristigen Spuren in Verhaltensweisen und Mentalitäten, die vier Jahrzehnte unterschiedlicher Entwicklung hinterlassen haben – vor allem die abgerissene Tradition des freien Vereinswesens. Bislang fehlt allerdings eine systematische Erforschung der Ursachen. Ein weiterer Grund könnte sein, dass die aktuelle Hinwendung zum individuell organisierten Sporttreiben im Osten eine größere Resonanz findet.[46] Doch wäre auch zu fragen, inwieweit diese Abweichungen in der Sportvereinsbindung ähnliche Gründe wie die Differenzen im Engagement bei Parteien, Gewerkschaften und Verbänden aufweisen.[47] Zudem bildete der marode Zustand der Sportanlagen im Breitensport eine schwere Hypothek. Es existierten zwar mehr als 37.000 Sportstätten in der DDR, doch erfüllten viele nicht die Mindestanforderungen für den Breitensport, da sie für den Spitzensport konzipiert und ausgestattet waren. Es fehlten Heizungen und Sanitäreinrichtungen, 92 Prozent der Hallen waren zu klein für den Ballsport. Bei der Suche nach einer Finanzierung der Vereine nach 1989 kam es zudem zu Zweckentfremdungen: So zog in die Laufhalle des SC Cottbus ein Supermarkt auf Zeit ein. Auch der aufgeflammte Streit um Eigentumsrechte an Grundstücken legte vielerorts Planungen lahm. Dementsprechend hatte bereits im Jahr 1990 der Vorsitzende des Sportausschusses des Deutschen Bundestages, Ferdi Tillmann (CDU), einen Sportentwicklungsplan nach dem Vorbild des »Goldenen Plans« von 1959 zum Aufbau der Sportstätten in der Bundesrepublik gefordert, um den Verkauf und Verfall der Sportanlagen in der ehemaligen DDR aufzuhalten. Eine Vorstudie des DSB konstatierte 1992, dass in der Tat nur 11,3 Prozent der Sportplätze, 10,6 Prozent der Turnhallen, 17,5 Prozent der Hallen und 8,6 Prozent der Freibäder in einem gebrauchsfähigen Zustand seien. Im Jahr 1998 wurde der »Goldene Plan Ost« verabschiedet, der über Jahre die Sportstättenlandschaft in den neuen Bundesländern sanierte und erweiterte.[48]

Modell DDR-Sport?

Lange blieb unklar, inwieweit sich die Absicht der bundesdeutschen Sportpolitik, einzelne strukturelle Elemente des Sportsystems der DDR zu imitieren, würde verwirklichen lassen. Innenminister Wolfgang Schäuble hatte schon im März 1990 gefordert, das Erhaltenswerte des DDR-Sports zu retten.[49]

Was aber war das Erhaltenswerte? Bis heute ist nicht aufgeklärt, welche Impulse das »Doping-Wissen« des DDR-Sports im vereinten deutschen Sport zu setzen imstande war.[50] Denn viele notorisch belastete »Doping-Trainer« der DDR blieben hochbegehrt und fanden Anstellung – auch wenn einige es vorzogen, aufgrund der Anwürfe innerhalb der Bundesrepublik auf erfolgreiche Posten im Ausland auszuweichen.[51] Für Befremden hatte auch die Eilfertigkeit gesorgt, mit der zwei der maßgeblich für das geheime Dopingsystem der DDR verantwortliche Einrichtungen – das Dopinglabor in Kreischa und das Forschungsinstitut für Körperkultur und Sport (FKS) in Leipzig – bereits in Artikel 39 des Einigungsvertrages eine förmliche Bestandsgarantie erhalten hatten.[52] Sollte hier die illegale Dopingforschung der DDR nahtlos für bundesdeutsche Zwecke nutzbar gemacht werden? Als das Nachfolgeinstitut des FKS, das Institut für Angewandte Trainingswissenschaft (IAT), im März 1992 im Leipziger Gewandhaus seine Eröffnungsfeier erlebte, dauerten die Zwistigkeiten über Belastung und Existenzberechtigung der Einrichtung an.

Der Festredner Professor Dr. Reinhard Daugs, damals Leiter des Sportwissenschaftlichen Instituts der Universität des Saarlandes und Mitglied der Berufungskommission des IAT, erlebte die »sehr angespannte, außerordentlich gedrückte, frostige bis feindselige Stimmung dieser damaligen Eröffnungsfeier«, die eher an eine Schließung erinnerte: »Es war wie bei der Taufe eines von vielen nichtgewollten Kindes, mit einer über diesen Umstand tief zerstrittenen Familie«, zumal zwei der »Erziehungsberechtigten« fernblieben:[53] Denn das Land Sachsen und die Universität Leipzig sorgten für einen Eklat, als sie ihre Teilnahme kurzfristig »aus Protest« absagten.[54]

Mittlerweile ist das IAT eine geachtete und unbestritten effiziente Einrichtung der Sportwissenschaft. Was der organisierte Sport dem Institut zugute hält – und dies bewusst auch als Erbe der DDR –, ist die athleten- und praxisnahe Trainings- und Wettkampfforschung.[55] Der »Spagat zwischen wissenschaftlicher Akzeptanz auf der Seite der Universitäten und praktischer Akzeptanz auf der Seite des Sports«, zu dem die Sportforschung als »anwendungsorientierte Wissenschaft« nun einmal »verdammt« sei,[56] scheint jedenfalls durch das Wirken des IAT bewältigt worden zu sein. Den Ruch einer Doping-Giftküche, der seine Neugründung begleitet hatte, konnte das Institut durch eine personelle und programmatische Erneuerung jedenfalls erfolgreich und dauerhaft abstreifen.

Doch gelang es mittel- und langfristig nicht, die Medaillen-Rekorde der DDR fortzuführen. Nach dem ersten Platz in Albertville bei den Winterspielen 1992 und dem dritten in Barcelona im gleichen Jahr folgten enttäuschende olympische Jahre. Und so wurden immer wieder drängende Rufe laut, die »DDR-Methodik« wenigstens partiell wiederzubeleben.[57] Während der »Institutionentransfer« im Prozess der deutschen Einheit ganz überwiegend von West nach Ost verlaufen war, gehörte der Sport zu den wenigen Bereichen der Vereinigungs-Gesellschaft, in denen eine Imitation institutioneller Lösungen der DDR – wenn auch abgewandelt – erwogen wurde.[58] Am konsequentesten geschah dies im Bereich der Kinder- und Jugendsportschulen – trotz anfänglicher Bedenken. So äußerte der grundsätzlich dem DDR-Modell aufgeschlossen gegenüberstehende Innenminister Wolfgang Schäuble im September 1990 im Gespräch mit den Sportfachverbänden, die KJS seien »auf unser System nicht übertragbar« aufgrund ihrer »einseitig auf Sport ausgerichteten Erziehung und Ausbildung, die für unser Berufsbildungssystem nicht geeignet ist«.[59] Doch erlebte das KJS-Modell seit Mitte der 1990er Jahre eine blühende Renaissance: Ein Arbeitskreis »Sport und Wirtschaft« unter der Schirmherrschaft von Helmut Kohl vergab ab 1996 den Titel »Eliteschule des Sports«. Schon 1998 existierte ein Netz von 29 Sportbetonten Schulen, davon 21 in den ostdeutschen Bundesländern, von denen 17 die neue Bezeichnung erhielten. »Nach der

›Entrümpelung‹ und internen ideologischen Entlastung der aus dem DDR-Sportsystem ›geerbten‹ Kinder- und Jugendsportschulen«, so der Vizepräsident des LSB Berlin, Dietrich Gerber, verhießen diese Eliteschulen nun den »Königsweg« der Talentausbildung – immerhin stammten 75 Prozent der Medaillengewinner bei den Winterspielen in Turin 2006 bereits aus deren Schülerschaft.[60] Zuletzt forderte nach den Olympischen Spielen 2012 in London die ostdeutsche Kanutin und erfolgreichste deutsche Olympionikin Birgit Fischer, ein System der Talentauslese ähnlich der »Einheitlichen Sichtung und Auswahl« zu DDR-Zeiten wieder einzuführen.[61] Hier hat es bislang in Brandenburg ein regional begrenztes Experiment von Bildungsministerium, LSB und Universität Potsdam gegeben.[62]

Für einen erfolgreichen »Ost-Import« sorgte jedoch von Beginn an Henry Maske, denn sein Können vereinte das deutsche Sportpublikum der 1990er Jahre in einer neuen Begeisterung für den Boxsport. Maske war nicht nur in allen Profikämpfen unbesiegt geblieben, vielmehr hatten die Erfolge der ostdeutschen »Frankfurter Schule« um Henry Maske und Manfred Wolke einen ungeahnten Popularitätssprung für die lange verpönte Sportart im vereinten Deutschland ausgelöst. Die Boxbegeisterung wurde zusätzlich beflügelt durch eine kongeniale Kooperation des Managements von Wolke mit dem aufstrebenden Privatsender RTL: Als sich Maske und »Rocky« Rocchigiani am 27. Mai 1995 im Ring gegenüberstanden, sahen 130.000 Zuschauer in der Dortmunder Westfalenhalle zu – und 13 Millionen an den Fernsehgeräten.[63] Henry Maske war damit nicht weniger als eine kleine sportliche »Ko-Transformation« des bundesdeutschen Sports gelungen.

Die Wiederkehr des Boxbooms der Weimarer Republik wurde zudem bald politisch besetzt: So zierte 1992 eine Abbildung mit Maske und dem ersten und einzigen deutschen Weltmeister im Schwergewicht, Max Schmeling, eine großangelegte Plakataktion: »Kaum war die Mauer geöffnet, haben wir Freundschaft geschlossen.«[64] Die zeitgenössische Sozialwissenschaft charakterisierte die Funktion Henry Maskes als Sportheld: »Als Ostdeutscher ist Maske zum Vorbild dafür gemacht worden, welche Erfolge sich durch harte Arbeit, Mut,

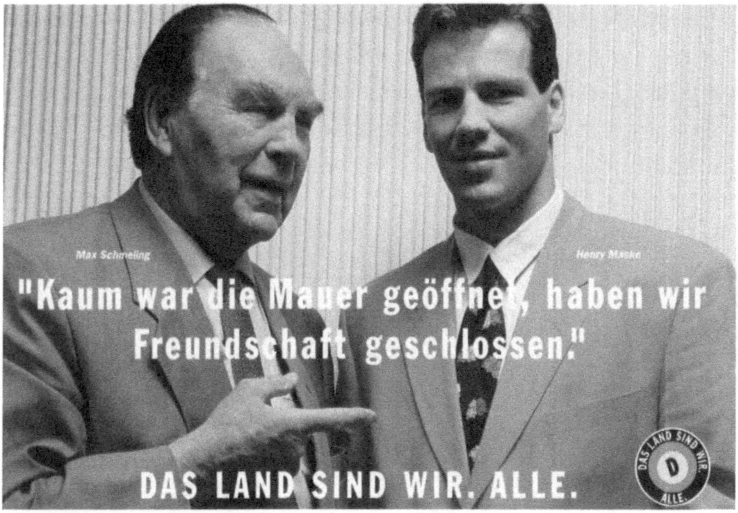

Die beiden deutschen Box-Idole Max Schmeling (l.) und Henry Maske (r.) warben 1990 für bürgerschaftliches Engagement zur Herstellung der inneren Einheit.

Opferbereitschaft und Ausdauer erreichen lassen.« Er erscheine »als der pragmatische, sich den veränderten Verhältnissen schnell und erfolgreich anpassende Ostdeutsche. Mit ihm als ›gesamtdeutschem Sportidol‹ (Sportler des Jahres 1993) wird die erfolgreiche Integration des Ostens in den Westen demonstriert, was auch auf politischer Ebene u. a. durch einen Empfang beim Kanzler anerkannt wurde.«[65] Die Bouelvard-Zeitung *Super-Illu* erklärte das Box-Fieber mit der »Faszination Ostpower. Er ist einer aus den neuen Ländern, der es ganz nach oben geschafft hat. Das freut uns.«[66]

Eine Fortsetzung der Förderung des Spitzensports im vereinten Deutschland steht, trotz mancher Kritik an der Umsetzung, außer Frage. Noch im Jahr 2015 forderte CDU-Bundesinnen- und Sportminister Thomas de Maizière die Sportverbände auf, ein Drittel mehr Medaillen zu erringen.[67] Der Werte-Konflikt zwischen dem Willen zum Sieg und dem proklamierten Ziel eines humanen Leistungssports ändert nichts daran, dass »Medaillen die entscheidende Währung im Sportsystem sind«[68] und bleiben.

Auch das vereinte Deutschland folgt damit unbeirrt der international gängigen Logik, dass ein erfolgreicher Spitzensport die Leistungsfähigkeit des gesamten Gemeinwesens repräsentiere und spiegele – obgleich in dieser Hinsicht gerade die Erfahrung der DDR eine gänzlich andere historische Lehre erteilt hat.

8 ERINNERUNGSKULTUR IM SPORT

Als »Erinnerungskultur im Sport« soll im Folgenden die Auseinandersetzung mit den beiden deutschen Diktaturen gefasst werden, wie sie vom organisierten Sport bis heute geleistet wurde. Es handelt sich mithin um das sportpolitische Pendant zur »Vergangenheitsbewältigung« beziehungsweise »Aufarbeitung« – so die beiden gängigen Begrifflichkeiten zur Aufklärung und bildungspolitischen Vergegenwärtigung des Nationalsozialismus und des SED-Regimes.[1]

Doch besitzt der Sport ein eigenes Timing seiner Erinnerungspolitik, das nicht den Konjunkturen der großen Geschichtsdebatten der Bundesrepublik folgt. Marksteine, wie sie für die Bewusstmachung der NS-Vergangenheit in der bundesdeutschen Gesellschaft maßgeblich waren – der Auschwitz-Prozess, die Verjährungsdebatte, die TV-Serie »Holocaust« oder die Rede Bundespräsident Richard von Weizsäckers zum 8. Mai 1985 als »Tag der Befreiung« –, blieben ohne erheblichen Einfluss auf den Sport.[2]

Hier bedurfte es der Jahrhundertzäsur von 1989/90, um Grundlegendes zu bewegen. Erst nachdem die Barrikaden des Kalten Krieges abgeräumt worden waren, geriet das ehemalige »Reichssportfeld« wieder als ein Geschichtsort mit problematischem NS-Erbe in den Blick – und wurde sogleich Schauplatz eines imaginierten Bildersturms. Denn das vereinte Berlin plante bereits seit Sommer 1990, sich für die Ausrichtung der Olympischen Spiele 2000 beim Internationalen Olympischen Komitee zu bewerben. Erneut, wie schon 1936, sollte das Olympiastadion in Berlin hierbei die Hauptaustragungsstätte der Wettkämpfe sein. Zu Steinen des Anstoßes wurden schnell die markanten Figuren des Skulpturenprogramms der Spiele von 1936, die immer noch – und bis heute – dem Gelände sein Gepräge geben: Idealbilder heroischer Kämpfer, in denen sich athletische mit militärischen Qualitäten vereinen. Beispielhaft hierfür sind die beiden »Rosseführer« von Joseph Wackerle, die den Übergang vom Olympiastadion zum als Aufmarschplatz konzipierten Maifeld flankieren.[3] Auch Arno Brekers Plastiken im »Haus des Deutschen Sports« erfüllten die Ansprüche einer neuen NS-Kunst. Der »Zehnkämpfer« und die »Siegerin« standen am Beginn von Arno Brekers Karriere im »Dritten Reich« und »einer neuen ideologiegebundenen Auffassung von Bauplastik«[4]. Nahezu alle auf dem »Reichssportfeld« vertretenen Bildhauer gehörten der Riege der staatsnahen NS-Künstler an, einige fanden sich auf der von Adolf Hitler und Joseph Goebbels im Jahr 1944 erstellten Liste der »Gottbegnadeten« wieder.[5]

Zur Brisanz der Diskussion um das NS-Erbe trug 1991/92 bei, dass zeitgleich verschiedene rechtsextreme Gewalttaten das Vertrauen in das vereinte Deutschland erschütterten. So warnte 1993 der Präsident des Zentralrats der Juden in Deutschland Ignatz Bubis mit Blick auf die Olympia-Ambitionen: »Man stelle sich vor, in einer Zeit wo Deutschland mit ausländerfeindlichen Ausschreitungen, mit Hakenkreuzemblemen und Aktivitäten neonazistischer Gruppen in den Schlagzeilen der Weltpresse erscheint, marschieren Sportler aus aller Welt vor den Kameras einer Weltöffentlichkeit an Kolossalstatuen aus dem Dritten Reich vorbei ins Stadion, vorbei an Skulpturen, die unangefochten als Auslesemuster für ein rassereines arisches Menschenbild stehen.«[6]

Erstaunlicherweise plädierte damals niemand dafür, sich in wissenschaftlicher Form mit der Vergangenheit auseinanderzusetzen. Vielmehr versuchte man, das Problem im wahrsten Sinn des Wortes zu verhüllen, in der Hoffnung, dass es verschwinden möge: NOK-Chef Willi Daume, selbst ehemaliger Olympiateilnehmer von 1936,[7] schlug dementsprechend vor, die Skulpturen nach dem Vorbild des Künstlers Christo mit Zellophan zu verpacken – eine Vorstellung, die dem Kulturbeauftragten für die Olympia-Bewerbung Hilmar Hoffmann jedoch gar nicht behagte, da er fürchtete, dass hier der »Akt vom Zweck«[8] ablenken werde.

Doch auch seine eigene Idee, man könne die Statuen abbauen und »der Größe nach« neu arrangiert auf dem Maifeld des Geländes platzieren, um sie hierdurch zu ironisieren, wirkte eher hilflos.[9] Der ostdeutsche Star-Bildhauer Wolfgang Mattheuer spielte ebenfalls mit dem Gedanken der künstlerischen Entfremdung: Er regte an, die umstrittenen Figuren in den olympischen Farben zu kolorieren, um ihnen ein »internationales, multikulturelles Aussehen«[10] zu verleihen. Zahlreiche weitere »Entnazifizierungsversuche zur Rettung der ›Jahrtausendspiele‹«[11], wie die *taz* spottete, folgten. Doch wurde die »Schreckensvorstellung« (Wolf Jobst Siedler) eines Neusortierens, Verpackens oder Einfärbens der Statuen schließlich nicht Wirklichkeit. Denn jede weitere Diskussion verebbte, als Berlin am 23. September 1993 bei der Wahl der Olympiastadt durch das in Monte Carlo tagende IOC krachend scheiterte. Weit abgeschlagen landete die vereinte deutsche Hauptstadt auf dem zweitletzten Platz, das Rennen machte Sydney.[12]

Der Skulpturenstreit vom Beginn der 1990er Jahre wirft ein bezeichnendes Licht auf diejenigen Faktoren, die in der Welt des organisierten Sports als zuverlässige Auslöser einer vergangenheitspolitischen Reflexion und Gedenkkultur wirken: Denn es waren und sind üblicherweise bevorstehende Sportereignisse, denen Schübe der Erinnerungskultur folgen. Erst die Aussicht auf neue Olympische Spiele in Berlin schärfte 1991/92 den Blick auf das »Reichssportfeld«. Es sollte noch über zehn Jahre dauern, ehe sich 2004 eine fachlich versierte Historiker-Kommission um Professor Reinhard Rürup (Emeritus an der TU Berlin) und Professor Hans Joachim Teichler (Arbeitsbereich Zeitgeschichte des Sports an der Universität Potsdam) einer akribischen Erläuterung und Kommentierung sämtlicher Gebäude und Skulpturen des Areals auf über 40 Schautafeln annahm. Auch diese neue Initiative zur Einordnung des NS-Erbes hing allerdings unmittelbar mit einem internationalen Sport-Event zusammen, denn 2006 sollte Deutschland und damit auch Berlin als Gastgeber Besucher aus aller Welt zur Fußball-WM empfangen.

In der Tat hatte die Entscheidung der FIFA, Deutschland mit dem Großereignis zu betrauen, vielfältige erinnerungspolitische Aktivitäten zur Folge. Die Sportgeschichte, die von der Geschichtswissenschaft bislang eher als ungeliebtes Stiefkind behandelt worden war, erhielt zunehmend Aufmerksamkeit in der Historikerzunft. Im Jahr 2000 lud der Historiker Wolfram Pyta aus Stuttgart zum ersten fußballhistorischen Panel im Rahmen des 43. Historikertags in Aachen. Zugleich begann der organisierte Sport, sich einer kritisch-historischen Geschichtsschreibung zu öffnen. Zuvor galt die nüchterne Erkenntnis von Hans Joachim Teichler: »Der Sport organisiert das Heute, plant die Zukunft und – so möchte man resignierend hinzufügen – vergisst seine Vergangenheit.«[13]

Jahrzehntelang wurden die wissenschaftlichen Pionierarbeiten des Sporthistorikers Hajo Bernett, der seit Mitte der 1960er Jahre die »große Affinität des bürgerlichen Sports zur NS-Diktatur« nachgewiesen und die »Mär der erzwungenen Gleichschaltung« widerlegt hatte, »vom organisierten Sport nicht oder nur zögernd zur Kenntnis genommen«.[14] Noch 1975 hatte der Schriftsteller Walter Jens in einer Rede zum 75-jährigen Jubiläum des DFB die Geschichtsvergessenheit des Verbandes in Bezug auf das »Dritte Reich« kritisiert: »Fast scheint es, als habe es während der dreizehn Jahre der faschistischen Herrschaft in Deutschland nur ein einziges Problem gegeben«, wie man nämlich das Spielsystem des »Altreichs« und den »Offensivfußball aus Wien« verbinde. »Auschwitz aber, Buchenwald, Emigration, der Widerstand der Antifaschisten, die Raubzüge, die Millionen von Opfern – davon hätte doch auch die Rede sein müssen? Gab's denn keine Fußballspieler, Bar-Kochba-Mitglieder und Arbeitersportler, die damals aus politischen oder rassischen Gründen verfolgt wurden?«[15]

Doch nach der Vergabe der Fußball-WM an Deutschland förderte der DFB seit 2000, die Weltmeisterschaft und die »Weltmeinung« vor Augen, erstmals eine gründliche Studie zur Aufarbeitung der Geschichte des Verbandes in der Zeit des Nationalsozialismus, die noch vor dem Sportereignis vorgestellt wurde.[16] Parallel hierzu sorgte das 50. Jubiläum des »Wunders von Bern«, das 2005 mit einem Kinofilm von Sönke Wortmann publicityträchtig gewürdigt wurde, für einen neuen Boom des öffentlichen und medialen Interesses an Fußball- und Sportgeschichte.

Mittlerweile ist die NS-Geschichte fast aller ehemaligen Bundesligavereine der alten Bundesrepublik erforscht, sei es aufgrund des Forschungsinteresses einzelner Historiker und Historikerinnen, häufig aber auch aufgrund von Forschungsaufträgen der Clubs.[17] »Inzwischen gehört es fast zum guten Ton, dass große Traditionsvereine des Fußballs ihre Geschichte während des Nationalsozialismus begutachten lassen«[18], konstatierte Teichler 2014. Bemerkenswerterweise, dies muss hinzugefügt werden, gilt dies aber nur für die Fußballvereine in den alten Bundesländern. In der Fußball-Landschaft der ehemaligen DDR tut sich hier immer noch eine historische Leerstelle auf. Offenkundig macht sich als Spätfolge bemerkbar, dass die Sportpolitik der SED nach 1949 in dirigistischer Manier versuchte, sämtliche Erinnerungen an »bürgerliche Traditionsvereine« zu kappen. Die neuen sozialistischen Sportgemeinschaften führten zwar vor Ort faktisch die lokale Fußballtradition fort. Doch gab es aus sozialistisch verordneter Sicht keinerlei Verbindungen mehr zur »faschistischen Vergangenheit«, da man ausschließlich die demokratischen Impulse des Sports fortzuführen vorgab. Dies hat aktuell zur Folge, dass Fußballregionen und Vereine in Ostdeutschland sich auch heute nur selten als zuständig für eine Aufarbeitung der NS-Zeit sehen und damit die nationalsozialistische Überformung der Sportlandschaft für diesen Teil Deutschlands deutlich weniger erforscht oder auf Vereinsbasis vergegenwärtigt wird.

Dabei liegt gerade in der Vereinsforschung ein großes Potenzial, nicht nur für die Sozial- und Gesellschaftsgeschichte des Nationalsozialismus, sondern auch die Erinnerungskultur des organisierten Sports. Denn wie auch andere Vereine – etwa die Kunst- oder Heimatvereine – passten sich Sportvereine im »Dritten Reich« den neuen Machtverhältnissen an. Die hierzu verstärkt seit den 2000er Jahren publizierten Forschungsergebnisse irritierten mitunter gründlich das Selbstbild verschiedener Vereine.[19] Auch das Verhalten ganzer Sportarten wie etwa der Boxer oder der Ruderer, deren Verbandsorganisationen sich besonders eilfertig dem neuen Regime unterwarfen, bedarf noch einer gründlichen Betrachtung.[20] Doch existiert eine kritische Verbandsgeschichtsschreibung bislang vorwiegend für den Fußball, andernorts dominiert in der Selbstdarstellung noch immer die Welt der Chroniken und Festschriften. Historische Analysen werden zuweilen zum Gegenstand sportpolitischer Debatten: Ein vierbändiges Werk zum Mitorganisator der Olympischen Spiele von 1936, Carl Diem, löste heftige Kontroversen des Autors mit den beauftragenden Institutionen, der Deutschen Sporthochschule Köln und dem DOSB, aus.[21]

Neben Sportstätten wie dem Olympiastadion sowie der Vereinslandschaft sind es vor allem die Sportlerinnen und Sportler, die als Projektionsfläche der Erinnerungskultur dienen. Auch hier wirkte offenbar die Fußball-WM 2006 beflügelnd, da in diesem Jahr erstmals Personen in die neue, von der Stiftung Deutsche Sporthilfe initiierte *Hall of Fame* berufen wurden. Mit den Jahren folgten weitere Kooptierungen, sodass mittlerweile 125 Persönlichkeiten in der Ruhmesgalerie vertreten sind. Die Kriterien sind bewusst weit gefasst: Es sei eine »Form der Erinnerung an Menschen, die durch ihren Erfolg im Wettkampf oder durch ihren Einsatz für Sport und Gesellschaft Geschichte geschrieben haben.«[22] Der virtuelle Gedenkraum stelle allerdings »aufgrund der Geschichte Deutschlands eine besondere Herausforderung« dar. Auch der Historiker Thomas Mergel warnte in seiner Rede zur offiziellen Gründungsfeierlichkeit, die 2008 im Deutschen Historischen Museum stattfand: »Einige haben biographische Flecken auf der Weste, die sie in den Augen mancher wohl disqualifizieren würden. Willi Daume oder Sepp Herberger etwa waren bekanntlich Mitglieder der NSDAP, Josef Neckermann profitierte in den dreißiger Jahren von der Arisierung jüdischen Vermögens; gerade diese drei wurden jedoch auch später zu Symbolfiguren der Bundesrepublik und zu Leitfiguren des deutschen Sports.«[23] Die Kollektion der Namen und Lebensgeschichten sei ein »Spiegel der deutschen Nationalgeschichte. Es wird Streit darüber geben, natürlich. Aber gerade im Streit zeigt sich, welche Bedeutung der Sport als Erinnerungsort hat.«[24]

In der Tat folgten Auseinandersetzungen, vor allem mediale Kritik an geehrten Sportlegenden mit Nazi-Parteibuch, zu denen auch der Läufer Rudolf Harbig und der Radtrainer Gustav Kilian gehören – 2024 wurden weitere Details bekannt, sodass sich die Zahl der belasteten Personen auf mittlerweile 15 erhöhte.[25] Missfallen erregte auch, dass anfangs nur ein DDR-Sportler, der Schwimmstar Roland Matthes, aufgenommen wurde, hiergegen protestierte etwa der Theologe und Bürgerrechtler Rainer Eppelmann, mittlerweile im Vorstand der Bundesstiftung zur Aufarbeitung der SED-Diktatur. Doch wurde die Kritik zurückgewiesen mit dem Hinweis, dass nur Personen posthum Eingang finden könnten – oder wenn sie bereits, wie Matthes, die Goldene Sportpyramide als Ehrung erhalten hatten. Diese Regelung wurde bald darauf fallen gelassen. Hierbei spielten nicht nur sportliche Kriterien eine Rolle: Während etwa Birgit Fischer (2008) und Katarina Witt (2010) für ihre Erfolge honoriert wurden, erhielt der aus politischen Gründen ausdelegierte und inhaftierte Radsportler Wolfgang Lötzsch die Auszeichnung für seinen »einsamen Kampf unter einem feindlichen Regime«, der Thüringer Skilanglauftrainer Henrich Misersky und seine Tochter Antje wiederum aufgrund ihrer ablehnenden Haltung zum Doping im DDR-Sport. Doch sollte sich die Zuwahl einiger DDR-Größen als kontrovers herausstellen. So wurde lange um die Leichtathletin Heike Drechsler aufgrund von Doping- und Stasi-Vorwürfen gestritten, bevor sie aufgenommen wurde. Noch intensiver tobte der Streit um den »Held« der Friedensfahrt Gustav Adolf (Täve) Schur, mehrfach als »Sportler des Jahres« in der DDR gewürdigt. Um ihn rankte sich ein – mittlerweile von Schur selbst dementierter – Mythos: Er habe 1960 bei der Radsport-WM auf dem Sachsenring auf den persönlichen Erfolg verzichtet und einem Teamkameraden die Vorfahrt gelassen, um den »Sieg des Mannschaftskollektivs« zu sichern – gleichsam die gelebte, anschauliche Version des sozialistischen Gebots: »Vom Ich zum Wir« –, eine Episode, die auch vom Literaten Erik Neutsch in seinem Roman »Spur der Steine« verarbeitet wurde.[26] Der Sportchef des *Neuen Deutschland,* Klaus Ullrich, erklärte »Täve« in einer Biografie zur Inkarnation der DDR, seine Sportlaufbahn sei »der Aufstieg unseres Staates, an einem tüchtigen, fleißigen Menschen demonstriert, an einem Menschen, der Millionen bewies, was Wille und Fleiß für eine gute Sache vermögen«[27]. Diese Rolle als »Stellvertreter« verarbeitete ebenfalls, allerdings in gegenläufig kritischer Manier, der in den Westen geflüchtete Schriftsteller Uwe Johnson in seinem Werk »Das dritte Buch über Achim« in der Figur des Radrennfahrers Achim T.[28]

Die Aufnahme in die *Hall of Fame des deutschen Sports* wurde Täve Schur zweimal, 2011 und 2017, verweigert – eine offizielle Begründung erfolgte nicht. Doch gingen Medien davon aus, dass hierfür zum einen seine politische Laufbahn als Volkskammerabgeordneter der SED und Bundestagsabgeordneter für die PDS sowie verklärende Aussagen zur DDR verantwortlich waren.[29]

Die Sportjournalistin Grit Hartmann kritisierte, dass mit einer solchen Entscheidung gegen Schur der Sport seiner eigenen Vergangenheit aus dem Weg gehe und sich die »Konfrontation mit sich selbst erspart. Mit solcherart retuschierter Geschichte wird auch die Gegenwart um einen wichtigen Aspekt bereinigt, der dem organisierten Sport immanent und für seine Bewertung unverzichtbar ist: seine langmütige Unterstützung für Diktaturen und ihre Repräsentanten.«[30] Auch andere Stimmen mahnten, lieber einen »Ort der Erkenntnis« als eine »Sportwalhalla« zu errichten.[31] Doch ist der Anspruch, »das Abstraktum ›Staat‹ auf Mustermenschen mit Musterbiographien«[32] zu beziehen, eben nicht nur der sozialistischen Ikonografie, sondern auch der *Hall of Fame* im vereinten Deutschland inhärent. Nicht zuletzt Thomas Mergel hatte in seiner Festansprache ja die »Symbolfiguren der Bundesrepublik und Leitfiguren des Sports« explizit in einzelnen Lebensläufen verschränkt gesehen.

Obwohl die Olympiabewerbung für 2000 scheiterte, hatte sie doch einen positiven Effekt: Gretel Bergmann, die 1936 als »Alibijüdin« von den Nationalsozialisten für die deutsche Mannschaft nominierte und kurzfristig wieder ausdelegierte Hochspringerin, mittlerweile in die USA emigriert, meldete sich beim NOK für Deutschland, um gegen die Geschichtsvergessenheit zu protestieren. Auch sie wurde in die *Hall of Fame* aufgenommen.[33] Im Vorfeld der WM 2006 stiftete der DFB zudem den »Julius-Hirsch-Preis«. Die Auszeichnung verbindet das Andenken an den jüdischen Nationalspieler, der 1933 aus dem Karlsruher FV ausgeschlossen und 1943 im Konzentrationslager

Auschwitz ermordet wurde, mit einer Würdigung von Engagement für Toleranz in der Gegenwart.[34] Das Anliegen, der lange Zeit vergessenen jüdischen Sportlerinnen und Sportler und ihres Wegs zwischen »Erfolg und Verfolgung«[35] zu gedenken, ist mittlerweile fest in der Erinnerungskultur von DOSB und DFB verankert.

Die Aufarbeitung der Diktatur im DDR-Sport begann vergleichsweise zeitnah: Bereits in den 1990er Jahren gab das Bundesinstitut für Sportwissenschaft drei Forschungsprojekte an den Universitäten Göttingen, Münster und Potsdam in Auftrag, um Sport und Politik in der DDR zu erforschen. Verhaltener war das Engagement des organisierten Sports: Als erster – und einziger – Landessportbund in Ostdeutschland finanzierte der LSB Thüringen gemeinsam mit der Staatskanzlei und der Bundesstiftung zur Aufarbeitung der SED-Diktatur 2015 eine Studie zur Aufarbeitung des regionalen Sports. Ein analoges Anliegen in Brandenburg, obgleich 2013 von einer Enquete-Kommission empfohlen und bis zur Antragsfassung ausgereift, scheiterte an politischen Widerständen.[36]

Doping-Geschädigte traf nicht selten Häme: So war der Kugelstoßer und Diskuswerfer Andreas Krieger, der früher als Heidi Krieger für den SC Dynamo Berlin an den Start ging, in den Doping-Prozessen als Nebenkläger aufgetreten, da er nach eigenen Angaben aufgrund des hohen Anabolikakonsums zu einer Geschlechtsumwandlung genötigt worden war. Das vom ehemaligen NOK-Pressechef und Sportchef der *Jungen Welt* im Jahr 2000 verfasste »Lexikon der DDR-Sportler« vermerkte hierzu, dass ihm der Status als Dopingopfer »mehrfach Auftritte in Unterhaltungssendungen einbrachte«[37]. Dem 1999 gegründeten Doping-Opfer-Hilfeverein (DOH) stiftete Krieger seine bei den Leichtathletik-Europameisterschaften 1986 gewonnene Goldmedaille, die fortan als Auszeichnung im Anti-Doping-Kampf vergeben und 2014 in Anti-Doping-Preis umbenannt wurde. Insofern hat mit dem DOH mittlerweile eine Organisation, die in expliziter Abgrenzung und als bewusste Gegenkultur zum organisierten Sport begann, eine eigene Tradition mit eigenen Erinnerungszeichen hervorgebracht. Doch auch die »Damnatio Memoriae« aus DDR-Zeiten findet Nachahmer: Als sich die Dresdner Schwimmerin und

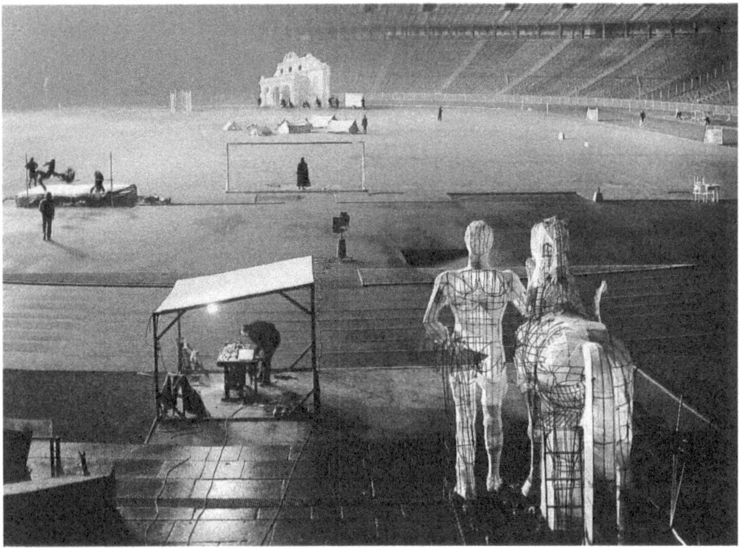

1977 gelang es der Berliner Schaubühne, sich mit der NS-Belastung des Olympiastadions künstlerisch auseinanderzusetzen.

Goldmedaillengewinnerin von Moskau 1980 Rica Reinisch als Nebenklägerin an den Doping-Prozessen beteiligte, wurde ihr Konterfei in der heimischen Schwimmhalle in Dresden abgehängt. Eine andere Nebenklägerin, die ehemalige Jenaer Sprinterin Ines Geipel, setzte den Doping-Verfahren ein literarisches Denkmal.[38] Zudem ließ sie im Jahr 2006 ihren Namen aus einem Staffelrekord des Jahres 1984 mit Verweis auf den hiermit verbundenen Dopingkonsum streichen, ihrem Beispiel folgte einige Jahre später die Erfurter Sprinterin Gesine Tettenborn.[39] Dass sich aktuelle Debatten zum DDR-Sport vorwiegend und hartnäckig an der Bewertung der Dopingpraxis entzünden, spiegelt fundamentale Probleme wider, die das Leben in einer Diktatur in der historischen Deutung aufwirft: Wer war Opfer, Täter oder Mitläufer, wieviel »Eigensinn« der Einzelnen stabilisierte die Herrschaft der Partei, was bedeutet Freiwilligkeit unter den Bedingungen eines autoritären Regimes, und wo stieß die Diktatur an ihre Grenzen?[40]

Auch hinsichtlich der NS-Aufarbeitung im Sport scheinen Debatten mitunter in einer Zeitschleife gefangen zu sein. So füllten sich im Jahr 2020 die Zeitungen in Berlin, aber auch international, erneut mit Wortgefechten über das Olympiastadion in Berlin. Im Kreuzfeuer standen, knapp 30 Jahre nach dem ersten versuchten »Bildersturm«, erneut die Statuen des Skulpturenprogramms von 1936, die nach wie vor im heutigen Olympiapark zu sehen sind. Auf »dem Olympiagelände wird mit Unterstützung des Denkmalschutzes die Propaganda der Nazis fortgesetzt, und keiner der Nutzer des Geländes erhebt sich dagegen«, kritisierte der ehemalige SPD-Senator Peter Strieder. Seine Forderung war eindeutig: »Weg mit diesen Skulpturen!«[41] Erneut rahmte ein aktuelles sportliches Anliegen den Streit um die Zeugnisse der Vergangenheit: Die Infragestellung des Denkmalschutzes koinzidierte offenbar nicht zufällig mit dem Wunsch von Hertha BSC, den Neubau eines Stadions auf dem historischen Maifeld zu erreichen.[42] Die Mehrzahl der Stimmen plädierte jedoch für Aufklärung statt Entsorgung.[43] Nach der jüngsten Ankündigung von Plänen des Landessportbundes von Berlin, sich für die Olympischen Spiele von 2036 zu bewerben, dürfte allerdings der nächste Skulpturenstreit bereits absehbar sein.[44]

Wie eine differenzierte Auseinandersetzung mit der Vergangenheit aussehen kann, hatte in den 1970er Jahren nicht der Sport, sondern die Kunst vorgemacht: In einer Aufführung der Berliner Schaubühne in einer Dezembernacht 1977 wurde Friedrich Hölderlins »Hyperion« im Rund des Berliner Olympiastadions gezeigt. Der Theaterabend stellte eine ästhetische Brechung von Hitlers monumentaler Olympia-Inszenierung von 1936 dar: Schauspieler, aber auch der prominente Leichtathlet Armin Baumert wirkten an der geisterhaften Schau mit, bei der Anspielungen auf sportliche und nationale Hybris mit Verweisen auf Kriegszerstörungen – so stand ein Modell der Ruine des Anhalter Bahnhofs in Berlin inmitten des Spielfeldes – ineinanderflossen. Auch die NS-Skulpturen wurden zitiert – die aus Papier und Wachs nachgebildeten Rosseführer von Joseph Wackerle gingen am Ende des Abends in hellen Flammen auf. Damit hatte das Stück all die Bilderstürme der kommenden Jahre bereits vorweggenommen.

Eine kaum beachtete Spätfolge der deutschen Einheit betrifft schließlich die Sportgeschichte selbst: Denn als sich in den späten 1960er und 1970er Jahren die Sportwissenschaft als interdisziplinäres Fach an deutschen Universitäten zu etablieren begann, weil der Sport im Systemkampf nun »wissenschaftlich aufgerüstet«[45] wurde, erlebte die akademische Sportgeschichte als »Kind des Kalten Krieges«[46] einen Aufschwung. Die hochgradige Ideologisierung der Sportgeschichte der DDR wurde ihr nach 1989/90 zum Verhängnis; sämtliche Professuren wurden abgewickelt. Doch auch in der Bundesrepublik geriet die Sportgeschichte mittlerweile unter die Räder ihrer Verortung im »anwendungsbezogenen« Feld der Sportwissenschaft, in dem die wenigen Historiker und Historikerinnen häufig erfolglos mit Sportmedizin und Trainingswissenschaftlern um Kapazitäten buhlten: Dies zeigt die Welle von Schließungen und Denominationen entsprechender Lehrstühle und Arbeitsbereiche, die bis heute anhält.

Die Kurve der öffentlichen Aufmerksamkeit für sporthistorische Themen zeigt hingegen schon seit mehr als 20 Jahren steil nach oben. Und so ist es umso erfreulicher, dass die Geschichte des Sports mittlerweile einen etablierten Platz in der Zeitgeschichtsschreibung der Bundesrepublik gefunden hat.

ANMERKUNGEN

1 Einleitung

1 Reinhard Rürup: 1936. Die Olympischen Spiele und der Nationalsozialismus, eine Dokumentation, Berlin 1999.
2 Hajo Bernett: Im Brennpunkt, in: Sportunterricht 35 (1986), S. 321 sowie Ders.: Der Streit um die Entnazifizierung des Berliner »Reichssportfeldes«, in: Hans-Jürgen Schaller/Dieter Pache (Hrsg.): Sport als Bildungschance und Lebensreform, Schorndorf 1995, S. 174–184.
3 Zur Erinnerungskultur rund um das Olympiastadion vgl. Jutta Braun: Weg mit den Skulpturen? Der Streit um die »Entnazifizierung« des Olympiageländes in Berlin, in: ZeitRäume 2020. Potsdamer Almanach, Göttingen 2020, S. 19–40.
4 Zur Begrifflichkeit vgl. Martin Sabrow/Peter Ulrich Weiß (Hrsg.): Das Jahrhundert vermessen. Signaturen eines vergangenen Zeitalters, Göttingen 2017.
5 Mit der »Eigenwelt«-These setzen sich kritisch auseinander: Kai Reinhart/Michael Krüger: Funktionen des Sports im modernen Staat und in der modernen Diktatur, in: Historical Social Research/Historische Sozialforschung 32 (2007) 1, S. 43–77, hier S. 44 f.
6 Horst Bredekamp/Gunter Gebauer: Die Wirklichkeit findet statt! Über notwendige Präsenz in Kunst und Sport, Köln 2021; Hans Ulrich Gumbrecht: Lob des Sports, Frankfurt am Main 2005 sowie Ders.: Präsenz, Berlin 2012.
7 Olaf Stieglitz/Jürgen Martschukat: Sportgeschichte, Version: 2.0, in: Docupedia-Zeitgeschichte, 08.07.2016, http://dx.doi.org/10.14765/zzf.dok.2.659.v2 [8.2.2024].
8 Norbert Frei/Dirk van Laak/Michael Stolleis (Hrsg.): Geschichte vor Gericht. Historiker, Richter und die Suche nach Gerechtigkeit, München 2000.
9 Dirk Oschmann: Der Osten: eine westdeutsche Erfindung, Berlin 2023, S. 112.
10 Steffen Mau/Thomas Lux/Linus Westheuser: Triggerpunkte. Konflikt und Konsens in der Gegenwartsgesellschaft, Berlin 2023.
11 Zu neuen Forschungsergebnissen und ihrer Deutung: Im Maschinenraum der Diktatur. Interview mit Jutta Braun, Frankfurter Allgemeine Zeitung, 4.10.2023.
12 Norbert Rossbach: »Täve«. Der Radsportler Gustav-Adolf Schur, in: Silke Satjukow/Rainer Gries (Hrsg.): Sozialistische Helden. Eine Kulturgeschichte von Propagandafiguren in Osteuropa und der DDR, Berlin 2002, S. 133–146; Karl-Heinrich Bette: Sporthelden. Spitzensport in postheroischen Zeiten, Bielefeld 2019.
13 Rudolf Stichweh: Der Wettkampfsport und sein Publikum. Risikoverhalten und Selbstbegrenzung im modernen Hochleistungssport, in: Ders.: Inklusion und Exklusion. Studien zur Gesellschaftstheorie, Bielefeld 2005, S. 113–129, hier S. 121.
14 Jutta Braun: Vom Troublemaker zum Integrationsstifter? Fußball und Gewaltprävention in Deutschland vor und nach 1989, in: Zeithistorische Forschungen/Studies in Contemporary History, Online-Ausgabe 15 (2018) 2, http://www.zeithistorische-forschungen.de/2-2018/id=5592 [8.2.2024], Druckausgabe: S. 302–328; Dies.: The

People's Sport? Popular Sport and Fans in the Later Years of the German Democratic Republic, in: German History 27 (2009) 3, S. 414–428.

15 Karl-Heinrich Bette: Beobachtungs- und Reflexionsdefizite im Sportsystem, in: Joachim Winkler/Kurt Weis (Hrsg.): Soziologie des Sports. Theorieansätze, Forschungsergebnisse und Forschungsperspektiven, Opladen 1995, S. 75–89, hier S. 76.

16 Diesem Thema haben sich vor allem Sportjournalisten gewidmet. Vgl. stellvertretend Hajo Seppelt: Feinde des Sports. Undercover in der Unterwelt des Spitzensports, Düsseldorf 2019.

17 So etwa die erste Auflage (1991) von: Hans Joachim Teichler: Internationale Sportpolitik im Dritten Reich, Baden-Baden 2022.

18 »Es gibt keine Idee, wie 1936 aufzuarbeiten ist«. Die Fragen über Vergangenheit und Zukunft Olympischer Spiele bleiben in Berlin ohne Antwort. Von Lorenz Maroldt, in: Neue Zeit, 7.7.1992.

19 Christian Becker: Marginalisierung der Sportgeschichte?: Eine Disziplin zwischen Entakademisierung und wachsender öffentlicher Wertschätzung, in: Deutschland-Archiv 45 (2012) 5, S. 343–350. Angespielt wird hier etwa auf die Gesellschaftsgeschichte von Hans-Ulrich Wehler und das Werk von Klaus Schroeder zum SED-Staat.

20 Thomas Großbölting: Wiedervereinigungsgesellschaft. Aufbruch und Entgrenzung in Deutschland seit 1989/1990, Bonn 2020.

21 Jutta Braun: »Learning from the Dictatorship? Sport in divided and unified Germany«, in: German Historical Institute London Bulletin 41 (2019) 1, S. 50–72.

22 DOSB: Bestandserhebung 2022, Frankfurt am Main 2023, S. 14, in: https://cdn.dosb.de/user_upload/www.dosb.de/uber_uns/Bestandserhebung/BE-Heft_2022.pdf [8.2.2024].

23 Vgl. Katja Neller: DDR-Nostalgie. Dimensionen der Orientierungen der Ostdeutschen gegenüber der ehemaligen DDR, ihre Ursachen und politischen Konnotationen, Wiesbaden 2006, S. 130.

2 Vereinssport und Staatssport

1 DOSB: Vor der Wahl: Die DNA der Demokratie, 20.9.2017, in: https://www.dosb.de/sonderseiten/news/news-detail/news/vor-der-wahl-die-dna-der-demokratie [8.2.2024].

2 Für die Transformationsjahre nach 1989/1990: Jürgen Baur: Sportvereine im Übergang. Die Vereinslandschaft in Ostdeutschland, Aachen 1995.

3 Gerhard Fischer/Ulrich Lindner: Stürmer für Hitler. Vom Zusammenspiel zwischen Fußball und Nationalsozialismus, Göttingen 1999; Markwart Herzog (Hrsg.): Die »Gleichschaltung« des Fußballsports im nationalsozialistischen Deutschland, Stuttgart 2016. Zur »Selbstgleichschaltung« vgl. auch Christian Becker: Zwischen (Selbst) Gleichschaltung, kommunaler Sportpolitik und sporttreibenden NS-Gliederungen, in: Sozial- und Zeitgeschichte des Sports 9 (1995) 2, S. 24–41.

4 Lorenz Peiffer: Sport im Nationalsozialismus. Zum aktuellen Stand der sporthistorischen Forschung. Eine kommentierte Bibliografie, Göttingen 2015.

5 Lorenz Peiffer (Hrsg.): Die erstrittene Einheit: Von der ADS zum DSB (1948–1950);

Bericht der 2. Hoyaer Tagung zur Entwicklung des Nachkriegssports in Deutschland, Hoya 1989; Michael Krüger: Gymnastik, Turnen und Sport im 19. Jahrhundert, in: Handbuch Sport und Sportwissenschaft; 1. Teil: Grundlagen von Sport und Sportwissenschaft, Berlin 2022, S. 347–362.

6 Vgl. Dierk Hoffmann/Hermann Wentker (Hrsg.): Das letzte Jahr der SBZ. Politische Weichenstellungen und Kontinuitäten im Prozess der Gründung der DDR, München 2000.

7 Giselher Spitzer: Die Ersetzung von Vereinen und Verband durch politisch gesteuerte Körperschaften, in: Ders./Hans Joachim Teichler/Klaus Reinartz (Hrsg.): Schlüsseldokumente zum DDR-Sport. Ein sporthistorischer Überblick in Originalquellen, Aachen 1998, S. 15–28.

8 Horst Groschopp: Breitenkultur in Ostdeutschland. Herkunft und Wende – wohin?, in: Aus Politik und Zeitgeschichte 11 (2001), S. 15–22.

9 Anlage 2 zum Protokoll Nr. 15 des Politbüros vom 8.4.1949: Betr.: Verbesserung der Arbeit des Deutschen Sportausschusses, in: Stiftung Archiv der Parteien und Massenorganisationen der DDR im Bundesarchiv (SAPMO-BArch), DY 30/IV2/2/15.

10 Zu Konzept und Erscheinungsformen der Bürgerlichkeit: Wolfram Pyta/Carsten Kretschmann (Hrsg.): Bürgerlichkeit. Spurensuche in Vergangenheit und Gegenwart, Stuttgart 2016.

11 Vgl. hierzu Christoph Kleßmann: Relikte des Bildungsbürgertums in der DDR, in: Hartmut Kaelble/Jürgen Kocka/Hartmut Zwahr (Hrsg.): Sozialgeschichte der DDR, Stuttgart 1994, S. 254–270.

12 Vgl. Thomas Großbölting: SED-Diktatur und Gesellschaft. Bürgertum, Bürgerlichkeit und Entbürgerlichung in Magdeburg und Halle, Halle 2001.

13 Frank Bösch: Das konservative Milieu. Vereinskultur und lokale Sammlungspolitik, Göttingen 2002.

14 Eike Stiller (Hrsg.): Literatur zur Geschichte des Arbeitersports in Deutschland von 1892 bis 2005. Eine Bibliographie, Berlin 2006.

15 Markwart Herzog: Erinnern, Gedenken und Vergessen im Fußballsport, in: Ders. (Hrsg.): Memorialkultur im Fußballsport. Medien, Rituale und Praktiken des Erinnerns, Gedenkens und Vergessens, Stuttgart 2013, S. 15–70, hier S. 15 ff.

16 Vgl. Hierzu John Bale: Identität, Identifikation, Image: Der Fußball und seine Verortung im Neuen Europa, in: Siegfried Gehrmann (Hrsg.): Fußball und Region in Europa. Probleme regionaler Identität und die Bedeutung einer populären Sportart, Münster 1999, S. 281–298; Wolfram Pyta/Nils Havemann (Hrsg.): European Football and Collective Memory, Basingstoke 2015.

17 Andreas Luh: Betriebssport zwischen Arbeitgeberinteressen und Arbeitnehmerbedürfnissen – eine historische Analyse vom Kaiserreich bis zur Gegenwart, Aachen 1998.

18 So die Definition von Luh, Betriebssport (wie Anm. 17), S. 13.

19 Klaus W. Tofahrn: Soziologie des Betriebssports, Berlin 1992, S. 44.

20 W. Ludwig Tegelbeckers: SG-Sport im Spiegel von Planung und »Erfüllung«. Eine regionale Studie zu Proportionen und Disproportionen im DTSB-organisierten Basissport, in: Hans Joachim Teichler (Hrsg.): Sport in der DDR. Eigensinn, Konflikte, Trends, Köln 2003, S. 135–235.

21 So Walter M. Iber/Johannes Gießauf/Harald Knoll: Fußball, Macht und Diktatur – zur Einleitung, in: Dies. (Hrsg.): Fußball, Macht und Diktatur. Streiflichter auf den Stand der historischen Forschung, Innsbruck 2014, S. 13–23, hier S. 18.

22 Sandra Budy/Nikolaus Katzer/Alexandra Köhring/Manfred Zeller (Hrsg.): Euphoria and Exhaustion. Modern Sport in Soviet Culture and Society, Frankfurt am Main 2010.

23 Stefan Creuzberger: Masterplan zur Sowjetisierung Osteuropas? Stalinismus und das Problem des Revolutionsexports, in: Kommunistische Machtübernahmen in Europa nach dem Zweiten Weltkrieg. Ein Rückblick nach 70 Jahren Zwangsvereinigung von KPD und SPD, hrsg. von Jörg Ganzenmüller und Franz-Josef Schlichting, Erfurt 2017, S. 13–37.

24 Anlage 2 zum Protokoll Nr. 15 des Politbüros vom 8.4.1949: Betr.: Verbesserung der Arbeit des Deutschen Sportausschusses, in: SAPMO-BArch, DY 30/IV2/2/15.

25 Bericht der Kommission zur Überprüfung der Arbeit der Demokratischen Sportbewegung, Berlin 12.3.1954, in: SAPMO-BArch, DY 30/J IV 2/2 A 347. Vgl. auch Teichler, Sport in der DDR (wie Anm. 20), S. 258 ff.

26 Vgl. Falco Werkentin: Politische Justiz in der Ära Ulbricht, Berlin 1994.

27 Horst Bartzsch: Verbrechen unter dem Deckmantel sportlicher »Traditionen«, in: Theorie und Praxis der Körperkultur 8 (1959) 6, S. 484–489.

28 DFV, Generalsekretariat, (Michalski), Gliederung über Probleme des Fußballs in der DDR, 20.5.1964, 1. Entwurf, in: NOFV-Archiv/Archiv Arbeitsbereich Zeitgeschichte des Sports, Univ. Potsdam. Zu den Verpflanzungen im folgenden Abschnitt siehe: Hanns Leske: Vorwärts. Armee-Fußball im Sozialismus. Aufstieg und Fall des ASK/FC Vorwärts Leipzig/Berlin/Frankfurt, Göttingen 2009.

29 Interview von Jutta Braun mit Hans Georg Moldenhauer am 8. April 2008 in Leipzig.

30 Uta Andrea Balbier: Kalter Krieg auf der Aschenbahn. Der deutsch-deutsche Sport 1950–1972. Eine politische Geschichte, Paderborn 2007, S. 190 f.

31 Michael Krüger: Zehn Thesen zur Entwicklung der deutschen Sportgeschichte, in: Sport und Gesellschaft 1 (2004) 1, S. 84–91, hier S. 86.

32 Michail Prozumenshikov: Bemerkungen zum sowjetischen Fußball unter Stalin und Chruscev, in: Iber/Gießauf/Knoll, Fußball, Macht und Diktatur (wie Anm. 21), S. 137–160.

33 Rüdiger Wenzke: Kämpfer in Rot-Gelb. Körperertüchtigung und Sport im Dienste der Landesverteidigung der DDR, in: Martin Elbe/Frank Reichherzer (Hrsg.): Der Sport des Militärs: Perspektiven aus Forschung, Lehre und Praxis, im Auftrag des Zentrums für Militärgeschichte und Sozialwissenschaften der Bundeswehr, Berlin 2023, S. 339–347, hier S. 342.

34 Andreas Hahn/Kristin Schönherr: 50 Jahre Sportförderung. Eine Geschichte des Spitzensports in der Bundeswehr, in: Elbe/Reichherzer, Sport des Militärs (wie Anm. 33), S. 169–185.

35 René Wiese: Staatsgeheimnis Sport. Die Abschottung des Leistungssportsystems der DDR, in: Historical Social Research/Historische Sozialforschung 32 (2007) 1, S. 154–171; Balbier, Kalter Krieg (wie Anm. 30), S. 113–120.

36 Klaus Reinartz: Die Zweiteilung des DDR-Sports auf Beschluss der SED, in: Hans Joachim Teichler/Ders.: Das Leistungssportsystem der DDR in den 1980er Jahren

und im Prozeß der Wende, Schorndorf 1999, S. 55–85. Zum Eishockey: René Feldvoß: Eishockey in der DDR – Anomalie im staatlichen Sportsystem, Schorndorf 2020.

37 Hans Joachim Teichler: Die Sportclubs, in: Ders./Reinartz, Leistungssportsystem (wie Anm. 36), S. 187–193, hier S. 189.

3 Kalter Krieg im Flutlicht: Innerdeutsche Sportbeziehungen

1 Karl Adolf Scherer: Der Männerorden. Die Geschichte des Internationalen Olympischen Komitees, Frankfurt am Main 1974.

2 Barbara Jean Keys: The Dictatorship of Sport. Nationalism, Internationalism and Mass Culture in the 1930s, (Diss. Harvard University) 2001, S. 191, 207f., 214, 224, 244, 246f.

3 Arnd Krüger: Sport und Politik. Von Turnvater Jahn zum Staatsamateur, Hannover 1975.

4 Rumänien, Jugoslawien, Ungarn, die Tschechoslowakei und Polen hatten seit den Winterspielen von St. Moritz 1948 wieder an Olympischen Spielen teilgenommen.

5 Jenifer Parks: Verbal gymnastics: Sport, Bureaucracy, and the Soviet Union's entrance into the Olympic Games, 1946–1952, in: Stephen Wagg/David L. Andrews (Hrsg.): East plays West. Sport and the Cold War, London 2007, S. 27–43, hier S. 39f.

6 Mike O'Mahony: Sport in the USSR. Physical Culture, Visual Culture, London 2006, S. 175.

7 Karl Ritter von Halt an Bundeskanzler Konrad Adenauer, 25.5.1951. Zit. nach Tobias Blasius: Olympische Bewegung, Kalter Krieg und Deutschlandpolitik 1949–1972, Frankfurt am Main u. a. 2001, S. 85.

8 Andreas Höfer: Der olympische Friede. Anspruch und Wirklichkeit einer Idee, St. Augustin 1994.

9 Jutta Braun: Sportler zwischen Ost und West, in: Aus Politik und Zeitgeschichte, B 29/30 (2008), S. 38–45. Zu den Konflikten ausführlich: Juliane Lanz: Zwischen Politik, Protokoll und Pragmatismus. Die deutsche Olympiageschichte von 1952 bis 1972, Berlin 2011.

10 Das konnte René Wiese in seiner Studie zu den Kinder- und Jugendsportschulen zeigen: René Wiese: Kaderschmieden des »Sportwunderlandes«. Die Kinder- und Jugendsportschulen der DDR, Hildesheim 2012.

11 Peter Kasza: 1954. Fußball spielt Geschichte. Das Wunder von Bern, Bonn 2004.

12 Eva Maria Gajek: Imagepolitik im olympischen Wettstreit. Die Spiele von Rom 1960 und München 1972, Göttingen 2013.

13 Kay Schiller/Christopher Young: The 1972 Munich Olympics and the Making of Modern Germany, Berkeley/Los Angeles/London 2010.

14 Heinz Koch/Dieter Wales/Helmuth Westphal/Bernhard Wilk: München 1972 Schicksalsspiele? - Eine Dokumentation über den Mißbrauch der olympischen Bewegung und ihrer Spiele durch den deutschen Imperialismus. Hrsg. von der Gesellschaft zur Förderung des olympischen Gedankens in der DDR, Ost-Berlin 1972.

15 Rüdiger Bergien: Erstarrter Bellizismus. Die SED-Funktionäre und ihr Weg in den

Herbst '89, in: Martin Sabrow (Hrsg.): 1989 und die Rolle der Gewalt, Göttingen 2012, S. 32–55.

16 Westkommission beim Politbüro des ZK der SED, Westabteilung des ZK, AG 1972 (1971): Sportpolitische Argumentation für die weitere Vorbereitung unserer Olympiakader auf die Olympischen Spiele in Sapporo und München. Zit. nach Jochen Staadt: Die SED und die Olympischen Spiele 1972, in: Klaus Schroeder (Hrsg.): Geschichte und Transformation des SED-Staates, Berlin 1994, S. 211–232, hier S. 222.

17 1974, anlässlich der Fußball-WM, wurde die Transportkiste erneut bereitgehalten, wurde aber auch hier nicht eingesetzt. Angela Schmole: Hauptabteilung VIII. Beobachtung, Ermittlung, Durchsuchung, Festnahme (MfS-Handbuch). Hrsg. BStU, Berlin 2011, S. 85.

18 Hinweise für das Schlusswort auf der erweiterten Tagung der Zentralen Leitung der SV Dynamo am 23.11.1972, o.D., in: BArch, MfS, ZAIG 4335, Bl. 84. Mit »Tourist« sind handverlesene DDR-Zuschauer gemeint, die zu den Spielen mitreisen durften.

19 Detlef Nakath: Zur Geschichte der Beziehungen zwischen beiden deutschen Staaten in den siebziger und achtziger Jahren anhand archivalischer Quellen, in: Ders. (Hrsg.): Deutschlandpolitiker der DDR erinnern sich, Berlin 1995, S. 11–38, hier S. 26.

20 Information über Stimmungen, Meinungen und Fragen in den Partei- und Arbeitskollektiven des Bundesvorstandes des DTSB der DDR und des Staatssekretariats für Körperkultur und Sport zum Besuch des Gen. Honecker in der BRD und zum Dokument von SED und SPD »Der Streit der Ideologien und die gemeinsame Sicherheit«, in: SAPMO-BArch, DY 30/4966.

21 Zentrale Parteileitung, 21.9.1987. Über Stimmungen, Meinungen, Fragen und Probleme zum Besuch des Gen. Honecker in der BRD und zum Dokument von SED und SPD »Der Streit der Ideologien und die gemeinsame Sicherheit« – bezogen auf das Gebiet von Körperkultur und Sport, in: SAPMO-BArch, DY 30/4966.

22 Festigung prinzipieller Feindbilder, in: Der Spiegel, 25.1.1988.

23 Siegfried Müller/Heinz Schwidtmann: Ausgewählte Schwerpunkte der politisch-ideologischen Vorbereitung von Leistungssportlern auf die Olympischen Winterspiele 1988, in: Theorie und Praxis des Leistungssports 25 (1987) 6, S. 9–22.

24 Ebd.

25 Rückspiegel, in: Der Spiegel, 1.2.1988.

26 Vgl. hierzu Uta Andrea Balbier: Instrument oder Freiraum? Innerdeutscher Sportverkehr 1952–1965, in: Teichler, Sport in der DDR (wie Kap. 2, Anm. 20), S. 21–60.

27 Der Sportverkehr wurde am 21. September 1952 mit den Oberweseler Beschlüssen abgebrochen und am 12. Dezember 1952 mit dem Berliner Abkommen wieder aufgenommen.

28 Vgl. das Kapitel »Die ungeteilte Freude beim Wunder von Bern«, in: René Wiese/Jutta Braun (Hrsg.): Doppelpässe. Wie die Deutschen die Mauer umspielten, Hamburg 2006, S. 62–67.

29 Siehe auch Jutta Braun: Fußball und politische Freiheit – Erfahrungen des geteilten Deutschland, Berlin 2008.

30 Fußball-Woche, 9.10.1956.

31 Das Spiel und die Folgen sind ausführlich beschrieben bei: Mählert, Ulrich: Ein deutsch-deutsches Fußballspiel, in: sportmuseum aktuell 1 (2000), S. 14–16.

32 Fußball-Woche, 22.8.1961.

33 Hans-Dieter Krebs: Das deutsch-deutsche Sportprotokoll 1974. Entwicklungsgeschichte und politische Bedeutung – eine quellenhistorische Analyse, Bergheim 2001.

34 Vgl. hierzu und im Folgenden: Jutta Braun: Klassenkampf im Flutlicht. Innerdeutscher Sportverkehr 1974–1989, in: Teichler, Sport in der DDR (wie Kap. 2, Anm. 20), S. 61–132.

35 Willi Knecht im Sportinformationsdienst, 10.11.1977. Vgl. auch Willi Knecht: DTSB/DSB. Auf ungleichen Wegen in die Zukunft, in: Deutschland Archiv 7 (1974), S. 725–729.

36 So DSB-Vizepräsident Hans Hansen, in: Badisches Tagblatt, 17.3.1986.

37 Stefan Wolle: Der Traum vom Westen. Wahrnehmungen der bundesdeutschen Gesellschaft in der DDR, in: Konrad H. Jarausch/Martin Sabrow (Hrsg.): Wege in den Untergang. Der innere Zerfall der DDR, Göttingen 1999, S. 196 f.

38 In: SAPMO-BArch, DY 12/3139.

39 Konzeption für die Vorbereitung des SC Traktor Schwerin auf einen Vergleichskampf der Damenmannschaft im Volleyball mit dem USC Medico Münster (BRD), o.D., in: SAPMO-BArch, DY 12/3139.

40 Vgl. etwa FC Schüttorf 09, 6.8.1985, Sachbericht über die sportliche Begegnung mit TSG Wismar am 2.–4.8.1985 in Schüttorf, in: BArch, B 137/9514.

41 Sportvereinigung Dynamo, SG Dynamo Dresden, 15.3.1978, Konzeption für die Vorbereitung des internationalen Wettkampfs der SG Dynamo Dresden gegen den Westberliner Sportklub Hertha BSC am 26.4.1978 in Dresden, in: SAPMO-BArch, DY 12/3139.

42 Abteilung Internationale Verbindungen, Berlin, 11.4.1978. Information an Genossen Schröder. Zum Spiel Dynamo Dresden – Hertha BSC Westberlin, in: SAPMO-BArch, DY 12/3139.

43 Elf Feinde sollt Ihr sein. Vor 25 Jahren trafen Dynamo Dresden und Hertha zum ersten Mal aufeinander – ein Rückblick. Von Jutta Braun und René Wiese, in: Der Tagesspiegel, 3.3.2013.

44 SC Traktor Schwerin, Ergänzungsbericht zum Formblatt, 27.12.1978, in: SAPMO-BArch, DY 12/3139.

45 Deutsch-deutsches Handball-Duell. Erst ein Eklat, dann siegte Essen mit 23:18, in: Berliner Morgenpost, 2.12.1983.

46 Jutta Braun/René Wiese: Duell an der Spree – Sportkultur und Sportverkehr in Berlin (1949–1961), in: Michael Lemke (Hrsg.): Schaufenster der Systemkonkurrenz. Die Region Berlin-Brandenburg im Kalten Krieg, Köln u. a. 2006, S. 343–364. Vgl. auch Gertrud Pfister: Sportstadt Berlin, in: Sportmuseum Berlin (Hrsg.): Sport in Berlin. Kulturhistorische Schätze aus der Olympia-Stadt, Berlin 1991, S. 8–16.

47 Vgl. Ronald Huster: Duell an der Spree – Radsport im geteilten Berlin, in: Jutta Braun/Hans Joachim Teichler (Hrsg.): Sportstadt Berlin im Kalten Krieg. Prestigekämpfe und Systemwettstreit. Berlin 2006, S. 285–313.

48 1950 nahm erstmals eine DDR-Mannschaft an der Friedensfahrt teil. Ab 1952 gehörte die DDR dann auch zu den Mitausrichtern der Tour. Prag setzte zweimal (1953 und 1988), Warschau einmal (1988) als Etappenort aus. Ebd.

49 Manfred Ewald, 12.3.1986. Bericht über einen Arbeitsbesuch am 10.3.1986 in Warschau, in: SAPMO-BArch, DY 30/5070. Zit. nach Huster, Radsport, S. 309.

50 Vgl. exemplarisch TeBe offeriert 63000 Ostkarten, in: Fußball-Woche, 31.3.1952.

51 Jutta Braun: Herthas Punkte-Teilung, in: Der Tagesspiegel, 11.8.2011.

52 René Wiese: Die Teilung des Berliner Fußballs 1945–1950. Zwischen bürgerlichem Vereinsprinzip und kommunistischem Kommunalsport, in: Herzog, »Gleichschaltung« (wie Kap. 2, Anm. 3), S. 385–411.

53 Vgl. Klaus Thiemann: Die doppelte Verpflanzung Dynamos. Dynamo Dresden, der Meister 1952/53, in: Horst Friedemann (Hrsg.): Sparwasser und Mauerblümchen. Die Geschichte des Fußballs in der DDR 1949–1991, Essen 1991, S. 31–35.

54 Zur Geschichte von Hertha hier und im Folgenden: René Wiese: Hertha BSC im Kalten Krieg (1945–1961), in: Braun/Teichler, Sportstadt Berlin (wie Anm. 47), S. 96–149.

55 IOC-Präsident Brundage hatte am 8. April 1965 in der West-Berlin-Frage ein Machtwort gesprochen. Ein eigenständiges NOK der Stadt, das die DDR im Sinne ihrer »Drei-Staaten-Theorie« gefordert hatte, wurde kategorisch abgelehnt.

56 Seit 1978 verlangte der Ostblock eine »Stadtväter-Einladung« des Regierenden Bürgermeisters, um zu Sportveranstaltungen anzureisen: eine Praxis, die erstmals bei der Schwimm-WM 1978 geübt wurde. »Zwischenfälle bei Sportveranstaltungen«. Liste des LSB Berlin, geführt von 1971–1988, in: Archiv des Landessportbundes Berlin. Auszüge aus den Listen sind abgedruckt in: Braun/Teichler, Sportstadt Berlin (wie Anm. 47), S. 158–159.

57 So boxte Neuberger eine Statuten-Änderung des FIFA-Reglements durch: »die Spiele der Endrunde müssen im Land des organisierenden Nationalverbandes ausgetragen werden« wurde erweitert um den Zusatz: »sofern die Organisationskommission der FIFA nichts anderes beschließt.« Die WM 74 und Berlin, in: Stuttgarter Zeitung, 13.3.1985.

58 Vgl. hierzu: Jutta Braun: Inselstadt im Abseits, in: Braun/Teichler, Sportstadt Berlin (wie Anm. 47), S. 150–183.

59 Zimmermann kritisiert DFB, in: Süddeutsche Zeitung, 21.2.1985.

60 Witte, 6.3.1985, VS-NfD Plurez an Paris, Den Haag, Rom, Lissabon, Reykjavik, Edinburgh, Wien, Bern, London. Nachrichtlich: Moskau, Prag, ChBK, Washington, StäV, in: BArch, B 136/24413.

61 Zur Kontroverse um die EM 1988: (+ Resolution des Beirats des Westdeutschen Fußballverbandes vom 19.3.1985), in: BArch, B 136/24413.

62 Mary Fulbrook: Generationen und Kohorten in der DDR. Protagonisten und Widersacher des DDR-Systems aus der Perspektive biographischer Daten, in: Annegret Schüle/Thomas Ahbe/Rainer Gries (Hrsg.): Die DDR aus generationengeschichtlicher Perspektive. Eine Inventur, Leipzig 2006, S. 113–130.

63 Wiese/Braun, Doppelpässe (wie Anm. 28).

64 Beitrag von Christoph Dieckmann beim Podium »Spiel ohne Grenzen. Fußball in der Transformation« mit Jutta Braun, 19.1.2023 in Berlin.

65 Vgl. zur deutsch-deutschen Fankultur die Beiträge Jutta Braun: Sportfreunde oder Staatsfeinde? in: Deutschlandarchiv 37 (2004) 3, S. 440–447; Dies./Hans Joachim Teichler: Fußballfans im Visier der Staatsmacht, in: Teichler, Sport in der DDR (wie Kap. 2, Anm. 20), S. 561–586.

66 Julia Schenk/Christian Meyer: Ein Trikot auf Reisen, in: Wiese/Braun, Doppelpässe (wie Anm. 28), S. 121.

67 Hanns Leske: Erich Mielke, die Stasi und das runde Leder, Göttingen 2004, S. 414.

68 Abschirmung bis ins Stadion an der Berliner Mauer, in: Frankfurter Allgemeine Zeitung, 17.9.1982.

69 Information über gesellschaftsgefährliches Verhalten negativ-dekadenter Jugendlicher im Zusammenhang mit Spielen der Oberliga-Fußballmannschaft des 1. FC Union Berlin, 10.10.1977, in: BArch, MfS, ZA ZAIG 2731.

70 Vgl. René Wiese: Wie der Fußball Löcher in die Mauer schoss. Die Ost-West-Alltagskultur des Fußballs in Berlin (1961–1990), in: Braun/Teichler, Sportstadt Berlin (wie Anm. 47), S. 239–284.

71 »Sogenannter Schlachtgesang von negativen Anhängern des 1. FC Union-Berlin«. Unter dieser Überschrift klärte das MfS in einer internen Ausstellung über die »Methoden des Klassenfeindes« auf. Vgl. Wiese/Braun, Doppelpässe (wie Anm. 28), S. 116. Zu deutsch-deutschen Fußballfreundschaften und der Überwachung von Union vgl. ebd., S. 112–121; Beitrag von Gerald Karpa beim Podium »Umkämpfte Arenen« am 29.9.2022 in Berlin.

4 Boykotte, Sanktionsregime und Stellvertreterkriege

1 Aus sportjournalistischer Sicht neuerdings: Thomas Kistner/Johannes Aumüller: Putins Olygarch. Wie Thomas Bach und das IOC die Olympischen Spiele verraten, München 2024.

2 »The Olympic Games are not about politics. The International Olympic Committee, as a civil non-governmental organisation, is strictly politically neutral at all times,« (Thomas Bach, 2020), in: Forbes, 26.10.2020, https://www.forbes.com/sites/michellebruton/2020/10/26/ioc-president-thomas-bach-olympics-are-not-about-politics-athletes-should-be-politically-neutral-at-games/?sh=32ed234079d8. Die Formulierung »Sport and politics don't mix« wurde besonders vehement von der VR China vertreten. Susan Brownell: »Sport and Politics don't mix.« Chinas relationship with the IOC during the Cold War, in: Wagg/Andrews, East plays West (wie Kap. 3, Anm. 5), S. 253–271.

3 Isabella Löhr/Roland Wenzlhuemer (Hrsg): The Nation and Beyond: Governing Globalization Processes in the Nineteenth and Early Twentieth Centuries, Heidelberg 2013.

4 Dirk Messner: Politik im Wandel. NGOs in der Irrelevanzfalle oder NGOisierung der (Welt)politik?, in: Globale Trends und Internationale Zivilgesellschaft oder: Die NGOisierung der (Welt)-Politik? Hrsg. von der Friedrich-Ebert-Stiftung, Düsseldorf 1996, S. 11–37.

5 Michael L. Gross/Tamar Meisels (Hrsg.): Soft war: The ethics of unarmed conflict, Cambridge u. a. 2017; Jan Eckel: Die Ambivalenz des Guten. Menschenrechte in der internationalen Politik seit den 1940ern, Göttingen 2014.

6 Hans-Dieter Krebs: Die Zeit der Boykottbewegungen (1976–1988), in: Manfred Lämmer/NOK (Hrsg.): Deutschland in der Olympischen Bewegung. Eine Zwischenbilanz, Frankfurt am Main 1999, S. 301–315.

7 Aufruf von Heinrich Mann gegen die Durchführung der Olympischen Spiele in Berlin in der »ArbeiterIllustrierten-Zeitung«, 10. Juni 1936. Zit. nach Rürup, 1936 (wie Kap. 1, Anm. 1), S. 60.

8 Victor Klemperer: »Ich will Zeugnis ablegen bis zum letzten.« Tagebücher 1933–1945, 8 Bde., Berlin 1995, Tagebucheintrag vom 13.8.1936, Bd. 2, S. 122f.

9 Vgl. hierzu: Jutta Braun: Der Boykott und die »Alibijuden«. Zur Allianz von amerikanischem Sport, NS-Sportführung und IOC zur Sicherung der Spiele von Berlin 1936, in: Berno Bahro/Jutta Braun/Hans Joachim Teichler (Hrsg.): Vergessene Rekorde – Jüdische Leichtathletinnen vor und nach 1933, Berlin 2009, S. 138–145; Jutta Braun: Helene Mayer. Eine jüdische Sportlerin in Deutschland, in: Theresia Bauer et al. (Hrsg.): Gesichter der Zeitgeschichte. Deutsche Lebensläufe im 20. Jahrhundert, München 2009, S. 85–102.

10 Robert E. Rinehart: »Fists flew and blood flowed«: Symbolic Resistance and International Response in Hungarian Water Polo at the Melbourne Olympics, 1956, in: Journal of Sport History, 23 (1996) 2, S. 120–139.

11 Markku Jokispilä: Revenge in 1969, Miracle in 1980: The Two most Politically Charged Moments of Cold War Ice Hockey, in: Arié Malz/Stefan Rohdewald/Stefan Wiederkehr (Hrsg.): Sport zwischen Ost und West. Beiträge zur Sportgeschichte Osteuropas im 19. und 20. Jahrhundert, Osnabrück 2007, S. 93–111.

12 Mikhail Prozumenshikov: Action in the Era of Stagnation. Leonid Brezhnev and the Soviet Olympic Dream, in: Robert Edelman/Christopher Young (Hrsg.): The Whole World was watching. Sport in the Cold War, Stanford, Cal. 2020, S. 97–110, hier S. 102.

13 Vgl. Jörg Ganzenmüller: Bruderzwist im Kalten Krieg. Sowjetisch-tschechoslowakische Länderspiele im Umfeld des »Prager Frühlings«, in: Malz/Rohdewald/Wiederkehr, Sport zwischen Ost und West (wie Anm. 11), S. 113–130.

14 Čáslavská gehörte später zu den Symbolfiguren der Samtenen Revolution und wurde Beraterin von Präsident Vaclav Havel. Als das Turnen noch weiblich war – Věra Čáslavská, in: Bettina Schumann-Jung: Sportlerinnen schreiben Geschichte. 25 Porträts von außergewöhnlichen Frauen, Hildesheim 2017, S. 15–19.

15 David Goldblatt: Die Spiele: Eine Weltgeschichte der Olympiade, Göttingen 2018, S. 392.

16 Jan Hangenbrauck: Sportbezogener Protest gegen die Apartheid in Südafrika 1956–1992, Baden-Baden 2020, S. 134.

17 Ebd., S. 135–137.

18 Schiller/Young, 1972 Munich Olympics (wie Kap. 3, Anm. 13), S. 16.

19 James Alexander Ivey: »Welcome Ali, Please go Home«: Muhammad Ali as Diplomat and African Debates on the 1980 Moscow Olympic Boycott, in: African Studies Review, 66 (2023) 2, S. 490–508, hier S. 495f.

20 Dies zeichnete sich bereits im Zuge der Islamischen Revolution im Iran und der Geiselnahme in der US-Botschaft ab, als Carter seine Nato-Partner zu harten Sanktionen aufforderte. Frank Bösch: Zeitenwende 1979. Als die Welt von heute begann, München 2019, S. 47ff.

21 Ivey, »Welcome Ali, Please go Home« (wie Anm. 19).

22 Über den Zugzwang, in den ihn die Boykottforderung Carters brachte, hat Helmut

Schmidt später in seinen Memoiren Auskunft gegeben: Helmut Schmidt: Menschen und Mächte, Berlin 1987, S. 290ff.

23 Daume an Bahr, 28.5.1980, in: Willi-Daume-Archiv.

24 Memo von Daume, ohne Datum, Anfang Mai 1980, in: Willi-Daume-Archiv.

25 »Warum soll nur der Sport Opfer bringen?« Interview mit Willi Daume, in: Der Spiegel, 28.1.1980.

26 Daume an Harm Beyer, 30.4.1980. Willi-Daume-Archiv.

27 Schmidt, Menschen und Mächte (wie Anm. 22), S. 123f.

28 Die ausführlichste Dokumentation der zeitgenössischen Sportpolitik ist nach wie vor: Willi Ph. Knecht: Der Boykott. Moskaus mißbrauchte Olympiade, Köln 1980.

29 Daume an Killanin, 19.5.1980, in: Willi-Daume-Archiv. Abteilungsleiter 3, Dr. Konow, 16.4.1980, Betr.: Olympische Sommerspiele 1980 in Moskau, in: BArch, B 136/19953.

30 Olympia-Boykott von 1980 hat nichts gebracht. Interview mit Eberhard Gienger, in: Die Welt, 26.3.2008.

31 Vermerk über das Gespräch der Bundesregierung mit Vertretern der Sportorganisationen über die Teilnahme an den Olympischen Sommerspielen 1980 in Moskau am 29. April 1980 im Bundeskanzleramt (5.5.1980), in: BArch, B 136/24413. Vgl. Jutta Braun: Wettkampf zwischen Ost und West. Sport und Gesellschaft, in: Frank Bösch (Hrsg.): Geteilte Geschichte. Ost- und Westdeutschland 1970–2000, Göttingen 2015, S. 411–448.

32 Nicholas Evan Sarantakes: Dropping the Torch. Jimmy Carter, the Olympic Boycott, and the Cold War, Cambridge u.a. 2011, S. 174.

33 Warum soll nur der Sport Opfer bringen?, in: Der Spiegel, 28.1.1980.

34 Krebs, Boykottbewegungen (wie Anm. 6), S. 309.

35 Sturm der Entrüstung ist ausgeblieben. Interview mit TV-Sportkoordinator Hans Heinrich Isenbarth, in: Der Spiegel, 28.7.1980.

36 Frank Bösch: Deals mit Diktaturen. Eine andere Geschichte der Bundesrepublik, München 2024.

37 Bösch, Zeitenwende 1979 (wie Anm. 20), S. 263. Bösch zitiert aus: Gespräch Schmidt mit Sportvertretern am 29.4.1980, in: Archiv der sozialen Demokratie (AdsD), 1/HSAA008890.

38 Bösch, Zeitenwende 1979 (wie Anm. 20), S. 282.

39 Joachim Käppner: Berthold Beitz: Die Biografie. Mit einem Vorwort von Helmut Schmidt, Berlin 2013.

40 Mehr befohlen, in: Der Spiegel, 2.6.1980.

41 Ebd.

42 Diese Sentenz wird offenbar häufig von Thomas Bach verwendet, wird allerdings auch Willy Brandt zugeschrieben. Ende der Medaillenträume, in: Der Spiegel, 20.7.2020.

43 Evelyn Mertin: The Soviet Union and the Olympic Games of 1980 and 1984: explaining the Boycotts to their own people, in: Wagg/Andrews, East plays West (wie Kap. 3, Anm. 5), S. 235–252.

44 Memo von Daume, ohne Datum, Anfang Mai 1980, in: Willi-Daume-Archiv.

45 Reform statt Revolution, in: Der Spiegel, 21.7.1980.

46 Robert Simon Edelman: »The Russians are not coming. The Soviet Withdrawal from

The Games of the XXIII Olympiad«, in: The International Journal of the History of Sport, 32 (2014) 1, S. 9–36.

47 In Sarajevo wehten die Flaggen auf halbmast, in: Neues Deutschland, 15.2.1984.

48 Edelman, Russians are not coming (wie Anm. 46), S. 12.

49 Botschaft der DDR in der UdSSR – Kulturabteilung, Moskau 18.1.1984, Zur Situation im sowjetischen Leistungssport, in: SAPMO-BArch, DY 30 IV 2/2.039/260.

50 DDR-Vorbereitung auf die Olympischen Spiele in Seoul. Von Ernst Dieter Schmickler, in: Staatliches Komitee für Rundfunk, Redaktion Monitor, DLF, 29.10.1984.

51 Konzeption für den Empfang einer offiziellen Delegation des Sportkomitees der UdSSR unter Leitung des Vorsitzenden M.W. Gramow, in der Zeit vom 28.–30.3.1984 und Bericht über den Aufenthalt der Delegation des Komitees für Körperkultur und Sport beim Ministerrat der UdSSR unter Leitung seines Vorsitzenden Marat Gramow, vom 28. bis 31. März 1984 in Berlin, in: SAPMO-BArch, DY 30 IV 2/2.039/255.

52 Deutscher Turn- und Sportbund, Massenorganisation des Sports der DDR. Führungsfigur des DTSB und des NOK war in Personalunion Manfred Ewald.

53 MfS, Treffbericht, 13.3.1984, in: BArch, MfS, HA XX, 69254/92.

54 Dies betont auch Edelman auf Grundlage sowjetischer Quellen.

55 Konzeption für den Empfang einer offiziellen Delegation des Sportkomitees der UdSSR unter Leitung des Vorsitzenden M.W. Gramow, in der Zeit vom 28.–30.3.1984 und Bericht über den Aufenthalt der Delegation des Komitees für Körperkultur und Sport beim Ministerrat der UdSSR unter Leitung seines Vorsitzenden Marat Gramow, vom 28. bis 31. März 1984 in Berlin, in: SAPMO-BArch, DY 30 IV 2/2.039/255.

56 Jutta Braun/René Wiese: Tracksuit Traitors. Eastern German Top Athletes on the Run, in: The International Journal of the History of Sport 31 (2014) 12, S. 1519–1534.

57 Konzeption für den Empfang einer offiziellen Delegation des Sportkomitees der UdSSR unter Leitung des Vorsitzenden M.W. Gramow, in der Zeit vom 28.-30.3.1984 und Bericht über den Aufenthalt der Delegation des Komitees für Körperkultur und Sport beim Ministerrat der UdSSR unter Leitung seines Vorsitzenden Marat Gramow, vom 28. bis 31. März 1984 in Berlin, in: SAPMO-BArch, DY 30 IV 2/2.039/255.

58 Krenz an Honecker, 9.4.1984, Übergabe von Bericht über Beratung am 5.4.1984 in Moskau, in: SAPMO-BArch, DY 30 IV 2/2.039/255.

59 Krenz an die Mitglieder und Kandidaten des PB, 9.4.1984, Anl. 1: Bericht über eine Beratung beim ZK der KPdSU am 5.4.1984 in Moskau im Zusammenhang mit der Vorbereitung der Olympischen Spiele in Los Angeles. Handschriftlich Gröger/Reddartz, in: SAPMO-BArch, DY 30 IV 2/2.039/255.

60 Ebd.

61 Abteilung Sport, Berlin 12.5.1984, Bericht über die Teilnahme an einer Beratung der für Sport verantwortlichen Abteilungsleiter der Bruderparteien sozialistischer Länder und der Vorsitzenden der Sportorganisationen sozialistischer Länder am 11. Mai 1984 in Moskau (UdSSR) Teilnehmer: VRB, UVR, DDR, KDVR, Kuba, VDRL, MVR, VRP, SRR, CSSR, UdSSR, Zusammenfassende Darstellung der Ausführungen des Gen. Stukalin (Anlage 2), in: SAPMO-BArch, DY 30 IV 2/2.039/255.

62 Vgl. das Doping-Kapitel in diesem Band.

63 Krenz an die Mitglieder und Kandidaten des PB, 9.4.1984, Anl. 1: Bericht über eine Beratung beim ZK der KPdSU am 5.4.1984 in Moskau im Zusammenhang mit der

Vorbereitung der Olympischen Spiele in Los Angeles. Handschriftlich Gröger/Reddartz, in: SAPMO-BArch, DY 30 IV 2/2.039/255.

64 Zu den Gründen vgl.: Edelman, Russians are not coming (wie Anm. 46).

65 Deutsches Sportecho, 9.5.1984.

66 Protokoll der Politbürositzung vom 8. Mai 1984, in: SAPMO-BArch, DY 30 JIV 2/2/2053.

67 Deutsches Sportecho, 11./12.5.1984.

68 Reinhold Andert/Manfred Ewald: Manfred Ewald – Ich war der Sport. Wahrheiten und Legenden aus dem Wunderland der Sieger, Berlin 1994, S. 184.

69 Krebs, Boykottbewegungen (wie Anm. 6), S. 313.

70 UM = Unterstützende Mittel, Doping. MfS, Treffbericht, 15.6.1984, in: BArch, MfS, ZA, A 637/79.

71 Abteilung Sport, Berlin 12.5.1984, Bericht über die Teilnahme an einer Beratung der für Sport verantwortlichen Abteilungsleiter der Bruderparteien sozialistischer Länder und der Vorsitzenden der Sportorganisationen sozialistischer Länder am 11. Mai 1984 in Moskau (UdSSR) Teilnehmer: VRB, UVR, DDR, KDVR, Kuba, VDRL, MVR, VRP, SRR, CSSR, UdSSR, in: SAPMO-BArch, DY 30 IV 2/2.039/255.

72 Krenz an Honecker, 21.12.1984; Fidel Castro Ruz an Juan Antonio Samaranch, 29.11.1984, in: SAPMO-BArch, DY 30 IV 2/2.039/260.

73 DTSB der DDR, Präsident, Berlin, 28.5.1984, Bericht über die Teilnahme einer Delegation der Sportleitung der DDR an einem Treffen der Vorsitzenden der Sportleitungen sozialistischer Länder am 24.5.1984 in Prag (CSSR), in: SAPMO-BArch, DY 30 IV 2/2.039/255.

74 DTSB der DDR, Präsident, 7.6.1984. Aktennotiz. Persönliches Gespräch zwischen Manfred Ewald und Willi Daume, in: SAPMO-BArch, DY 30 IV 2/2.039/261.

75 Prozumenshikov, Soviet Olympic Dream (wie Anm. 12), S. 105; Christopher Young: Carrying a German Flame. The Olympic Torch Relay and Its Instrumentalization in the Age of Ostpolitik, in: Historical Social Research/Historische Sozialforschung, 32 (2007) 1, S. 116–136.

76 Jutta Braun: Sports and Society in the Rivalry between East and West, in: Frank Bösch (Hrsg): A history shared and divided. East and West Germany since the 1970s, New York/Oxford 2018, S. 501–550.

77 DTSB der DDR, Präsident, 7.6.1984. Aktennotiz. Persönliches Gespräch zwischen Manfred Ewald und Willi Daume, in: SAPMO-BArch, DY 30 IV 2/2.039/261.

78 Ilko-Sascha Kowalczuk: Endspiel. Die Revolution von 1989 in der DDR, München 2009.

79 Eine Schau mit Gewinn und Risiko, in: Süddeutsche Zeitung, 10.6.1985.

80 Der Boykott der Spiele in L.A. wurde hierbei geflissentlich unterschlagen. Von Boykott keine Rede, in: Sonntag Aktuell, 2.6.1985.

81 DDR verteidigt Prinzipien der Olympischen Charta, in: Neues Deutschland, 4.6.1985.

82 Niederschrift über das Gespräch des Generalsekretärs des ZK der SED und Vorsitzenden des Staatsrates der DDR, Genossen Erich Honecker, mit dem Präsidenten des IOC, J.A. Samaranch am 3. Juni 1985 im Staatsrat der DDR. Gesprächsteilnehmer: Krenz, Ewald, Hellmann, Heinze, in: SAPMO-BArch, DY 30 IV 2/2.039/258.

83 Ebd.

84 So bei Gesprächen am 14.11.1986 und 22.6.1988 in Ost-Berlin. Niederschrift über den Inhalt eines Gesprächs, das der Generalsekretär des ZK der SED und Vorsitzende des Staatsrates der DDR, Genosse Erich Honecker mit dem Präsidenten des IOC Juan Antonio Samaranch am 14.11.1986 in Berlin führte sowie DTSB der DDR, Günther Heinze, 22.6.1988, Niederschrift über ein Gespräch des Generalsekretärs des ZK der SED und Vorsitzenden des Staatsrates der DDR, Genossen Erich Honecker, mit dem Präsidenten des Internationalen Olympischen Komitees, Juan Antonio Samaranch, in: SAPMO-BArch, DY 30 IV 2/2.039/257.

85 DTSB der DDR, Günther Heinze, Berlin, 22.6.1988, Niederschrift über ein Gespräch des Generalsekretärs des ZK der SED und Vorsitzenden des Staatsrates der DDR, Genossen Erich Honecker, mit dem Präsidenten des Internationalen Olympischen Komitees, Juan Antonio Samaranch, in: SAPMO-BArch, DY 30 IV 2/2.039/257.

86 Kowalczuk, Endspiel (wie Anm. 78), S. 164 f.

87 Abschrift, Bericht zu Katarina Witt. MfS, HA XX/2, Berlin 12.7.1988, in: BArch, MfS, XV 3831/80.

5 »Dopen für Deutschland«

1 Karl Heinrich Bette/Uwe Schimank: Doping im Hochleistungssport. Anpassung durch Abweichung, Frankfurt am Main 1995, S. 280.

2 Giselher Spitzer: Doping in der DDR. Ein historischer Überblick zu einer konspirativen Praxis. Genese, Verantwortung, Gefahren, Köln 1998.

3 Giselher Spitzer/Erik Eggers/Holger Jens Schnell/Yasmin Wisniewska: Siegen um jeden Preis. Doping in Deutschland: Geschichte, Recht, Ethik 1972–1990, Göttingen 2013.

4 Hierzu neuerdings: Letizia Paoli/Hans Hoppeler/Hellmut Mahler/Perikles Simon/Fritz Sörgel/Gerhard Treutlein: Doping für Deutschland. Die »Evaluierungskommission Freiburger Sportmedizin«: Geschichte, Ergebnisse und sportpolitische Forderungen, Bielefeld 2022.

5 Keul war Verbandsarzt beim Bund Deutscher Radfahrer, dem Deutschen Skiverband, dem Deutschen Leichtathletikverband und dem Deutschen Tennisbund, von 1976 bis 2000 Chefarzt der deutschen Olympiamannschaft. Paoli et al., Doping für Deutschland (wie Anm. 4), S. 38 f. und S. 94.

6 Vgl. das Kapitel: Erik Eggers/Giselher Spitzer: Das BISp-Forschungsprojekt »Regeneration und Testosteron«, 1985–1993, in: Spitzer et al., Siegen um jeden Preis (wie Anm. 3), S. 155–258.

7 Bette/Schimank, Doping im Hochleistungssport (wie Anm. 1), S. 31.

8 Im Gegenteil: Zum Zeitpunkt der Veröffentlichung der warnenden Studie des Club of Rome über »Grenzen des Wachstums« setzte im Leistungssport eine Phase ein, in der die Dopinganwendung immer weiter eskalierte.

9 Bette/Schimank, Doping im Hochleistungssport (wie Anm. 1), S. 51.

10 Adolf-Henning Frucht: Die Grenzen der menschlichen Leistungsfähigkeit im Sport, Berlin 1960.

11 Frucht wurde später der Spionage beschuldigt, verurteilt und Anfang der 1970er Jah-

re in die Bundesrepublik ausgetauscht. Jutta Braun: Politische Medizin. Das Ministerium für Gesundheitswesen der DDR 1950–1970, Göttingen 2023.

12 Vorwort, in: Frucht, Grenzen (wie Anm. 10), S. 7.

13 Vgl. etwa die Phaseneinteilung bei Spitzer, Doping in der DDR, der zwischen präanaboler, anaboler und einer Phase der Hochzeit der Dopingforschung auf Anabolika-Grundlage seit 1975 und in den 1980er Jahren unterscheidet.

14 Anlage zum Treffbericht IMV »Technik« vom 19.12.1978, in: BArch, MfS, ZA, A 637/79.

15 Prof. Herbert Reindell bei der Anhörung von Sachverständigen in der 6. Sitzung des Sportausschusses am 28. September 1977, zit. nach Michael Krüger/Christian Becker/Stefan Nielsen/Marcel Reinold: Doping und Anti-Doping in der Bundesrepublik Deutschland 1950 bis 2007. Genese – Strukturen – Politik, Hildesheim 2014, S. 108.

16 Bette/Schimank, Doping im Hochleistungssport (wie Anm. 1), S. 174.

17 Im DTSB diskutierte man im März 1984 den Eindruck eines »gegenwärtigen regelrechten ›Krieges‹ zwischen den Sportleitungen der UdSSR und der DDR«. MfS, Treffbericht, 23.3.1984, in: BArch, MfS, ZA, A 637/79.

18 Die diesbezüglichen Entscheidungskriterien sind bislang von der Forschung noch nicht dargelegt worden. Krüger et al., Doping und Anti-Doping, S. 73. Im März 1979 wurde festgelegt, die Dopingkontrollen künftig parallel auf drei verschiedene Labore zu verteilen. So wurden beim Europacup der Leichtathletik in Turin 33 Proben gezogen, ihre Analyse aufgeteilt auf die Labore in London, Köln und Kreischa. MfS, Treffbericht, 19.3.1979, in: BArch, MfS, ZA, A 637/79.

19 Manfred Donike (1933–1995), Radsportler, Studium der Chemie, 1965 Promotion, Analytiker bei Chemie Grünenthal, 1972 Dopingkontroll-Labor für die Olympischen Spiele in München, seit 1977 Leiter des Instituts für Biochemie an der Sporthochschule Köln.

20 Paoli et al., Doping für Deutschland (wie Anm. 4), S. 26 f.

21 Manfred Höppner (1934–1923), Medizinstudium in Leipzig, 1958 Promotion, Facharzt für Sportmedizin und Sozialhygiene, 1964–1978 Verbandsarzt des DVfL, 1967–1990 stellvertretender Chef des Sportmedizinischen Dienstes der DDR, 2000 Verurteilung zu 18 Monaten auf Bewährung wegen Beihilfe zur Körperverletzung.

22 MfS, Treffbericht, 5.6.1979, in: BArch, MfS, ZA, A 637/79.

23 MfS, Treffbericht, 12.8.1978, in: BArch, MfS, ZA, A 637/79.

24 Zur Einführung der Ausreisekontrollen: Spitzer, Doping in der DDR (wie Anm. 2), S. 110–114.

25 MfS, Treffbericht, 5.12.1978, in: BArch, MfS, ZA, A 637/79.

26 MfS, Treffbericht, 5.12.1978, in: BArch, MfS, ZA, A 637/79.

27 MfS, Treffbericht, 8.3.1979, in: BArch, MfS, ZA, A 637/79.

28 MfS, Treffbericht, 8.3.1979, in: BArch, MfS, ZA, A 637/79.

29 Eine Pionierstudie verfasste: Evelyn Mertin: Sowjetisch-deutsche Sportbeziehungen im »Kalten Krieg«, St. Augustin 2009.

30 MfS, Treffbericht, 5.6.1979, in: BArch, MfS, ZA, A 637/79.

31 MfS, Treffbericht, 24.10.1979, in: BArch, MfS, ZA, A 637/79.

32 MfS, Treffbericht, 23.3.1984, in: BArch, MfS, ZA, A 637/79.

33 MfS, Treffbericht, 24.10.1979, in: BArch, MfS, ZA, A 637/79.

34 Die 18-monatige Sperre wurde in Petrowas Fall jedoch schließlich auf acht Monate verkürzt, sodass sie in Moskau 1980 starten konnte.
35 MfS, Treffbericht, 9.11.1979, in: BArch, MfS, ZA, A 637/79.
36 Die umfangreiche Akte von »IM Technik« alias Manfred Höppner erlaubt detaillierte Einblicke in das Dopingsystem der DDR, wurde von der Forschung jedoch erst partiell ausgewertet.
37 MfS, Treffbericht, 24.10.1979, in: BArch, MfS, ZA, A 637/79.
38 MfS, Treffbericht, 24.10.1979, in: BArch, MfS, ZA, A 637/79.
39 MfS, Treffbericht, 23.6.1981, in: BArch, MfS, ZA, A 637/79.
40 MfS, Treffbericht, 3.10.1978, in: BArch, MfS, ZA, A 637/79.
41 Ebd.
42 MfS, Treffbericht, 9.7.1979, in: BArch, MfS, ZA, A 637/79.
43 Kurt Franke: Chirurg am linken Ufer der Panke. Erinnerungen, Berlin 2002.
44 Tonbandabschrift. Besuche im Westberliner Institut für Leistungsmedizin am 23.3. und 30.3.1977, in: BArch, MfS, AIM 16572/89.
45 MfS, Treffbericht, 18.1.1977, in: BArch, MfS, AIM 16572/89.
46 Konrad H. Jarausch/Martin Sabrow (Hrsg.): Verletztes Gedächtnis. Erinnerungskultur und Zeitgeschichte im Konflikt, Frankfurt am Main 2002.
47 Zu den Doping-Prozessen vgl. das Kapitel über die Vereinigung im Sport.
48 Ein Forschungsprojekt hat jüngst die Gerichtsakten der Dopingprozesse ausgewertet: Jutta Braun/René Wiese: Sportgeschichte vor Gericht. Ein Gutachten zu Dopingpraxis und SED-Unrecht im DDR-Sport. Hildesheim 2024. Erstmals wurden solche Aussagen einbezogen in der Studie: Jutta Braun: Thüringer Sportler in der Diktatur, in: Dies./Michael Barsuhn (Hrsg.): Zwischen Erfolgs- und Diktaturgeschichte. Perspektiven der Aufarbeitung des DDR-Sports in Thüringen, Göttingen 2015, S. 19–145.
49 Walter Kehr: Sport in Erfurt von Stadtklasse bis Olympiasieg, Erfurt 2008, S. 68.
50 Staatsanwalt II beim Landgericht Berlin, 22.4.1999, in: Js 14/18.
51 MfS, Treffbericht, 3.3.1977. BArch, MfS, ZA, A 637/79, abgedr. in: Spitzer, Doping in der DDR (wie Anm. 2), S. 379.
52 Stanley Ernst Strauzenberg/Hans Gürtler: Die Sportmedizin der DDR. Eine eigenständige Fachrichtung der klinischen Medizin. Ein Zeitzeugenbericht führender Sportmedizinerinnen und Sportmediziner der DDR aus den Jahren 1945 bis 1990, Dresden 2005, S. 228.
53 Thomas Köhler: Zwei Seiten der Medaille. Thomas Köhler erinnert sich, Berlin 2010, S. 187 ff.
54 Staatsanwaltschaft II bei dem Landgericht Berlin, 22.4.1999, Protokoll einer Beschuldigtenvernehmung, in: Archiv Generalstaatsanwaltschaft, Westhafen/Berlin.
55 Ebd.
56 MfS, Treffbericht, 5.8.1976, in: BArch, MfS, ZA, A 637/79.
57 Staatsanwaltschaft II bei dem Landgericht Berlin, 22.4.1999. Protokoll einer Beschuldigtenvernehmung, in: Archiv Generalstaatsanwaltschaft, Westhafen/Berlin.
58 Staatsanwaltschaft II beim Landgericht Berlin, 21.7.1999. Vernehmungsprotokoll, in: Archiv Generalstaatsanwaltschaft, Westhafen/Berlin.
59 ZERV 222, Vernehmung 22./23.6.1998, in: Archiv Generalstaatsanwaltschaft, Westhafen/Berlin.

60 Vgl. Spitzer, Doping in der DDR (wie Anm. 2), S. 282 ff.

61 VS = Vertrauliche Verschluss-Sache. Staatsanwaltschaft II bei dem Landgericht Berlin, 26.4.1999. Protokoll einer Beschuldigtenvernehmung, in: Archiv Generalstaatsanwaltschaft, Westhafen/Berlin.

62 Vernehmung (wie Anm. 58).

63 ZERV 222, 14.5.1998, Vernehmungsprotokoll, in: Archiv Generalstaatsanwaltschaft, Westhafen/Berlin.

64 MfS, Treffbericht, 3.2.1982, in: BArch, MfS, ZA, A 637/79.

65 Staatsanwaltschaft II bei dem Landgericht Berlin, 22.4.1999. Protokoll einer Beschuldigtenvernehmung, in: Archiv Generalstaatsanwaltschaft, Westhafen/Berlin.

66 Name durch Autorin gekürzt.

67 MfS, Treffbericht, 5.8.1976, in: BArch, MfS, ZA, A 637/79.

68 Zeugenaussage Rica Reinisch, in: LATh-HStA Weimar, Freistaat Thüringen, LKA Thüringen, Nr. 834.

69 Vgl. Wiese, Kaderschmieden (wie Kap. 3, Anm. 10).

70 Vgl. die Einzelschicksale in Braun/Barsuhn, Zwischen Erfolgs- und Diktaturgeschichte (wie Anm. 48); Wiese, Kaderschmieden (wie Kap. 3, Anm. 10).

71 Hans-Joachim Seppelt/Holger Schück (Hrsg.): Anklage Kinderdoping. Das Erbe des DDR-Sports, Berlin 1999.

72 Jochen-Friedrich Buhrmann et al.: Psychopathologie ehemaliger DDR-Leistungssportler*innen im Vergleich zur Allgemeinbevölkerung, in: Psychiatrische Praxis (2023) 50, S. 431–435.

73 Christian Schenk: Riss. Mein Leben zwischen Hymne und Hölle, München 2018.

74 MfS, Treffbericht, 18.7.1975, in: BArch, MfS, AIM 16572/89.

75 Dirk Oschmann: Der Osten: eine westdeutsche Erfindung, Berlin 2023, S. 112.

76 Gemeint ist: Spitzer et al., Siegen um jeden Preis (wie Anm. 3). Eine weitere grundlegende Abhandlung ist: Andreas Singler/Gerhard Treutlein: Doping im Spitzensport. Sportwissenschaftliche Analysen zur nationalen und internationalen Leistungsentwicklung, Aachen 2000.

77 Oschmann, Erfindung (wie Anm. 75), S. 112.

78 Wie die DDR Sieger machte, in: Stern, 29.11.1990; »Ich stehe heute noch dazu«, in: Stern, 29.11.1990.

79 Im Mittelpunkt standen die Anabolika-Vergaben von Leichtathletik-Bundestrainer Jochen Spilker in Hamm. Extrem viel reingepumpt, in: Der Spiegel, 2.12.1990.

80 Paoli et al., Doping für Deutschland (wie Anm. 4), S. 94.

81 Paoli et al., Doping für Deutschland (wie Anm. 4).

82 Ebd., S. 12.

83 Die Debatten wurden in den Medien breit wiedergegeben, vor allem kam es zu Konflikten mit der auftraggebenden Universität Freiburg, sodass sich Paoli »den heftigsten Angriffen meiner gesamten beruflichen Karriere« ausgesetzt sah. Ebd., S. 11 und S. 18 ff. Der Streit führte zum Rücktritt von fünf Kommissionsmitgliedern im März 2016 und zur vorfristigen Auflösung der Kommission. Ebd., S. 26.

84 Ebd., S. 24.

85 Ebd., S. 25.

86 Zeugenvernehmung (1997). Archiv Generalstaatsanwaltschaft, Westhafen/Berlin.

87 Vgl. die Biografie von Frank Hoffmeister im Kapitel »Sportler zwischen Ost und West«.

88 Paoli et al., Doping für Deutschland, (wie Anm. 4), S. 107.

89 Ebd., S. 116.

90 Geb. 2.5.1942; 1958 DDR-Vierkampf-Meisterin; 1971 Deutsche Meisterin im Diskuswurf.

91 Züchten wir Monstren? Die hormonale Muskelmast, in: Die Zeit, 5.12.1969.

92 Paoli et al., Doping für Deutschland (wie Anm. 4), S. 102.

93 MfS, Treffbericht, 17.11.1976, in: BArch, MfS, ZA, A 637/79.

94 Thoma Fetzer: Die gesellschaftliche Akzeptanz des Leistungssportsystems, in: Teichler, Sport in der DDR (wie Kap. 2, Anm. 20), S. 273–357, hier S. 322.

95 Diese Argumentationsfigur lassen DDR-Sportmediziner bis heute als legitimen Grund für eine »Toleranz« gegenüber Doping gelten. Strauzenberg/Gürtler, Sportmedizin der DDR (wie Anm. 52), S. 230.

96 »Wir müssen mitbetrügen«, in: Der Spiegel, 4.10.1992. Bette/Schimank, Doping im Hochleistungssport (wie Anm. 1), S. 227.

97 Anabolika-Verfolger in der Kurve des Zeitgeistes, in: Stuttgarter Zeitung, 21.5.1977.

98 Vgl. das Kapitel: Der Todesfall Birgit Dressel 1987 und das sich anschließende multiinstitutionelle Versagen, in: Andreas Singler/Lisa Heitner: Armin Klümper und das bundesdeutsche Dopingproblem. Wissenschaftliches Gutachten im Auftrag der Albert-Ludwigs-Universität Freiburg, (2015), S. 281–310 (uni-freiburg.de [PDF]).

99 Strauzenberg/Gürtler, Sportmedizin der DDR (wie Anm. 52), S. 231.

100 Vgl. Braun/Wiese, Sportgeschichte vor Gericht (wie Anm. 48).

101 Paoli et al., Doping für Deutschland (wie Anm. 4), S. 102.

102 Paoli et al., Doping für Deutschland (wie Anm. 4), S. 120.

6 Sportler zwischen Ost und West

1 Wolfgang Nagorske: »Sparwasser, Sparwasser, Toor!«. Biografie eines Stürmers, Cottbus 2008, S. 196.

2 Hans Woller: Gerd Müller oder wie das große Geld in den Fußball kam. Eine Biografie, München 2019.

3 Stellvertretend: Jörg Berger: Meine zwei Halbzeiten. Ein Leben in Ost und West, Hamburg 2009; Schenk, Riss (wie Kap. 5, Anm. 73).

4 Vgl. zu diesen Kategorien: Martin Sabrow: Autobiographie und Systembruch im 20. Jahrhundert, in: Ders. (Hrsg.): Autobiografische Aufarbeitung. Diktatur und Lebensgeschichte im 20. Jahrhundert, Leipzig 2012, S. 9–24.

5 René Wiese/Jutta Braun/Claudia de la Garza: ZOV Sportverräter. Spitzensportler auf der Flucht, Berlin 2011.

6 Wiese/Braun, Doppelpässe (wie Kap. 3, Anm. 28), S. 53.

7 Manfred Steinbach wählte die Freiheit, in: Der Tagesspiegel, 9.6.1958

8 Armeesportvereinigung »Vorwärts« – Sekretariat des Präsidiums – Leiter des Sekretariats, Oberstleutnant Reimann, Aktennotiz, 28.9.1960, in: Archiv Arbeitsbereich Zeitgeschichte des Sports, Universität Potsdam.

9 Joachim Fiebelkorn/Otto Jahncke: »Sie haben uns verraten.« Der Prozess gegen Kirsten und Richter und seine Lehren. Deutsches Sportecho, Oktober 1958.

10 Karin Balzer hat diverse Unterlagen der Staatssicherheit auf ihrer Homepage dokumentiert: http://www.karinbalzer.de/ [8.2.2024].

11 Eidesstaatliche Erklärung Heinz Balzer, 4.2.1963, in: BArch, DR 510/564.

12 Zeitzeugengespräch mit Karin Balzer am 1.6.2008 in Chemnitz.

13 Menschenraub am Kölner Dom, in: Deutsches Sportecho, 21.9.1964

14 Mutter flehte vergebens, in: Express. Kölner Stadt-Anzeiger, 18.9.1964.

15 Interview mit Jürgen Kissner am 8.4.2011 in Berlin.

16 Opferakte von Ralph Pöhland, in: BArch, MfS, 1721/68.

17 Interview mit Wolfgang Thüne am 9.4.2011 in Berlin.

18 Flucht vorm Genickbruch. Von Jutta Braun/Michael Barsuhn, in: Der Tagesspiegel, 4.8.2010.

19 Interview mit Axel Mitbauer am 6.4.2011 in Berlin.

20 MfS, ZAIG, Bericht, 29.9.1969. BStU, SdM 1270, abgedr. in: Giselher Spitzer: Sicherungsvorgang Sport. Das Ministerium für Staatssicherheit und der DDR-Spitzensport, Schorndorf 2005, S. 455 ff.; S. 466.

21 Giselher Spitzer: IM Schattenreich. Inoffizielle Mitarbeiter im Sport: Fallstudie Leipzig, in: Grit Hartmann (Hrsg.): Goldkinder. Die DDR im Spiegel ihres Spitzensports, Leipzig 1997, S. 188–204, hier S. 188 f.

22 In: Stern Nr. 36, 1969.

23 Sportecho ignoriert Berndt. Kein Listenplatz, in: Süddeutsche Zeitung, 9.8.1988.

24 Thomas Stridde: Die Peter-Ducke-Story, Jena 2005, S. 85.

25 »Die Stasi sagte: Der Kopf muss weg!« Interview mit Jörg Berger, in: Der Tagesspiegel, 15.3.2009.

26 Interview von Erik Eggers mit Günter Simon vom 24.5.2005. Erik Eggers: Die »Privilegierten« und der »Annex«. Der Sportjournalismus und seine Akteure im geteilten Berlin (1945–1989), in: Braun/Teichler: Sportstadt Berlin (wie Kap. 3, Anm. 47), S. 184–238, hier S. 225.

27 Jürgen Schwarz: Freigespielt. DDR-Fußballer auf der Flucht, Dresden 2015.

28 Gekauft und verraten, in: Neue Fußball-Woche, 27.3.1979.

29 Die Fotos sind abgedruckt in: Wiese/Braun, Doppelpässe (wie Kap. 3, Anm. 28), S. 91.

30 Vgl. die Rekonstruktion des Falls bei Heribert Schwan: Tod dem Verräter! Der lange Arm der Stasi und der Fall Lutz Eigendorf, München 2000.

31 Interview mit dem ehemaligen Spieler des ASK Vorwärts Frankfurt/Oder Horst Krautzig am 27.4.2016 in Cottbus.

32 Interview mit Falko Götz am 21.4.2011 in Berlin.

33 Schluck Pillen oder kehr Fabriken aus, in: Der Spiegel, 18.3.1979.

34 Interview mit Renate Bauer (Vogel) am 9.4.2011 in Berlin.

35 Stellungnahme des VEB Fleischkombinats Karl-Marx-Stadt, 19.9.1979, in: Privatarchiv Renate Vogel.

36 Seine Flucht wurde auf der Titelseite der FAZ vermeldet: DDR-Schwimmer Hoffmeister setzt sich in Rom ab, in: Frankfurter Allgemeine Zeitung, 17.5.1984.

37 MfS, Abteilung XX/3, Hptm. Grekun, Erfurt, 22.6.1984. Einschätzung Frank Hoffmeister (SMD-Trainingsmethodik). Gez. »Sven«, in: Privatarchiv Hoffmeister.

38 Kein Start für Hoffmeister. Schwimm-Verband will DDR nicht provozieren, in: Westfälische Rundschau, 30.1.1985.

39 Hoffmeisters Hoffnungen, in: Frankfurter Allgemeine Zeitung, 30.1.1985.

40 DDR-Flüchtling Hoffmeister will in Sofia starten, in: Frankfurter Allgemeine Zeitung, 27.6.1985; Schwimmer Hoffmeister nicht zur Europameisterschaft, in: Frankfurter Allgemeine Zeitung, 5.7.1985.

41 Interview mit Frank Hoffmeister am 20.4.2011 in Berlin.

42 Vgl. hierzu Jutta Braun: Klassenkampf im Flutlicht (wie Kap. 3, Anm. 34), S. 98–101.

43 William O. Johnson/Anita Verschoth: Freigeworfen. Glanz und Elend einer deutschen Sportkarriere, Berlin 1994, S. 177.

44 Vgl. zu Schmidt auch das Interview in: Hartmann, Goldkinder (wie Anm. 21), S. 205–214.

45 Johnson/Verschoth, Freigeworfen (wie Anm. 43), S. 213.

46 Gröger an Genossen Egon Krenz, 17.7.1987. Privatarchiv Schmidt.

47 Eklat bei der Siegerehrung im Diskuswerfen. Schult gibt Gegner Schmidt nicht die Hand, in: Frankfurter Allgemeine Zeitung, 21.6.1988; Hans-Dieter Krebs: Sportpolitische Irritationen und Umorientierungen, in: Deutschland Archiv 9 (1988), S. 922–924.

48 MfS, HA XX/2, 27.6.1988. Bericht des »IM Frank«, 23.6.1988, in: BArch, MfS, XV 3831/80.

49 »Fall Schmidt sportpolitische Belastung«, in: Sportinformationsdienst, 21.7.1988.

50 Zit. nach Hans-Georg Aschenbach: Euer Held. Euer Verräter. Mein Leben für den Leistungssport, Halle 2012, S. 154.

51 Ebd., S. 111.

52 Vgl. Erst der Verrat und nun die Lüge, in: Junge Welt, 28.6.1989.

53 Das ist die Antwort unserer Athleten auf solchen Schmutz, in: Junge Welt, 30.6.1989.

54 Vgl. hierzu: Hans-Joachim Seppelt: Berlin, Czarnikauer Straße 21, in: Ders./Schück, Kinderdoping (wie Kap. 5, Anm. 71), S. 27–78.

55 ZERV 222, Vernehmungsprotokoll,13.3.1996, in: Archiv Generalstaatsanwaltschaft, Westhafen/Berlin.

56 Aschenbach, Euer Held (wie Anm. 50).

57 Beitrag Hans-Georg Aschenbach bei der Podiumsdiskussion »Sportverräter« am 4.8.2010 in Berlin, veranstaltet vom Zentrum deutsche Sportgeschichte und der Stiftung Aufarbeitung, mit Wolfgang Thüne, Eberhard Gienger, Jutta Braun und Robert Ide.

58 Podiumsdiskussion »Sportverräter« am 24.2.2011 in Suhl, veranstaltet von der Friedrich-Nauman-Stiftung und der LStU Thüringen, mit Hans-Georg Aschenbach, Toni Innauer, Claus Tuchscherer und Thomas Purschke.

59 Interview mit Steffen Grummt am 12.3.2013 in Mainz.

60 MfS, HA I/MfNV/Unterabt. ASV Vorwärts, Pinsler, 28.11.1986. Bericht über Aussprache mit Ofw. Grummt, Steffen. Sportmannschaft BOB ASK Oberhof – OPK »Athlet«, in: Privatarchiv Grummt.

61 Interview mit Steffen Grummt am 12.3.2013 in Mainz. Ebenso: Fernschreiben BV Halle, Leiter der BV Generalmajor Schmidt an BV Suhl, Generalmajor Lange, in: Privatarchiv Grummt.

62 Interview mit Steffen Grummt am 12.3.2013 in Mainz.
63 Befragungsprotokoll Kornelia Grummt, 7.8.1989, in: Privatarchiv Grummt.
64 Super-Illu, Nr. 43/Nr. 44, 23. u. 28.10.1993.
65 Interview mit Steffen Grummt am 12.3.2013 in Mainz.
66 Bette, Sporthelden (wie Kap. 1, Anm. 12), S. 25.
67 MfS, Hauptabteilung XX/3, Abschlussbericht zum ZOV »Sportverräter« – Reg.-Nr. 11673/61, 20.11.1989, in: BArch, MfS, MfS-AOP 15158/89, Bd. IV.
68 Zu einigen Bemerkungen des Genossen Manfred Ewald auf der Parteiaktivtagung der Grundorganisation des Sportverlages am 8. August 1988, in: SAPMO-BArch, DY 30/4968.
69 Ebd.
70 Ewald, Ich war der Sport (wie Kap. 4, Anm. 68).
71 Ebd.

7 Weg in die Sporteinheit

1 Braun, Learning from the Dictatorship? (wie Kap. 1, Anm. 21).
2 Das vollständige Zitat in: Uwe Karte: Die Absage von Leipzig. Die Pläne für das deutsch-deutsche Duell, in: DFB (Hrsg.): Spiel ohne Grenzen. 20 Jahre Fußball-Einheit, Gütersloh 2010, S. 35–45, hier S. 35.
3 Das Kapitel greift in Teilen auf Argumentationen zurück, die publiziert wurden als: Jutta Braun: »Auf Jahre unschlagbar«. Die deutsche Vereinigung als Sportereignis, in: Martin Sabrow/Tilmann Siebeneichner/Peter Ulrich Weiß (Hrsg.): 1989 – eine Epochenzäsur? Göttingen 2021, S. 120–143; Dies.: Spiel ohne Grenzen. Sport in der Transformation seit 1989/1990, in: Ilko-Sascha Kowalczuk/Frank Ebert/Holger Kulick (Hrsg.): (Ost)Deutschlands Weg – Teil 1. 45 Studien und Essays, Bonn 2021, S. 685–705; sowie Jutta Braun: Wettkampf zwischen Ost und West. Sport und Gesellschaft, in: Frank Bösch (Hrsg.): Geteilte Geschichte. Ost- und Westdeutschland 1970–2000, Göttingen 2015, S. 411–448.
4 Reiner Calmund: fußballbekloppt! Autobiographie, München 2008, S. 121.
5 Ebd.
6 Raj Kollmorgen: Zwischen »nachholender Modernisierung« und »doppeltem Umbruch«: Ostdeutschland und deutsche Einheit im Diskurs der Sozialwissenschaften, in: Ders./Frank Thomas Koch/Hans-Liudger Dienel (Hrsg.): Diskurse der deutschen Einheit. Kritik und Alternativen, Wiesbaden 2011, S. 27–67.
7 Braun, Klassenkampf im Flutlicht (wie Kap. 3, Anm. 34), S. 123–125.
8 Thom macht das Tor auf, in: Kicker Sportmagazin, 15.1.1990.
9 Kaweh Niroomand, Beitrag anlässlich der Konferenz »Spiel ohne Grenzen. Der Weg in die Berliner Sporteinheit« am 16.2.2021 in Berlin.
10 Vgl. hierzu auch Jutta Braun: Von der Kaderschmiede zum Team Brandenburg, in: Peter Ulrich Weiß/Irmgard Zündorf/Florentine Schmidtmann (Hrsg.): Umstrittene Umbrüche. Das Ende der SED-Diktatur und die Transformationszeit in Brandenburg, Berlin 2023, S. 127–149.

11 Maske, Meinung und noch mehr. Von Heinz Florian Oertel, in: Berliner Zeitung, 12.3.1990.

12 Maske ließ Maske fallen – wird Profi, in: Neue Zeit, 16.1.1990.

13 Henry Maske mit Detlef Vetten: Nur wer aufgibt, hat verloren. Autobiografie, Bergisch Gladbach 2006, S. 150.

14 Maske, Meinung und noch mehr. Von Heinz Florian Oertel, in: Berliner Zeitung, 12.3.1990.

15 Michael Barsuhn: Tagungsbericht der Erinnerungskonferenz »Die Vereinigung im Sport 1989/1990« am 21./22. Oktober 2005 an der Universität Potsdam, hrsg. von der Friedrich-Ebert-Stiftung, Bonn 2006, S. 13 f.

16 Ferdinand Kösters: Verschenkter Lorbeer: Sportpolitik in Deutschland zur Zeit der Wende 1989/90, Münster 2009, S. 118–141, bes. 121, 126–128, 131, 137.

17 Diese Zitate entstammen dem Kapitel »Die Reise nach Bad Saarow« in: Brigitte Berendonk: Doping-Dokumente: Von der Forschung zum Betrug, Berlin 1991, S. 68–72.

18 Michaela Galandi: Die strafrechtliche Aufarbeitung von DDR-Zwangsdoping, Baden-Baden 2022.

19 Jutta Braun: »Dopen für Deutschland« – die Diskussion im vereinten Sport 1990–1992, in: Klaus Latzel/Lutz Niethammer (Hrsg.): Hormone und Hochleistung. Doping in Ost und West, Köln/Weimar/Wien 2008, S. 151–170, hier S. 163. Hetzjagd soll Erinnerungen an DDR-Sport tilgen, in: Neues Deutschland, 17.2.1992; Modrows herzlicher Gruß an Katrin Krabbe, in: Die Welt, 22.2.1992.

20 Zur Chronologie vgl. Michael Barsuhn/Jutta Braun/Hans Joachim Teichler (Hrsg.): Chronik der Sporteinheit vom Mauerfall bis zur Aufnahme der fünf Landessportbünde am 15. Dezember 1990 in den Deutschen Sportbund, Potsdam 2006.

21 Raj Kollmorgen: Das ungewollte Experiment. Die deutsche Vereinigung als »Beitritt«: Gründe, Prozesslogik, Langzeitfolgen. Arbeitsbericht Nr. 65, Otto-von-Guericke-Universität Magdeburg 2013, S. 10.

22 Die Methode des Artikels 23 als Favorit, in: Süddeutsche Zeitung, 6.4.1990.

23 Mit voller Fahrt und klarem Kurs Richtung Sporteinheit, in: Frankfurter Allgemeine Zeitung, 25.6.1990. Zur Vereinigung im Radsport vgl. Berno Bahro: Wende und Vereinigung im deutschen Radsport 1989/90 – Ist die sportliche Einheit gescheitert?, in: Deutschland Archiv, 18.12.2014, http://www.bpb.de/197920 [8.2.2024].

24 »Je kürzer ich im Amt bin, desto besser habe ich gearbeitet.« Von Michael Barsuhn, in: Deutschlandfunk, 5.4.2010.

25 Wir gegen uns, in: Bild-Zeitung, 3.2.1990.

26 Zit. nach Michael Barsuhn: Die Wende und Vereinigung im Fußball 1989/1990, in: Braun/Teichler, Sportstadt Berlin (wie Kap. 3, Anm. 47), S. 376–415, hier S. 404. Das Zitat entstammt einem Zeitzeugengespräch von Michael Barsuhn mit Hans-Georg Moldenhauer am 19.11.2004 in Magdeburg.

27 Barsuhn, Wende und Vereinigung (wie Anm. 26), S. 405.

28 Offiziell firmierte diese Saison als »NOFV-Oberliga«, benannt nach dem Verband, der den Fußball der ehemaligen DDR innerhalb des DFB repräsentierte.

29 Dies waren BSV Stahl Brandenburg, FC Rot-Weiß Erfurt, VfB Leipzig, Hallescher FC, Chemnitzer FC und FC Carl Zeiss Jena. Die Folgesaison 1991/92 in der ersten

Liga wurde ausnahmsweise auf 20 Mannschaften aufgestockt, von denen einmalig vier abstiegen – darunter Hansa Rostock – sodass die Ursprungsformation mit 18 Tabellenplätzen wieder erreicht war.

30 Konrad H. Jarausch: Kollaps des Kommunismus oder Aufbruch der Zivilgesellschaft? Zur Einordnung der Friedlichen Revolution von 1989, in: Eckart Conze/Katharina Gajdukowa/Sigrid Koch-Baumgarten (Hrsg.): Die demokratische Revolution 1989 in der DDR, Köln 2009, S. 25–45, hier S. 31 und S. 35–40.

31 Michael Barsuhn: Transformation und Aufarbeitung des Sports im Bundesland Thüringen, in: Braun/Barsuhn, Erfolgs- und Diktaturgeschichte (wie Kap. 5, Anm. 48), S. 241–309, hier S. 259–260.

32 Noch kein Licht am Ende des langen Tunnels. Fachleute geben düstere Prognose für Fußball in den neuen Ländern, in: Berliner Zeitung, 6.10.1992.

33 Traditionell suchten Bundesliga-Vereine auch im Westen ihre Förderer und Sponsoren primär im engen geografischen Umfeld der Clubs. Nils Havemann: Samstags um halb 4. Die Geschichte der Fußballbundesliga, München 2013, S. 495.

34 Deutsche Fußball-Einheit, in: Berliner Zeitung, 14.5.1993. Vgl. Uwe Karte: Glücksritter. Die Berg- und Talfahrt von Dynamo Dresden, in: DFB, Spiel ohne Grenzen (wie Anm. 2), S. 224–233, bes. S. 226–228.

35 Michael Horeni, Ost-Fußball. Versunkenes Kulturgut, in: Faz.Net, 12.5.2014, https://www.faz.net/aktuell/sport/fussball/ost-fussball-versunkenes-kulturgut-12936150.html, [8.2.2024].

36 Misswirtschaft, rechtsradikale Fan-Übergriffe, erfolglose Mannschaften: Die einstigen Spitzenklubs der DDR kämpfen mit Realität und Anspruch. Von Steffen Dobbert, in: Zeit online, 8.7.2009.

37 Karte, Glücksritter, S. 232; Jörn Luther: 1. FC Union Berlin. Fußballfibel, Berlin 2015, S. 123 ff.

38 Jan Palmowski: Inventing a socialist nation. Heimat and the politics of everyday life in the GDR 1945–1990, Cambridge 2009.

39 Hierzu neuerdings: Frank Willmann: Streifzüge durch den wilden Fußball-Osten, Mainz 2024.

40 Walter Süß: Zur Wahrnehmung und Interpretation des Rechtsextremismus in der DDR durch das MfS, in: Heinrich Sippel und Walter Süß: Staatssicherheit und Rechtsextremismus, Bochum 1994, S. 1–105, hier S. 101.

41 Jutta Braun: Vom Troublemaker zum Integrationsstifter? Fußball und Gewaltprävention in Deutschland vor und nach 1989, in: Zeithistorische Forschungen/Studies in Contemporary History, Online-Ausgabe, 15 (2018) 2, http://www.zeithistorische-forschungen.de/2-2018/id=5592 [8.2.2024], Druckausgabe, S. 302–328.

42 Robert Claus: Hooligans. Eine Welt zwischen Fußball, Gewalt und Politik, Göttingen 2017; siehe auch Ronny Blaschke: Im Schatten des Spiels. Rassismus und Randale im Fußball, Göttingen 2008.

43 Alexander Leistner/Alexander Mennicke: »Ost-, Ost-, Ostdeutschland!« Die (andere) Wiedervereinigung der Fußballfanszenen und die Wurzeln exzeptionalistischer Identifikationsangebote, in: Marcus Böick/Constantin Goschler/Ralph Jessen (Hrsg.): Jahrbuch Deutsche Einheit 2023, Berlin 2023, S. 115–136.

44 Vgl. Hans Joachim Teichler: Sportentwicklung in Ostdeutschland. In: dvs-Informationen 18 (2003) 2, S. 17–20.

45 Statistische Ämter des Bundes und der Länder (Hrsg.): 25 Jahre deutsche Einheit. Wiesbaden 2015, S. 109. Dieses Bild hat sich auch bis 2023 nicht wesentlich geändert.

46 Claudia Klostermann: Changes in German Sport Participation. Historical Trends in individual Sports, in: International Review for the Sociology of Sport 49 (2012) 5, S. 609–634; Marcel Erlinghagen: Wer treibt Sport im geteilten und vereinten Deutschland? Eine quantitative Analyse sozio-ökonomischer Determinanten des Breitensports, Gelsenkirchen 2003.

47 Vgl. Frank Bösch: »Sonderfall Ostdeutschland«? Zum Demokratieverständnis in Ost und West, in: ZeitRäume. Potsdamer Almanach 2019, S. 55–64.

48 Sporthallen klein, kalt und ohne Duschen: Freizeitsportler haben im Osten kaum Platz, in: Frankfurter Allgemeine Zeitung, 6.10.1990; Deutscher Sportbund (Hrsg.): Goldener Plan Ost. Frankfurt am Main 1992, zit. nach Hartmann, Goldkinder (wie Kap. 6, Anm. 21), S. 309.

49 Schäuble will Erfolg des DDR-Sports retten, in: Frankfurter Allgemeine Zeitung, 22.3.1990.

50 Die Studie von Spitzer et al., Siegen um jeden Preis (wie Kap. 5, Anm. 3) reichte nicht über die Epochenzäsur 1989/90 hinaus.

51 Allein in Österreich arbeiteten im Oktober 1991 vier ehemalige Cheftrainer der DDR, die als dopingbelastet galten, darunter der später in den Doping-Prozessen verurteilte Rolf Gläser. Es werden Wunder geschehen, in: Der Spiegel, 7.10.1991.

52 Auch die Forschungs- und Entwicklungsstelle für Sportgeräte (FES) in Berlin (Ost) wurde hier benannt.

53 Reinhard Daugs: 10 Jahre IAT – Ein Zentralinstitut im Spannungsfeld zwischen Sportpolitik und Sportwissenschaft, in: dvs-Informationen 17 (2002) 2, S. 29–33, hier S. 29.

54 Daugs, 10 Jahre IAT (wie Anm. 53), S. 29.

55 So die Einschätzung von Daugs, 10 Jahre IAT (wie Anm. 53), S. 31.

56 Daugs, 10 Jahre IAT, S. 33.

57 Willi Ph. Knecht: Mit der DDR-Methodik vom Tiefpunkt Sydney zu neuen Höhen in Salt Lake City? Deutschland Archiv 34 (2001) 3, S. 450–456.

58 Gerhard Lehmbruch: Institutionentransfer im Prozeß der Vereinigung: Zur politischen Logik der Verwaltungsintegration in Deutschland, in: Wolfgang Seibel et al. (Hrsg.): Verwaltungsreform und Verwaltungspolitik im Prozeß der deutschen Einigung. Tagung Verwaltungsreform und Verwaltungspolitik im Prozeß der deutschen Einigung in Konstanz vom 11. bis 13.4.1991, Baden-Baden 1993, S. 41–66.

59 BMI, Referat SM 3, 3.9.1990. Betr.: Gespräch des Herrn Ministers mit den Präsidenten der Sportfachverbände am 30. August 1990 im Beisein der DDR-Ministerin Schubert, in: BArch, B 106/137676.

60 Vgl. Dr. Dietrich Gerber: LSB Berlin. Eliteschulen des Sports, der Königsweg für den Nachwuchsleistungssport?, 21.05.2008, https://germanroadraces.de/?p=58008 [8.2.2024]; Wiese, Kaderschmieden (wie Kap. 3, Anm. 10), S. 515–527.

61 Birgit Fischer will Sichtungssystem der DDR reanimieren, in: Süddeutsche Zeitung, 12.9.2012.

62 Sebastian Grothe: Wer kommt nach Henry Maske? Vergangenheit, Gegenwart und Zukunft von sportlichen Förderstrukturen am Beispiel der Sportart Boxen. Saarbrücken 2011, S. 53.

63 Einer der größten Kämpfe der deutschen Box-Geschichte. Welt-online, 28.5.2020.

64 Wolf-Dietrich Junghanns: Henry Maske als Symbol deutscher Einheit. Ein Bericht aus der Kampfpause, in: Berliner Debatte Initial 6 (1996) 4/5, S. 101–118, hier S. 102 ff.

65 Ebd., S. 112 f.

66 Phänomen Maske und die Frage: Warum lassen wir uns alle vom Box-Fieber anstecken?, in: Super-Illu, 23.2.1995.

67 »Wir müssten mindestens ein Drittel mehr Medaillen bekommen«, in: Frankfurter Allgemeine Zeitung, 12.7.2015.

68 Eike Emrich/Christian Pierdzioch/Christian Rullang: Zwischen Regelgebundenheit und diskretionären Spielräumen: Die Finanzierung des bundesdeutschen Spitzensports, in: Sport und Gesellschaft 10 (2013) 1, S. 3–26, hier S. 5.

8 Erinnerungskultur im Sport

1 Während der Begriff der Vergangenheitsbewältigung der Befassung mit dem Nationalsozialismus vorbehalten ist, wird das Schlagwort der Aufarbeitung mit Blick auf beide deutsche Diktaturen verwendet. Vgl. Torben Fischer/Matthias N. Lorenz: Lexikon der »Vergangenheitsbewältigung« in Deutschland. Debatten- und Diskursgeschichte des Nationalsozialismus nach 1945, Bielefeld 2007.

2 Zu den Vergangenheitsdebatten neuerdings: Jutta Braun/Nadine Freund/Christian Mentel/Gunnar Take: Das Bundeskanzleramt. Bundesdeutsche Demokratie und NS-Vergangenheit, Göttingen 2024 (im Druck).

3 Wolfgang Schäche/Nobert Szymanski: Das Reichssportfeld. Architektur im Spannungsfeld von Sport und Macht, Berlin 2001, S. 101 f.

4 Magdalena Bushart: Bauplastik im Dritten Reich, in: Dies./Bernd Nicolai/Wolfgang Schuster (Hrsg.): Entmachtung der Kunst. Architektur, Bildhauerei und ihre Institutionalisierung 1920 bis 1960, Berlin 1985, S. 104–113, hier S. 108.

5 Raphael Gross/Wolfgang Brauneis (Hrsg.): Die Liste der »Gottbegnadeten«. Künstler des Nationalsozialismus in der Bundesrepublik, München 2021.

6 Ignatz Bubis (Stellungnahme), in: Hilmar Hoffmann: Mythos Olympia. Autonomie und Unterwerfung von Sport und Kultur, Berlin 1993, S. 190 ff.

7 Daume gehörte dem Kader der deutschen Basketballmannschaft an, eine Sportart, die erstmals 1936 olympisch vertreten war, er kam jedoch nicht zum Einsatz.

8 Museum auf dem Reichssportfeld geplant. Kulturbeauftragter der Olympia GmbH nennt erstmals konkrete Ideen zum Umgang mit den Spielen von 36. Von Lorenz Maroldt, in: Neue Zeit, 20.7.1992.

9 Die alten Denkmale und der neue Geist. Die Erinnerung an die Olympischen Spiele 1936 ist zu überwinden, in: Der Tagesspiegel, 23.10.1992.

10 Wolfgang Mattheuer (Stellungnahme), in: Hoffmann, Mythos Olympia (wie Anm. 6), S. 199 f.

11 Künstlerische Entnazifizierungsversuche zur Rettung der »Jahrtausendspiele«, in: die tageszeitung, 27.1.1993.

12 Den zweiten Platz belegte Peking, vor Manchester, Berlin und Istanbul.

13 Hans Joachim Teichler: Zur Erinnerungskultur im deutschen Sport nach 1945, in: Historical Social Research/Historische Sozialforschung, 32 (2007) 1, S. 13–23, hier S. 15.

14 Ebd. Vgl. Hajo Bernett (Hrsg.): Nationalsozialistische Leibeserziehung. Eine Dokumentation ihrer Theorie und Organisation, Schorndorf 1966; Ders.: Sportpolitik im Dritten Reich. Aus den Akten der Reichskanzlei, Schorndorf 1971.

15 Walter Jens: Fußball: Versöhnung mitten im Streit?, in: Ders.: Reden zum Sport. Nachdenkliches und Kritisches 1964–1999. Herausgegeben von Helmut Digel und Ommo Grupe, Schorndorf 2009, S. 7–15, hier S. 11.

16 Nils Havemann: Fußball unterm Hakenkreuz. Der DFB zwischen Sport, Politik und Kommerz, Frankfurt am Main 2005.

17 Stellvertretend seien genannt: Markwart Herzog: Der »Betze« unterm Hakenkreuz. Der 1. FC Kaiserslautern zur Zeit des Nationalsozialismus, Göttingen 2006; Dietrich Schulze-Marmeling: Der FC Bayern und seine Juden. Aufstieg und Zerschlagung einer liberalen Fußballkultur, Göttingen 2011.

18 Hans Joachim Teichler: Verzögertes Erinnern. Die Aufarbeitung der NS-Vergangenheit im bundesdeutschen Sport, in: Zeitgeschichte-online, Dezember 2012, https://zeitgeschichte-online.de/themen/verzogertes-erinnern [8.2.2024].

19 Vgl. zum SC Charlottenburg: Berno Bahro: »Kleine Inseln in einem Meer von Vergessen«. Spätes und schwieriges Erinnern an die NS-Vergangenheit in Sportvereinen, in: Ders./Braun/Teichler, Vergessene Rekorde (wie Kap. 4, Anm. 9), S. 182–189.

20 Lorenz Peiffer/Henry Wahlig: »Unser Verein ist judenfrei!«. Ausgrenzung im deutschen Sport. Eine Quellensammlung, Berlin 2017.

21 Frank Becker: Den Sport gestalten. Carl Diems Leben (1882–1962), Bd. 1–4, Duisburg 2009–2013; Michael Krüger (Hrsg.): Erinnerungskultur im Sport. Vom kritischen Umgang mit Carl Diem, Sepp Herberger und anderen Größen des deutschen Sports, Berlin 2012.

22 Dies und das folgende Zitat: Infos - Hall of Fame (hall-of-fame-sport.de).

23 Thomas Mergel: Erinnerung und historisches Bewußtsein: Sportgeschichte als deutsche Geschichte. Vortrag bei der Eröffnung der Hall of Fame des deutschen Sports Berlin, Deutsches Historisches Museum, 6. Mai 2008. HoF_Rede_Mergel (hall-of-fame-sport.de).

24 Ebd.

25 Vom Parteibuch-Nazi zur Symbolfigur des Sports. Von Michael Reinsch, in: Frankfurter Allgemeine Zeitung, 7.5.2008.

26 Norbert Rossbach: »Täve«. Der Radsportler Gustav-Adolf Schur, in: Silke Satjukow/Rainer Gries (Hrsg.): Sozialistische Helden. Eine Kulturgeschichte von Propagandafiguren in Osteuropa und der DDR, Berlin 2002, S. 133–146.

27 Klaus Ullrich: Unser Täve, Berlin 1960, S. 13.

28 Uwe Johnson: Das dritte Buch über Achim, Frankfurt am Main 1967.

29 Ein Idol fühlt sich wie ein Verbrecher. Von Frank Bachner, in: Der Tagesspiegel, 12.5.2011.

30 Grit Hartmann: Der Stellvertreter. Gustav-Adolf Schur und die Hall of Fame des deutschen Sports. 18.4.2017. – SPORT & POLITICS (jensweinreich.de).

31 Ein Held wie wir. Von Christian Spiller, in: Zeit-Online, 29.4.2017.

32 Rainer Gries: Propagandageschichte als Kulturgeschichte. Methodische Erwartungen und Erfahrungen, in: Tobias Liebert (Hrsg.): Persuasion und Propaganda in der öffentlichen Kommunikation, Leipzig 1999, S. 24–38, hier S. 30.

33 2009 wurde ihre Lebensgeschichte verfilmt. Vgl. Berno Bahro/Jutta Braun: Berlin '36. Das Buch zum Film, Berlin 2009. In ihrer Heimatstadt Laupheim wurde ein Stadion nach ihr benannt, auf dem Olympiagelände in Berlin ein Weg.

34 Lorenz Peiffer: Julius Hirsch. Der ermordete Nationalspieler, in: Diethelm Blecking/ Lorenz Peiffer (Hrsg.): Sportler im »Jahrhundert der Lager«. Profiteure, Widerständler und Opfer. Göttingen 2012, S. 230–234.

35 Vgl. hierzu die Wanderausstellung »Zwischen Erfolg und Verfolgung« des Zentrums deutsche Sportgeschichte. Jüdische Sportstars: Einführung (juedische-sportstars.de).

36 Braun/Barsuhn, Erfolgs- und Diktaturgeschichte (wie Kap. 5, Anm. 48); zu Brandenburg: Wortprotokoll der 28. Sitzung vom 22.2.2013, in: Schriften des Landtags Brandenburg, 5/2014: Abschlussbericht der Enquete-Kommission 5/1 »Aufarbeitung der Geschichte und Bewältigung von Folgen der SED-Diktatur und des Übergangs in einen demokratischen Rechtsstaat in Brandenburg«, Potsdam 2019.

37 Lemma Krieger, Heidi (Andreas), in: Volker Kluge: Das große Lexikon der DDR-Sportler. Die 100 erfolgreichsten und populärsten Sportlerinnen und Sportler aus der DDR, ihre Erfolge und Biographien, Berlin 2000, S. 220 f.

38 Ines Geipel: Verlorene Spiele. Journal eines Prozesses, Berlin 2001.

39 »Ich will nicht lügen«, in: Der Spiegel, 24.1.2010.

40 Vgl. hierzu das Projekt: Freiwilligkeit und Diktatur (uni-erfurt.de). Thomas Lindenberger: Herrschaft und Eigen-Sinn in der Diktatur. Studien zur Gesellschaftsgeschichte der DDR, Köln 1999.

41 Weg mit diesen Skulpturen! Nach dem Erstarken der Rechtsextremen blicken wir anders auf das architektonische Erbe der Hitler-Zeit. An Orten wie dem Berliner Olympiagelände lebt die NS-Propaganda fort. Das kann so nicht bleiben. Ein Appell. Von Peter Strieder, in: Die Zeit, 14.5.2020.

42 Debatte um das Olympiagelände, in: rbb Abendschau, 31.5.2020; Hertha BSC will auf das Berliner Maifeld, in: Berliner Morgenpost, 17.2.2020.

43 Stellvertretend für die Entgegnungen: Aufklärung statt Skulpturenstreit. Von Volkwin Marg, in: Die Zeit, 27.5.2020.

44 Berlin weiter an Olympia 2036 interessiert, in: Der Tagesspiegel, 12.2.2020.

45 Michael Krüger: Zehn Thesen zur Entwicklung der deutschen Sportgeschichte, in: Sport und Gesellschaft 1 (2004) 1, S. 84–91, hier S. 86.

46 Jutta Braun: Zeitgeschichte des Sports. Der Arbeitsbereich Zeitgeschichte des Sports der Universität Potsdam, in: Historical Social Research/Historische Sozialforschung 32 (2007) 1, S. 249–251, hier S. 249.

AUSWAHLBIBLIOGRAPHIE

Bahro, Berno: »Kleine Inseln in einem Meer von Vergessen«. Spätes und schwieriges Erinnern an die NS-Vergangenheit in Sportvereinen, in: Ders./Jutta Braun/Hans Joachim Teichler: Vergessene Rekorde. Jüdische Leichtathletinnen vor und nach 1933. Berlin 2010, S. 182–189.

Bahro, Berno/Braun, Jutta: Berlin '36. Die unglaubliche Geschichte einer jüdischen Sportlerin im Dritten Reich. Das Buch zum Film. Berlin 2009.

Balbier, Uta Andrea: Kalter Krieg auf der Aschenbahn. Der deutsch-deutsche Sport 1950–1972. Eine politische Geschichte. Paderborn 2007.

Balbier, Uta Andrea: »Spiel ohne Grenzen«. Zu Stand und Perspektiven der deutschen Sportgeschichtsforschung, in: Archiv für Sozialgeschichte 45 (2005), S. 585–598.

Balbier, Uta Andrea: Instrument oder Freiraum? Innerdeutscher Sportverkehr 1952–1965, in: Hans Joachim Teichler (Hg.): Sport in der DDR. Eigensinn, Konflikte, Trends. Köln 2003, S. 21–60.

Barsuhn, Michael/Braun, Jutta/Hans Joachim Teichler (Hg.): Chronik der Sporteinheit vom Mauerfall bis zur Aufnahme der fünf Landessportbünde am 15. Dezember 1990 in den Deutschen Sportbund. Potsdam 2006.

Becker, Christian: Marginalisierung der Sportgeschichte? Eine Disziplin zwischen Entakademisierung und wachsender öffentlicher Wertschätzung, in: Deutschland Archiv (2012) 5, S. 343–350.

Becker, Frank: Den Sport gestalten. Carl Diems Leben (1882–1962). Bd. 1–4. Duisburg 2009–2013.

Berendonk, Brigitte: Doping Dokumente: Von der Forschung zum Betrug. Berlin 1991.

Bernett, Hajo (Hg.): Nationalsozialistische Leibeserziehung. Eine Dokumentation ihrer Theorie und Organisation. Schorndorf 1966.

Bette, Karl-Heinrich: Sporthelden. Spitzensport in postheroischen Zeiten. Bielefeld 2019.

Bette, Karl-Heinrich/Schimank, Uwe: Doping im Hochleistungssport. Anpassung durch Abweichung. Frankfurt am Main 1995.

Braun, Jutta: Von der Kaderschmiede zum Team Brandenburg, in: Peter Ulrich Weiß/Irmgard Zündorf/Florentine Schmidtmann (Hg.): Umstrittene Umbrüche. Das Ende der SED-Diktatur und die Transformationszeit in Brandenburg. Berlin 2023, S. 127–149.

Braun, Jutta: »Auf Jahre unschlagbar«. Die deutsche Vereinigung als Sportereignis, in: Martin Sabrow/Tilmann Siebeneichner/Peter Ulrich Weiß (Hg.): 1989 – eine Epochenzäsur? Göttingen 2021, S. 120–143.

Braun, Jutta: Spiel ohne Grenzen. Sport in der Transformation seit 1989/1990, in: Ilko-Sascha Kowalczuk/Frank Ebert/Holger Kulick (Hg.): (Ost)Deutschlands Weg – Teil 1. 45 Studien und Essays. Bonn 2021, S. 685–705.

Braun, Jutta: Weg mit den Skulpturen? Der Streit um die »Entnazifizierung« des Olympiageländes in Berlin, in: ZeitRäume 2020, Potsdamer Almanach. Göttingen 2020, S. 19–40.

Braun, Jutta: Vom Troublemaker zum Integrationsstifter? Fußball und Gewaltprävention in

Deutschland vor und nach 1989, in: Zeithistorische Forschungen/Studies in Contemporary History, Online-Ausgabe, 15 (2018) 2, http://www.zeithistorische-forschungen.de/2-2018/id=5592, Druckausgabe S. 302-328.

Braun, Jutta: Sports and Society in the Rivalry between East and West, in: Frank Bösch (Hg.): A history shared and divided. East and West Germany since the 1970s. New York/Oxford 2018.

Braun, Jutta/Barsuhn, Michael (Hg.): Zwischen Erfolgs- und Diktaturgeschichte. Perspektiven der Aufarbeitung des DDR-Sports in Thüringen. Göttingen 2015.

Braun, Jutta/Wiese, René: Tracksuit Traitors. Eastern German Top Athletes on the Run, in: The International Journal of the History of Sport 12 (2014), S. 1519-1534.

Braun, Jutta: The People's Sport? Popular Sport and Fans in the Later Years of the German Democratic Republic, in: German History 27 (2009), S. 414-428.

Braun, Jutta: Helene Mayer. Eine jüdische Sportlerin in Deutschland, in: Theresia Bauer/Elisabeth Kraus/Christiane Kuller/Winfried Süß (Hg.): Gesichter der Zeitgeschichte. Deutsche Lebensläufe im 20. Jahrhundert. München 2009, S. 85-102.

Braun, Jutta: Sportler zwischen Ost und West, in: Aus Politik und Zeitgeschichte, B 29/30 2008, S. 38-45.

Braun, Jutta/Teichler, Hans Joachim (Hg.): Sportstadt Berlin im Kalten Krieg. Prestigekämpfe und Systemwettstreit. Berlin 2006.

Braun, Jutta: Sportfreunde oder Staatsfeinde? in: Deutschlandarchiv (2004) 3, S. 440-447.

Braun, Jutta/Teichler, Hans Joachim: Fußballfans im Visier der Staatsmacht, in: Teichler, Sport in der DDR, S. 561-586.

Braun, Jutta: Innerdeutscher Sportverkehr 1974-1989, in: Teichler, Sport in der DDR, S. 61-132.

Bösch, Frank: Das konservative Milieu. Vereinskultur und lokale Sammlungspolitik. Göttingen 2002.

Bösch, Frank: Deals mit Diktaturen. Eine andere Geschichte der Bundesrepublik. München 2024.

Bösch, Frank: »Sonderfall Ostdeutschland«? Zum Demokratieverständnis in Ost und West, in: ZeitRäume. Potsdamer Almanach 2019, S. 55-64.

Bredekamp, Horst/Gebauer, Gunter: Die Wirklichkeit findet statt! Über notwendige Präsenz in Kunst und Sport. Köln 2021.

Claus, Robert: Hooligans. Eine Welt zwischen Fußball, Gewalt und Politik. Göttingen 2017.

Creuzberger, Stefan: Masterplan zur Sowjetisierung Osteuropas? Stalinismus und das Problem des Revolutionsexports, in: Kommunistische Machtübernahmen in Europa nach dem Zweiten Weltkrieg. Ein Rückblick nach 70 Jahren Zwangsvereinigung von KPD und SPD, hrsg. von Jörg Ganzenmüller und Franz-Josef Schlichting, Erfurt 2017, S. 13-37.

Dennis, Mike/Grix, Jonathan: Sport under Communism. Behind the East German ›Miracle‹. Basingstoke/Hampshire 2012.

Edelman, Robert Simon: »The Russians are not coming. The Soviet Withdrawal from the Games of the XXIII Olympiad«, in: The International Journal of the History of Sport, 32 (2014) 1, S. 9-36.

Elbe, Martin/Reichherzer, Frank (Hg.): Der Sport des Militärs. Perspektiven aus Forschung, Lehre und Praxis. Berlin 2023.

Fischer, Torben/Lorenz, Matthias N.: Lexikon der »Vergangenheitsbewältigung« in Deutschland. Debatten- und Diskursgeschichte des Nationalsozialismus nach 1945. Bielefeld 2007.

Frei, Norbert/Laak, Dirk van/Stolleis, Michael (Hg.): Geschichte vor Gericht. Historiker, Richter und die Suche nach Gerechtigkeit. München 2000.

Gajek, Eva Maria: Imagepolitik im olympischen Wettstreit. Die Spiele von Rom 1960 und München 1972. Göttingen 2013.

Galandi, Michaela: Die strafrechtliche Aufarbeitung von DDR-Zwangsdoping. Baden-Baden 2022.

Goldblatt, David: Die Spiele: Eine Weltgeschichte der Olympiade. Göttingen 2018.

Gumbrecht, Hans Ulrich: Lob des Sports. Frankfurt am Main 2005.

Hammerstein, Katrin/Mählert, Ulrich/Trappe, Julie/Wolfrum, Edgar (Hg.): Aufarbeitung der Diktatur – Diktat der Aufarbeitung? Normierungsprozesse beim Umgang mit diktatorischer Vergangenheit. Göttingen 2009.

Hartmann, Grit: Goldkinder. Die DDR im Spiegel ihres Spitzensports. Leipzig 1997.

Havemann, Nils: Fußball unterm Hakenkreuz. Der DFB zwischen Sport, Politik und Kommerz. Frankfurt am Main 2005.

Herzog, Markwart (Hg.): Memorialkultur im Fußballsport. Medien, Rituale und Praktiken des Erinnerns, Gedenkens und Vergessens. Stuttgart 2013.

Hoffmann, Dierk/Wentker, Hermann (Hg.): Das letzte Jahr der SBZ. Politische Weichenstellungen und Kontinuitäten im Prozess der Gründung der DDR. München 2000.

Hoffmann, Hilmar: Mythos Olympia. Autonomie und Unterwerfung von Sport und Kultur. Berlin 1993.

Iber, Walter M./Gießauf, Johannes/Knoll, Harald (Hg.): Fußball, Macht und Diktatur. Streiflichter auf den Stand der historischen Forschung. Innsbruck 2014.

Jarausch, Konrad H.: Kollaps des Kommunismus oder Aufbruch der Zivilgesellschaft? Zur Einordnung der Friedlichen Revolution von 1989, in: Eckart Conze/Katharina Gajdukowa/Sigrid Koch-Baumgarten (Hg.): Die demokratische Revolution 1989 in der DDR. Köln 2009, S. 25–45.

Jarausch, Konrad H./Sabrow, Martin (Hg.): Verletztes Gedächtnis. Erinnerungskultur und Zeitgeschichte im Konflikt. Frankfurt am Main 2002.

Kasza, Peter: 1954. Fußball spielt Geschichte. Das Wunder von Bern. Bonn 2004.

Krüger, Michael (Hg.): Erinnerungskultur im Sport. Vom kritischen Umgang mit Carl Diem, Sepp Herberger und anderen Größen des deutschen Sports. Berlin 2012.

Krüger, Michael: Zehn Thesen zur Entwicklung der deutschen Sportgeschichte, in: Sport und Gesellschaft 1 (2004), S. 84–91.

Krüger, Michael/Becker, Christian/Nielsen, Stefan/Reinold, Marcel: Doping und Anti- Doping in der Bundesrepublik Deutschland 1950 bis 2007. Genese – Strukturen – Politik. Hildesheim 2014.

Lanz, Juliane: Zwischen Politik, Protokoll und Pragmatismus. Die deutsche Olympiageschichte von 1952 bis 1972. Berlin 2011.

Leske, Hanns: Erich Mielke, die Stasi und das runde Leder. Göttingen 2004.

Luh, Andreas: Betriebssport zwischen Arbeitgeberinteressen und Arbeitnehmerbedürfnissen – eine historische Analyse vom Kaiserreich bis zur Gegenwart. Aachen 1998.

Malz, Arié/Rohdewald, Stefan/Wiederkehr, Stefan (Hg.): Sport zwischen Ost und West.

Beiträge zur Sportgeschichte Osteuropas im 19. und 20. Jahrhundert. Osnabrück 2007.

O'Mahony, Mike: Sport in the USSR. Physical Culture, Visual Culture. London 2006.

Paoli, Letizia/Hoppeler, Hans/Mahler, Hellmut/Simon, Perikles/Sörgel, Fritz/Treutlein, Gerhard: Doping für Deutschland. Die »Evaluierungskommission Freiburger Sportmedizin«: Geschichte, Ergebnisse und sportpolitische Forderungen. Bielefeld 2022.

Parks, Jenifer: The Olympic Games, Soviet Sports Bureaucracy, and the Cold War. Red Sport, Red Tape. London 2017.

Peiffer, Lorenz: Sport im Nationalsozialismus. Zum aktuellen Stand der sporthistorischen Forschung. Eine kommentierte Bibliografie. Göttingen 2015.

Pyta, Wolfram/Havemann, Nils (Hg.): European Football and Collective Memory. Basingstoke 2015.

Rürup, Reinhard: Die Olympischen Spiele und der Nationalsozialismus. Berlin 1996.

Sabrow, Martin: Autobiographie und Systembruch im 20. Jahrhundert, in: Ders. (Hg.): Autobiografische Aufarbeitung. Diktatur und Lebensgeschichte im 20. Jahrhundert. Leipzig 2012, S. 9–24.

Schäche, Wolfgang/Szymanski, Nobert: Das Reichssportfeld. Architektur im Spannungsfeld von Sport und Macht. Berlin 2001.

Scherer, Karl Adolf: Der Männerorden. Die Geschichte des Internationalen Olympischen Komitees. Frankfurt am Main 1974.

Schiller, Kay/Young, Christopher: The 1972 Munich Olympics and the Making of Modern Germany. Berkeley/Los Angeles/London 2010.

Schürmann, Volker/Mittag, Jürgen/Stibbe, Günter/Nieland, Jörg-Uwe/Haut, Jan (Hg.): Bewegungskulturen im Wandel. Der Sport der Medialen Moderne – Gesellschaftstheoretische Verortungen. Bielfeld 2016.

Seppelt, Hans-Joachim/Schück, Holger (Hg.): Anklage: Kinderdoping. Das Erbe des DDR-Sports. Berlin 1999.

Singler, Andreas/Treutlein, Gerhard: Doping im Spitzensport. Sportwissenschaftliche Analysen zur nationalen und internationalen Leistungsentwicklung. Aachen 2000.

Spitzer, Giselher/Eggers, Erik/Schnell, Holger Jens/Wisniewska, Yasmin: Siegen um jeden Preis. Doping in Deutschland: Geschichte, Recht, Ethik 1972–1990. Göttingen 2013.

Spitzer, Giselher: Sicherungsvorgang Sport. Das Ministerium für Staatssicherheit und der DDR-Spitzensport. Schorndorf 2005.

Spitzer, Giselher: Doping in der DDR. Ein historischer Überblick zu einer konspirativen Praxis. Genese, Verantwortung, Gefahren. Köln 1998.

Stieglitz, Olaf/Martschukat, Jürgen: Sportgeschichte, Version: 2.0, in: Docupedia-Zeitgeschichte, 08.07.2016 http://docupedia.de/zg/Stieglitz_martschukat_sportgeschichte_v2_de_2016 DOI: http://dx.doi.org/10.14765/zzf.dok.2.659.v2.

Strauzenberg, Stanley Ernst/Gürtler, Hans: Die Sportmedizin der DDR. Eine eigenständige Fachrichtung der klinischen Medizin. Ein Zeitzeugenbericht führender Sportmedizinerinnen und Sportmediziner der DDR aus den Jahren 1945 bis 1990. Dresden 2005.

Teichler, Hans Joachim: Internationale Sportpolitik im Dritten Reich. Baden-Baden 2022 (2., akt. und erw. Auflage).

Teichler, Hans Joachim: Zur Erinnerungskultur im deutschen Sport nach 1945, in: Historical Social Research/Historische Sozialforschung, 32 (2007) 1, S. 13–23.

Teichler, Hans Joachim (Hg.): Sport in der DDR. Eigensinn, Konflikte, Trends. Köln 2003.

Teichler, Hans Joachim:/Reinartz, Klaus: Das Leistungssportsystem der DDR in den 80er Jahren und im Prozess der Wende. Schorndorf 1999.

Wagg, Stephen/Andrews, David L. (Hg.): East plays West. Sport and the Cold War. London 2007.

Wiese, René: Kaderschmieden des »Sportwunderlandes«. Die Kinder- und Jugendsportschulen der DDR. Hildesheim 2012.

Wiese, René/Braun, Jutta/Garza, Claudie de la: ZOV Sportverräter. Spitzensportler auf der Flucht. Berlin 2011.

Wiese, René: Hertha BSC im Kalten Krieg (1945–1961), in: Braun/Teichler, Sportstadt Berlin, S. 96–149.

Wiese, René: Wie der Fußball Löcher in die Mauer schoss. Die Ost-West-Alltagskultur des Fußballs in Berlin (1961–1990), in: Braun/Teichler, Sportstadt Berlin, S. 239–284.

Wiese, René/Braun, Jutta: Doppelpässe. Wie die Deutschen die Mauer umspielten. Berlin 2006.

Willmann, Frank: Streifzüge durch den wilden Fußball-Osten. Mainz 2024.

Edelman, Robert/Young, Christopher (Hg.): The Whole World was watching. Sport in the Cold War. Stanford, Cal. 2020.

PERSONENREGISTER

Seitenzahlen in Klammern beziehen sich auf Nennungen in Fußnoten.

ABKÜRZUNGSVERZEICHNIS

ASK	Armeesportklub
AVUS	Automobil-Verkehrs- und Übungsstraße
BAL	»Bundesausschuss Leistungssport«
BMB	Bundesministerium für innerdeutsche Beziehungen
BMI	Bundesministerium des Innern
BRD	Bundesrepublik Deutschland
BSG	Betriebssportgemeinschaft
CDU	Christlich Demokratische Union Deutschlands
ChBK	Chef des Bundeskanzleramts
CIA	Central Intelligence Agency
CSSR	Tschechoslowakische Sozialistische Republik
CSU	Christlich-Soziale Union in Bayern
DDR	Deutsche Demokratische Republik
DFB	Deutscher Fußball-Bund
DHfK	Deutsche Hochschule für Körperkultur
DKP	Deutsche Kommunistische Partei
DOH	Doping-Opfer-Hilfeverein
DOSB	Deutscher Olympischer Sportbund
DSB	Deutscher Sportbund
DTSB	Deutscher Turn- und Sportbund
EM	Europameisterschaft
FIFA	Fédération Internationale de Football Association
FKS	Forschungsinstitut für Körperkultur und Sport
FDGB	Freier Deutscher Gewerkschaftsbund
FDJ	Freie Deutsche Jugend
FDP	Freie Demokratische Partei
HSV	Hamburger Sport-Verein
IAAF	Internationaler Leichtathletikverband
IAT	Institut für Angewandte Trainingswissenschaft
IOC	Internationales Olympisches Komitee
KPdSU	Kommunistische Partei der Sowjetunion
LSB	Landessportbund
MfS	Ministerium für Staatssicherheit
NGO	Nichtregierungsorganisation
NOFV	Nordostdeutscher Fußballverband
NOK	Nationales Olympisches Komitee
NS	Nationalsozialismus
NSDAP	Nationalsozialistische Deutsche Arbeiterpartei
NSW	Nichtsozialistisches Wirtschaftsgebiet
NVA	Nationale Volksarmee
OPK	Operative Personenkontrolle (des MfS)

PDS	Partei des Demokratischen Sozialismus
SC	Sportclub
SED	Sozialistische Einheitspartei Deutschlands
SG	Sportgemeinschaft
SMD	Sportmedizinischer Dienst der DDR
StäV	Ständige Vertretung
SU	Sowjetunion
TSC	Turn- und Sportclub
TSG	Turn- und Sportgemeinschaft
UdSSR	Union der Sozialistischen Sowjetrepubliken
UEFA	Union des associations européennes de football
VfB	Verein für Bewegungsspiele
WM	Weltmeisterschaft
ZERV	Zentrale Ermittlungsstelle für Regierungs- und Vereinigungskriminalität
ZOV	Zentraler Operativer Vorgang (des MfS)
ZSG	Zentralsportgemeinschaft
ZK	Zentralkomitee

ABBILDUNGSNACHWEIS

Archiv der Autorin: S. 35, 43, 51, 107, 119, 126
Bundesarchiv (SAPMO) / Fritsche: S. 18
DHM: S. 139
Gemeinfrei: S. 55
Haus der Geschichte: S. 29
Horst Haitzinger: S. 47
picture alliance / ASSOCIATED PRESS / Klaus Schlagmann: S. 84
picture alliance / dpa / Klaus Schlage: S. 93
picture alliance / Klaus Rose: S. 61
picture alliance / SZ Photo / Horstmüller: S. 101
picture alliance / Werner Schulze / dpa-Zentralbild/ZB: S. 80
picture alliance / ZB | Manfred Uhlenhut: S. 124
picture-alliance / dpa / Hartmut Reeh: S. 65
picture-alliance/ dpa / Gerhard Weitkamp: S. 24
Ruth Walz: S. 150
Stasi-Unterlagen-Archiv: S. 23
ullstein bild / Schirner: S. 10

DANK

Ich danke den Herausgebern des Bandes – Dierk Hoffmann, Stefan Creuzberger und Dominik Geppert – dafür, die deutsch-deutsche Sportgeschichte als Teil der Zeitgeschichte in dieser Reihe präsentieren zu dürfen. Zudem danke ich Matthias Zimmermann für das umsichtige Lektorat und Robert Zagolla vom BeBra Verlag für die aufmerksame Betreuung des Bandes.

Das Schreiben dieser Studie war zugleich ein Rückblick auf nunmehr fast 25 Jahre sporthistorische Forschungen, die für mich 1999 am Arbeitsbereich Zeitgeschichte des Sports an der Universität Potsdam begannen. Die Kolleginnen und Kollegen von damals sind auch heute im und mit dem Berliner Zentrum deutsche Sportgeschichte verbunden. Ihnen allen danke ich herzlich: Hans Joachim Teichler, Berno Bahro, Michael Barsuhn, Michael Schäbitz, Lorenz Völker, Carina Sophia Linne, Ronald Huster, Torsten Lickfers und Tobias Bürger.

Vor allem danke ich René Wiese, mit dem ich in Ko-Autorenschaft zahlreiche Artikel, Bücher und Ausstellungen gestalten konnte, und ohne den ich vieles nie entdeckt hätte. In dieser Studie steckt auch ein Vierteljahrhundert gemeinsame Sportgeschichte.

René Wiese ist dieser Band gewidmet.

DIE AUTORIN

Jutta Braun, Dr. phil., ist Historikerin und Abteilungsleiterin am Leibniz-Zentrum für Zeithistorische Forschung Potsdam. Ihre Forschungsschwerpunkte liegen im Bereich der deutsch-deutschen Beziehungen, Sportgeschichte und Transformationsgeschichte.